W0063970

Heinz Zahrnt
Wozu ist das Christentum gut?

Heinz Zahrnt

Wozu ist das Christentum gut?

R. Piper & Co. Verlag
München

ISBN 3-492-01947-1
© R. Piper & Co. Verlag, München 1972
Gesetzt aus der Garamond-Antiqua
Gesamtherstellung H. Mühlberger, Augsburg
Printed in Germany

INHALT

Was hülfe es dem Menschen, wenn er die ganze Welt gewönne und nähme doch Schaden an seiner Seele?

JESUS VON NAZARETH

Der Mensch ist für den Menschen das höchste Wesen.

KARL MARX

Wenn man den Sonntagsreden der letzten zwanzig Jahre glauben darf, steht der Mensch schon so lange im Mittelpunkt, daß er vom vielen Stehen schon reichlich müde ist.

ERHARD EPPLER

Das Menschengeschlecht hat bewundernswerte Erfolge errungen – das Weltall steht ihm offen. Doch was ist aus dem Einzelnen geworden, aus dem menschlichen Individuum?

MILAN MACHOVEC

Genug vom Menschen geredet. Es wird Zeit, an Gott zu denken.

ABRAM TERZ-SINJAWSKI

Christen sind nicht weniger Humanisten als alle Humanisten.

HANS KÜNG

VORWORT

Das Vorwort zu einem Buch ist eine Art Begrüßungs-
zeremoniell. Es soll nicht in die Thematik des Buches
einführen – das ist die Aufgabe der nachfolgenden Einleitung –, sondern soll den ersten Kontakt zwischen Leser und Autor herstellen. Im Grunde dient es immer
noch, wie einst, dazu, »den verehrten Leser geneigt zu
machen«. Ich will dies zu tun versuchen, indem ich kurz
über die Entstehung dieses Buches berichte.

Im vergangenen Jahr erhielt ich von der Osianderschen Buchhandlung in Tübingen, der zweitältesten
Deutschlands, die Aufforderung, bei der Feier ihres
375jährigen Bestehens den Festvortrag zu halten. Ich
übernahm den Auftrag gern – worüber aber sollte ich
sprechen? Da ich zu den »Sachbuch-Autoren« zähle,
meine Sache aber die Theologie – die »Sache mit Gott« –
ist, kam nur ein theologisches Thema in Frage. Alles
andere wäre Dilettantismus gewesen. Und so schlug ich
vor, in meinem Vortrag der Frage nachzugehen, worin
heute der unverwechselbare Beitrag des christlichen
Glaubens zum Leben des Einzelnen und der Gesellschaft
bestehe. Die Inhaber der Osianderschen Buchhandlung,
Frau Brigitte und Herr Konrad-Dietrich Riethmüller,
gingen zu meiner Überraschung ohne Zögern auf diesen
Vorschlag ein. Zwanzig Jahre früher, in den ersten Jahren nach dem Kriege, hätte mich dies nicht überrascht.
Damals waren christliche Themen an der Tagesordnung.
Inzwischen aber ist eine »christliche« Themenwahl für

eine »weltliche« Buchhandlung längst nicht mehr selbstverständlich. Um so mehr sprach dieser Vorgang für sich – gerade in seiner Besonderheit nun auch seinerseits wieder ein Zeichen der Zeit.

Aber je näher der Vortrag rückte, desto banger wurde mir selbst vor meiner eigenen Themenwahl, und diese Bangigkeit wuchs noch, als ich beim Festakt unten im Parkett saß und oben auf der Bühne Rektor, Regierungspräsident, Handelskammervertreter, Verleger und Buchhändler ihre ebenso liebenswürdigen wie gescheiten Grußworte sprachen. War in dieser Reihe mein Vortrag nicht fehl am Platze? Worin konnte hier der Beitrag des christlichen Glaubens zum Leben des Einzelnen und der Gesellschaft bestehen?

Hinterher aber mußte ich feststellen, daß die Zeitgenossen den christlichen Glauben augenscheinlich doch noch als einen wichtigen Beitrag zum geistigen Haushalt der Zeit empfinden, wenigstens die hier anwesenden, nicht nur die Christen unter ihnen, sondern auch die Nichtchristen, und Protestanten wie Katholiken in gleicher Weise. Es entstand eine Art zeitgenössischer und ökumenischer Dialog zugleich.

Den Vortrag drucken zu lassen, konnte ich mich nicht entschließen. Die freundliche Aufforderung dazu aber gab mir den Anstoß, noch einmal an das Thema heranzugehen und es von Grund auf neu zu bearbeiten. Das Ergebnis bildet dieses Buch. Ich kann nur hoffen, daß es – freilich nicht ohne eigenen energischen Standpunkt – etwas widerspiegelt von dem Gespräch über Gott, Mensch und Welt, das gegenwärtig im Gange ist und in dem so verschiedene Stimmen widereinander-, aber dann doch auch wieder zusammenklingen.

Hamburg, 12. August 1972   Heinz Zahrnt

EINLEITUNG

»Humanisten« sind wir heute alle – ob wir auch human sind, ist eine andere Frage. Daß es ihnen um den Menschen gehe: wie der Mensch Mensch bleibe beziehungsweise es endgültig werde – das behaupten heute alle Religionen, Weltanschauungen, philosophischen Richtungen und politischen Systeme; das nehmen alle »Programmacher«, alle Zukunftsplaner, Sozialreformer und Entwicklungstrategen für sich in Anspruch. Und in der Tat besteht zu solcher Sorge um den Menschen aller Anlaß. Die Weltgeschichte ist an einen Punkt gelangt, an dem zur Entscheidung steht, ob das Menschengeschlecht weiterexistieren und es also künftig noch Geschichte auf der Erde geben wird. Aber nicht erst in diesem letzten historischen Horizont ist die Existenz der Menschheit bedroht. Ihr endgültiger Untergang wäre nur das »schlüssige« Ergebnis einer vorangehenden fortschreitenden Entmenschlichung des Menschen, ihr Höhe- und Schlußpunkt zugleich. Darum muß die *Menschlichkeit* des Menschen *heute* gerettet werden, wenn nicht die *Menschheit* am *Ende* untergehen soll. Und darum stehen wir in einer so anstrengenden Schlacht um die Erhaltung beziehungsweise Gewinnung des Menschseins des Menschen in der Geschichte.

Was aber ist es, das den Menschen zum Menschen macht? Vor allem: Woher nimmt der Mensch sein Maß? Wie schafft er es, Mensch zu werden oder es zu sein? Was gibt ihm die Kraft, sein Leben zu bestehen und die

Zukunft zu gewinnen? Das sind Fragen, auf die wir heute ohne deutliche Antworten sind. Zwar reden wir viel vom Menschen und versichern, daß es uns bei allem, was wir planen und tun, um den Menschen gehe. Wir haben uns jedoch selbst im Verdacht, daß dies weithin Leerformeln sind, ohne eindeutigen Inhalt.

Neue Leitbilder und Entwürfe vom Menschen und seiner Geschichte fallen aber nicht senkrecht vom Himmel herab oder entstehen unvermittelt durch eine Art vaterloser Geburt, sondern sie bilden sich im historischen Prozeß und treiben aus ihm hervor. Das veranlaßt uns, mag das historische Bewußtsein sonst heute auch zu verdämmern drohen, zum »Griff in die Geschichte«: In unserer *Herkunft* suchen wir nach *Vorbildern* für unsere *Zukunft*. Angesichts der bedrohten Lage der Menschheit erhoffen viele sich Lebenshilfe von einem neuen Rückgriff auf die Tradition, von einer kritischen Prüfung und Aufarbeitung der geschichtlichen Überlieferungen, die entweder im Leben des Einzelnen und der Gesellschaft noch wirken oder die einstmals liegen geblieben und vergessen worden sind.

Zu den wirksamen Kräften unserer geschichtlichen Tradition gehört nach wie vor das *Christentum*. Die Einstellung der Zeitgenossen zu ihm ist zwiespältig: Während die einen von ihm nichts mehr erwarten und beim Lautwerden christlicher Worte schon gar nicht mehr hinhören, setzen die anderen auf den christlichen Glauben nach wie vor Hoffnungen, die seine Bekenner nur beschämen können. Ob das Christentum bereits tatsächlich tot ist und daher nicht mehr das Salz der Erde, sondern nur noch ein Gift, das unsere Gesellschaft zu infizieren droht, oder ob es noch frisch und lebendig genug ist, um auch heute noch Menschen mit Leben zu erfüllen, das wird sich erweisen müssen. Jedenfalls ste-

hen wir hier vor einem Erbe, das wir nicht einfach ab-
stoßen können, das wir vielmehr zu verantworten und
zu verarbeiten haben, dem wir uns, ob Freund oder
Feind, wenigstens stellen müssen. Zu dieser Konfrontation möchten wir beitragen; darum stellen wir die
Frage: Wozu ist das Christentum gut?

Wer in der gegenwärtigen gesellschaftlichen Situation
fragt, wozu das Christentum gut sei, richtet damit auch
heute immer noch zuerst eine Frage an die *Kirche.*
Nicht, daß das Christentum nicht auch außerhalb der
Kirche seine Wirkungsgeschichte gehabt hätte und bis
auf diesen Tag hat – die Kirche ist jedoch in unserer
Gesellschaft die anerkannte und von ihr bezahlte institutionelle Verwalterin der christlichen Tradition. Den
Grund und Inhalt der von der Kirche verwalteten Tradition bildet die Bibel, nicht nur in ihrer begrenzten Gestalt als historische Urkunde, sondern in der ganzen
Weite ihrer historischen Wirkungen.

Doch wer heute an die Kirche die Frage richtet, wozu
das Christentum gut sei, wird enttäuscht; er sieht sich
eher verunsichert als gestärkt. Die gegenwärtige Situation der Kirche ist alles andere als dazu angetan, eine
eindeutige Antwort auf diese Frage zu geben; im Gegenteil, sie treibt sie gerade mit hervor. Denn die Kirche
befindet sich in einem Zustand, den man mit einem Ausdruck aus der Psychoanalyse als »Identitätsdiffusion«
(Erik H. Erikson) bezeichnen kann; sie ist zutiefst un-
sicher über sich selbst, über ihr Wesen und ihren Auftrag: was sie ist, wozu sie da ist.

Die verschiedensten, oft gegensätzlichen Wünsche,
Rollenerwartungen und Leitbilder schwirren in ihr herum oder werden an sie herangetragen. Alles Mögliche
soll die Kirche sein; jeder ruft ihr etwas anderes zu. Auf
dem »rechten« Flügel einsetzend und am »linken« en-

dend, bekommen wir nacheinander ungefähr folgende Antworten zu hören: Die Kirche soll die Menschen den Glauben lehren und sie zum ewigen Heil hinführen – dies und nur dies allein, sagen die einen. Die Kirche soll die Moral hüten und für die sittliche Ordnung sorgen und so die bestehende Gesellschaft erhalten helfen, fordern die anderen. Nein, antworten darauf die dritten, die Kirche soll die bestehende Gesellschaft nicht erhalten, sondern sie soll sie gerade in Richtung auf eine »bessere Gerechtigkeit« verändern helfen und so die Avantgarde auf dem langen Marsch der Reformen bilden. Darauf erklären wiederum andere, und zwar mehr aus politischer Resignation als aus neuerwachter Frömmigkeit: Die Kirche gilt ihren meisten Mitgliedern nur darum noch als unentbehrlich, weil sie durch ihre religiösen Rituale, durch Gottesdienste und Amtshandlungen, die mit den verschiedenen Strukturkrisen der Familie verbundenen Ängste emotional bewältigen hilft, wodurch sie der bestehenden Gesellschaft jedoch zugleich ein Alibi liefert, ihre längst fälligen grundlegenden Veränderungen noch länger hinauszuschieben. Und schließlich die ganz Radikalen, soweit sie die Schlacht noch nicht für verloren halten: Die Kirche soll nur die Plattform bilden, von der nach Art politischer Partisanentaktik durch Kaderarbeit und Zellenbildung die allgemeine soziale Revolution ausgeht – im Zuge dieses gesellschaftlichen Wandlungsprozesses wird sie selber dann von selbst verschwinden.

So bestimmt jeder die Identität der Kirche, ihr Wesen und ihre Aufgabe, anders. Da die Synoden, Kirchenleitungen und Bischöfe nun nicht gar so »unbußfertig« sind, wie manche Kritiker von ihnen behaupten, hören sie auf die Wünsche, die von innen oder außen an ihr Ohr dringen – mit dem Ergebnis, daß die Identitätsdiffusion der Kirche nun auch noch amtsoffiziell wird und sich sogar landeskirchlich auswirkt: Hessen-Nassau gilt als »rot«, Bayern und Hamburg gelten als »schwarz«, Hannover liegt dazwischen.

Hier, in ihrer eigenen Identitätskrise, liegt heute die eigentliche Bedrohung der Existenz der Kirche, nicht in der Abnahme ihres vorhandenen Bestandes. Zu irgendwelchen Klageliedern über die Statistik besteht kein Anlaß. Einmal hat die Kirche in der Bundesrepublik im Vergleich zu anderen Ländern und Zeiten immer noch ein unverhältnismäßig gesichertes Dasein. Zum anderen widerspricht solche Klage dem klaren biblischen Befund: Was Statistik und Institution betrifft, hat der Stifter der christlichen Religion seinen Anhängern niemals irgendwelche Avancen gemacht – er hat Erlösung, nicht Erfolg versprochen.

Damit wollen wir nicht jeglichen Zusammenhang zwischen Wahrheit und Institution leugnen. Sicher trifft, was die Wissenssoziologie über die sogenannten »Plausibilitätsstrukturen« festgestellt hat, auch auf die Kirche zu: daß Wahrheiten und Überzeugungen nur so lange öffentlich in Geltung stehen und also »plausibel« bleiben, als sie gesellschaftlich gesichert und abgestützt sind, daß die christlichen Wahrheiten und Überzeugungen heute aber eben diese »Plausibilitätsstrukturen« eingebüßt haben und ihre Anhänger dadurch zu einer »kognitiven Minderheit« geworden sind, deren Glaube nur noch als eine »Meinung« unter anderen gilt.[1] Trotz dieses Zusammenhanges zwischen Institution und Wahrheit aber könnten wir, statt über den allgemeinen kirchlichen Rückgang zu klagen, diesen sogar als einen heilsamen Prozeß des »Gesundschrumpfens«, der Läuterung und Reinigung begrüßen – wenn nun nicht eben zur gleichen Zeit, in der der christliche Glaube in der

Tat seine Selbstverständlichkeit einzubüßen begonnen hat und die Christen mehr und mehr zu einer Minderheit werden, die Kirche von jener tiefen Unsicherheit über sich selbst, über ihr Wesen und ihre Aufgabe, erfaßt wäre.

Will die Kirche aus dieser Identitätskrise heraus, soll sie ihre christliche Identität behalten respektive neu gewinnen, so muß sie wissen, worin das Erfreuliche der »erfreulichen Nachricht« – so heißt ja das Wort Evangelium auf deutsch –, die sie den Menschen zu bringen hat, für die Menschen in unseren Tagen besteht. Und darum stellen wir die Frage: Wozu ist das Christentum gut? Worin besteht der einmalige und daher unersetzbare, darum aber auch unverzichtbare Beitrag des christlichen Glaubens zum Leben des Einzelnen und der Gesellschaft?

Für gewöhnlich wird diese Frage heute als Frage nach dem sogenannten »Proprium« des Christentums gestellt, und meist geschieht es aus Sorge und Angst, mit dem Blick nach innen, auf den bedrohten Bestand, darum aus Furcht vor Abweichung und möglicher Verwechslung mit anderem, Verkehrtem und entsprechend mit dem Willen zur Abgrenzung und Erhaltung des Eigenen gegen das Fremde, alles in allem also aus einem sektiererischen Geist, der halten möchte, was zu halten ist.

Wir richten unseren Blick, wenn wir fragen, wozu das Christentum gut sei, hingegen nicht nach innen, auf die Kirche oder gar nur auf den frommen Kern in ihr, sondern nach außen, auf die Zeitgenossen – wenigstens bemühen wir uns darum. Uns geht es nicht zuerst um die Bewahrung des christlichen Glaubens in der Kirche, sondern um seine Bewährung in der Welt, darum nicht um Abgrenzung, sondern um Öffnung, nicht um die Aufstellung von Behauptungen, sondern um das Gelingen eines Gespräches, mit einem Wort: nicht um die Erhaltung der Kirche, sondern um die Erhaltung der Welt, genauer, der Menschen samt ihrer Welt. Viele Zeitgenossen sind heute der ständigen Situationsdeutungen, Zeitbestimmungen und Gesellschaftsanalysen, aber genauso der dauernden Wiederholung von bloßen Richtigkeiten und ihrer ebenso rasch wieder folgenden Infragestellung müde geworden. Sie möchten Antworten haben, nicht nur zu ihrer Information, um richtig Bescheid zu wissen, sondern zu ihrer Orientierung, um mit dem richtigen Bescheid recht leben und handeln zu können. Solche Antworten erwarten sie auch in bezug auf das Christentum. Und die Christen sollten den Mut haben, solche Antworten zu geben, nicht von oben her und damit obenhin, nicht pauschal und allgemein und damit auf immer und ewig, sondern sachbezogen, solidarisch, situativ und konkret, darum jeweils nur von Fall zu Fall und immer nur auf Zeit.

Solche vielfältige Konkretisierung der christlichen Wahrheit hat nicht ihre Komplizierung zur Folge, sondern setzt umgekehrt ihre Vereinfachung voraus. Zur einfachen Wahrheit aber gelangt man nicht dadurch, daß man alles einzelne einfach nur ausscheidet, sondern daß man durch alles einzelne hindurchstößt bis auf den Grund, bis zu dem einen und einzigen, das allein nottut. Aus solcher Gesinnung – aus dem Mut zur Vereinfachung, nicht aber aus mutwilliger Vereinerleiung – fragen wir: Wozu ist das Christentum gut?

Wir könnten uns vorstellen, daß sich mancher durch die Formulierung unserer Frage schockiert fühlt. Wozu ist das Christentum gut? – das klingt reichlich pragmatisch und utilitaristisch. Wird hier der Inhalt des Christentums nicht gar zu sehr an seinem Wert gemessen, an dem praktischen Nutzen und Zweck, den er für das Individuum und die Gesellschaft einbringt? Wahrheit, so hören wir aus dieser Kritik heraus, muß »rein« bleiben, muß »Wahrheit an sich« sein; sie verträgt es nicht, unter den Gesichtspunkt eines Zweckes gestellt oder auch nur in die Nähe einer Absicht gerückt zu werden: dadurch würde sie beschmutzt. Und nun gar erst die göttliche Wahrheit des Evangeliums! Wer fragt, wozu das Christentum gut sei, setzt sich dem Verdacht aus, daß er die göttliche Wahrheit dem Willen des Menschen unterwirft und Gott auf diese Weise zum Erfüller menschlicher Wünsche erniedrigt.

Nun, ob der Glaube an Gott einen Zweck hat oder nicht, wie sich Zwecklosigkeit und Zweckmäßigkeit hier zueinander verhalten, werden wir noch sehen. Zunächst fragen wir nur zurück: Gibt es überhaupt eine völlig absichtslose und zweckfreie Wahrheit? Ist das Verhältnis des Menschen zur Wahrheit nicht immer von einem konkreten Lebensinteresse geleitet und dieses wiederum von dem Gebot der Stunde bestimmt? Mangel an Konkretion in der Wahrheitsfrage ist immer ein Zeichen dafür, daß das persönliche Engagement fehlt. Eben das macht die bekannte Pilatusfrage doch so verdächtig, daß sie rein abstrakt gestellt wird. Und nun gar erst die göttliche Wahrheit des Evangeliums! Hat nicht auch sie einen »Zweck«, und ist nach biblischer Auskunft ihr ausdrücklicher Zweck nicht der Mensch? Welchen Sinn hat jenes Ereignis, das wir historisch mit dem Namen Jesus von Nazareth bezeichnen und theologisch mit dem Symbol »Menschwerdung« Gottes deuten, denn anders als den, daß Gott sich den Menschen zugewandt hat und daß eben diese Zuwendung Gottes zu den Menschen seine Wahrheit ist, so daß Gottes Wahrheit fortan auf den Menschen bezogen ist, mithin nicht göttliche Wahrheit an sich, sondern göttliche Wahrheit für den Menschen: Gottes Wahrheit den Menschen zugut? Und darum haben wir schon ein Recht zu fragen: Wozu ist das Christentum gut?

Aber eben darum stellen wir unsere Frage auch nicht allgemein als Frage nach dem sogenannten »Wesen des Christentums«, als ob es so etwas wie eine ewige christliche Idee gäbe, ein höchstes christliches Gut, das sich unwandelbar durch die Geschichte fortpflanzte. Wo das Christentum etwas zu allen Zeiten gleich Gültiges ist, dort wird es den Zeitgenossen bald gleichgültig. Auch dieses Buch würde nichts taugen, wenn es in zwanzig Jahren noch in toto gälte. Daher fragen wir nicht gelassen, was zu allen Zeiten und an allen Orten gleich gilt, sondern ungeduldig, was heute besonders für uns gilt, hier zu unserer Zeit, hier an diesem Ort. Ohne solche »Ortszeit« gibt es keine Wahrheit, auch keine christliche Wahrheit. Darum ist die Geschichte des Christentums ein immerwährender Wandlungsprozeß, in dem sozusagen ein »Christentum« auf das andere folgt. Wie könnte es auch anders sein, wenn man die Geschichte Gottes mit der Menschheit nicht mit der Kanonisierung des Alten und Neuen Testaments für abgeschlossen hält und daher auch die Auslegung der beiden Testamente im Horizont des ständigen Fortgangs dieser Geschichte zu erfolgen hat? Der tiefste Unterschied zwischen »konservativ« und »progressiv« in der Kirche besteht zuletzt darin, daß die Konservativen für die Festschreibung, die Progressiven dagegen für die Weiterschreibung des Evangeliums sind. Dabei werden die Konservativen stets in der Gefahr stehen, daß sie einseitig auf die biblische Konstante blicken und darüber die historische Variabilität übersehen, die Progressiven hingegen in der Gefahr, daß sie einseitig auf die historische Variabilität schauen und darüber die biblische Konstante aus dem

Auge verlieren. Auf *einer* Seite wird immer jeder hinken! Es wäre viel gewonnen, wenn wir dies erkennten und uns gegenseitig zugäben. Dann würde es zwar nicht zum Gleichschritt, aber doch zu einer Art Paßgang zwischen den Christen kommen.

»Wozu ist das Christentum gut?« soll also heißen: Worin besteht für uns das Gute des Christentums, das uns zusammen mit den Zeitgenossen unser eigenes privates und unser gemeinsames gesellschaftliches Leben bestehen hilft, auf das wir nicht verzichten zu können meinen und das wir daher auch nicht gegen irgendein anderes uns angebotenes Gut auszutauschen bereit sind?

ERSTER TEIL

DIE FRAGE

ERSTES KAPITEL

DIE KEHRE:
GOTT IST TOT – ES LEBE GOTT!
(Am Anfang eines neuen Kapitels Theologie)

1. Wir Kandidaten des Diesseits

Die »Ortszeit« der christlichen Wahrheit bildet nach wie vor die konsequente Weiterentwicklung der Aufklärung und damit die Herausforderung des christlichen Glaubens durch die totale Säkularisierung. Feuerbachs bekannte Behauptung hat sich an uns bewahrheitet: Die Menschen sind aus Kandidaten des Jenseits zu Kandidaten des Diesseits geworden. Eine Debatte über die Unsterblichkeitsfrage, wie sie noch von Kant und seinen Zeitgenossen lebhaft geführt wurde, erscheint uns heute fast unvorstellbar. Wir beklagen nicht nur, daß uns jede Aussicht in die Ewigkeit verbaut sei; wir behaupten, daß es eine solche Aussicht überhaupt nicht gebe, sie nie gegeben habe.

Daß wir nicht mehr mit einer jenseitigen göttlichen Welt rechnen, daß wir nicht mehr wie selbstverständlich auf sie hin leben – diese »Lebenswende« hat ein großer Teil der Christenheit in ihren Konsequenzen für den christlichen Glauben noch immer nicht genug bedacht. Die Bibel spricht vom Himmel als der »Heimat« und nennt die Christen entsprechend »Gäste und Fremdlinge auf Erden« (Epheser 2,19; Philipper 3,20; Hebräer 11, 13), und in dieser Vorstellung haben die Menschen auch tatsächlich jahrhundertelang gelebt: Die »Basis«

lag oben – die Ausrichtung auf die jenseitige göttliche Welt bestimmte ihr ganzes Leben in der diesseitigen irdischen Welt. Heute verhält es sich genau umgekehrt: Für uns liegt die »Basis« unten; wir empfinden die Erde als unsere Heimat und suchen in ihr immer mehr zu Hause zu werden; der Himmel ist uns als ideologischer Überbau verdächtig geworden. Dieser Wechsel bedeutet in der Tat eine »Umwertung aller Werte«. Seine Symptome sind vielfältig; sie begegnen uns auf Schritt und Tritt.

An der Spitze der Wertskala steht heute das irdische Wohl des Menschen, seine leibliche Gesundheit, dicht gefolgt von Sex und Freizeit, und dies alles garantiert durch seine Arbeit. Früher stand an derselben Stelle das ewige Heil des Menschen. Heute rangiert es tief unten; an der Börse der Lebenswerte wird es kaum noch notiert. Dieser Umkehrung der Lebenswerte entspricht ein ebensolcher Wechsel in der öffentlichen Geltung der Berufe. An der Spitze der Skala rangiert heute der Arzt im weißen Kittel, zu ihrem Ende hin der Pfarrer im schwarzen Talar.

Es gibt so etwas wie einen »metaphysischen« oder »religiösen Neid«. Am Wandel des Objekts dieses Neides kann man den Wandel des jeweiligen »höchsten Gutes« und damit der Lebensrichtung im ganzen ablesen. Früher haben die Lebenden die Toten um die ewige Seligkeit beneidet: daß sie sie schon genießen dürfen. Heute beneiden wir, im Ausblick auf unseren Tod, die Zurückbleibenden um ihr irdisches Dasein: daß sie es noch fortsetzen können. Wir freuen uns nicht darauf, daß wir dann schon mit dem himmlischen Chor jubilieren werden, sondern ärgern uns darüber, daß die Lebenden dann ohne uns noch lachen werden.

Nur vom Verlust der jenseitigen Welt her ist auch

der Rückgang des Mönchtums in unseren Tagen zu begreifen. Es hat augenscheinlich »seine Zeit gehabt«. Die Mönche waren Kandidaten des Jenseits im Diesseits; ihre Basis lag im Himmel. Darin »gründete« alles – anders ist ihre ganze Existenz nicht zu verstehen. Sobald diese Basis jedoch wegbricht, hört der Sinn für eine solche Existenzweise auf und muß der Nachweis von selbst ausbleiben. Eine Zeitlang mag man sich dann noch mit der Wahrnehmung karitativer und sozialer Aufgaben begnügen, aber dies ist nur noch eine Frage der Zeit, weil schlechterdings nicht einzusehen ist, warum man solches nicht auch ohne ewige Gelübde, im staatlichen Anstellungsverhältnis als profaner Sozialarbeiter tun kann.

Niemand wird bestreiten können, daß die Theologie sich der Herausforderung des christlichen Glaubens durch die totale Säkularisierung ehrlich gestellt hat. Das Gute des Christentums nicht einem zeitlosen Individuum, sondern den Zeitgenossen zugut zu sagen, darauf richtet sich ihr Bemühen, wenigstens soweit sie ihre Aufgabe ernstnimmt. Aus diesem Grunde nennen wir sie eine »moderne Theologie«, was ja nichts anderes heißt als »zeitgenössische Theologie«.

Wie Zinzendorf, einer der Begründer des Pietismus, zu seiner Zeit gesagt hat: »Ich statuiere kein Christentum ohne Gemeinschaft«, so können wir in der unseren sagen: Wir statuieren kein Christentum ohne Weltlichkeit. Ohne die Welt ist Gott nicht Gott, schreibt Hegel einmal – und er hat recht damit. Angesichts der weltlich gewordenen Welt weltlich von Gott zu reden, ist daher der Stachel, der der protestantischen Theologie in der Neuzeit ihren geistigen Schwung, ihren religiösen

Eifer und ihre wissenschaftliche Wahrhaftigkeit gegeben hat. Und dieses Verdienst soll ihr nicht genommen werden! Hier liegt nach wie vor die wichtigste und schwerste Aufgabe aller Theologie.

Aber gerade wer diese Aufgabe der Theologie bejaht: daß sie nicht ewig gleich, sondern jeweils zeitlich anders von Gott zu reden habe, empfindet heute mehr und mehr eine andere oder, richtiger, nur die andere Seite derselben Verpflichtung. Das ist die Frage nach der Konstanten in der Variabilität: *was* es im Christentum denn nun eigentlich ist, das da weltlich werden soll – und daraus entspringend der Zweifel, ob das Christentum überhaupt noch etwas Eigenes hat, das noch nicht weltlich geworden ist. Droht das Christentum heute über der ihm gebotenen Solidarität mit der Welt nicht seine Identität zu verlieren? Und ist nicht eben dies der Grund für die eingangs festgestellte »Identitätsdiffusion« der Kirche? Wo immer die Theologie ihr eigenes Thema verliert, dort wird sie unweigerlich in Philosophie, Soziologie, Psychologie, vor allem aber Politik eingeebnet. Und ist nicht dies wiederum der Grund dafür, warum die Kirche für viele Zeitgenossen heute so uninteressant geworden ist, weil sie das, was sie in ihr zu hören bekommen, genausogut, wenn nicht sogar noch besser, zwar ohne »religiöse Verpackung«, aber dafür sachlicher, auch anderswo hören können? Der Gott, der ganz und gar nur in der Welt angesiedelt ist und in ihr völlig aufgeht, ist ebenso uninteressant wie der Gott, der nur im Jenseits wohnt und der Welt total entzogen ist. In beiden Fällen ist die Theologie ihre Sache los.

Bezogenheit der göttlichen Wahrheit auf den Menschen – ja! Umadressierung des Evangeliums an den Zeitgenossen – auch ja! Aktualisierung der biblischen Botschaft in Richtung auf die Gesellschaft – noch einmal ja! Aber der Mensch muß bei alldem der Empfänger des Evangeliums bleiben und darf nicht zu seinem Stifter werden. Wenn aber der Mensch der Empfänger des Evangeliums bleiben soll, dann heißt dies zugleich, daß Gott sein Geber bleiben muß und damit das Subjekt in der Mitte aller Theologie und nicht irgendein Objekt an ihrem Rande. Wir drohen heute jedoch, ehrlich getrieben von unserer Verpflichtung zur Zeitgenossenschaft, in eine *anthropologische Maßlosigkeit* zu geraten, indem der Mensch uns unter der Hand, wahrscheinlich sogar aus falsch verstandener Liebe zu ihm, zum Maß aller Dinge und damit auch zum Maß der göttlichen Wahrheit wird.

Die Folge ist eine »Anthropologisierung« der Religion. Und so kommt heute eine neue Art »negativer Theologie« auf, die sich nur noch zu sagen getraut, was Gott alles nicht beziehungsweise nicht mehr ist – dies aber nicht wie einst aus Ehrfurcht vor der Größe Gottes, sondern in Anbetracht des Maßes des Menschen. Diese Theologie stellt höchstens noch eine leicht korrigierte Anthropologie dar.

Den Höhepunkt dieser Maßlosigkeit, deren Maß der Mensch ist, bildet die Rede vom »Tode Gottes«. Hier lebt der Mensch nicht mehr davon, wie Gott sich zu ihm verhält, sondern hier zehrt Gott umgekehrt davon, wie der Mensch sich zu ihm einstellt. Und wenn der Mensch sich nicht mehr auf Gott einstellt, dann hat Gott eben Pech gehabt, dann hat er kein Leben mehr und wird für tot erklärt. Hier hängt eines am andern: Wer den Menschen zum Maß aller Dinge erklärt, der muß auch den Tod Gottes behaupten; und umgekehrt: Wer den Tod Gottes behauptet, der muß auch den Menschen zum Maß aller Dinge erklären.

2. Der Tod des »Todes Gottes« – ein Nachruf

Hier ist der Ort zu einem ehrenden Nachruf auf die »Theologie nach dem ›Tode Gottes‹«. Sie begann 1961 mit einem Buch des amerikanischen Theologen Gabriel Vahanian, das den provokatorischen Titel trug ›The Death of God. The Culture of our Postchristian Era‹. In ihm war der »Tod Gottes« zum erstenmal in der Geschichte des Christentums nicht nur Situationsbestimmung, der Theologie von außen aufgezwungen, sondern eigenes Thema und Programm, von der Theologie selbst ausgedacht und verkündet. Wie eine Flutwelle hat sich in den folgenden Jahren die Literatur zum Stichwort »Tod Gottes« über uns ergossen; in den Bibliotheken füllt sie ganze Borde. Seit einiger Zeit aber ist diese Flut fast völlig verebbt. Wir müssen feststellen: Der »theologische Tod« Gottes hat gerade nur zehn Jahre gedauert; weit früher als gedacht ist das Kapitel »Theologie nach dem ›Tode Gottes‹« zu Ende gegangen.

Wahrscheinlich wird sich jetzt eine ganze Reihe von geistlichen Herren selbstzufrieden die Hände reiben und überlegen triumphieren: Eben dieses Ende hätten sie vorausgesehen, und hätte man auf sie gehört, so hätte man sich den Umweg sparen können. Zu solchem Hochmut und Triumph besteht jedoch kein Anlaß, eher zu Beschämung und Bescheidung. Jene Herren scheinen mir Stubenhockern zu gleichen, die geruhsam zur Seite des wärmenden Ofens sitzen geblieben sind, während die anderen auf die Straße rannten, um das Feuer in des Nachbarn Haus zu löschen. Sie haben die fällige theologische Aufgabe versäumt, indem sie sie gar nicht erst aufgriffen. Die Gott-ist-tot-Theologen aber haben sie wenigstens erkannt und angepackt. Freilich sind sie an ihr gescheitert, weil sie Unmögliches erstrebten.

Das Unmögliche ihres Experiments bestand schlicht darin, daß sie Theologie ohne Gott zu treiben suchten. Nicht, daß der Name Gottes oder, richtiger, der Begriff »Gott« bei ihnen überhaupt nicht mehr aufgetaucht wäre, aber er wurde allein unter dem Gesichtspunkt seiner sozialen und humanen Bedeutsamkeit beurteilt: inwiefern und inwieweit er für den Menschen und seine Aufgaben in der Gesellschaft noch brauchbar sei. Die Folge war, daß Gott in die Abhängigkeit des menschlichen Bewußtseins geriet. Im Grunde haben alle Gott-ist-tot-Theologen, wenigstens die deutscher Zunge, »Bloch-Musik« gemacht. Ihre »Theologie nach dem ›Tode Gottes‹ « nährte sich von der marxistischen Religionskritik in der neureligiösen Form, wie sie ihnen durch den modernen »Kirchenvater« Ernst Bloch vermittelt wird: Gott lebt und stirbt mit dem Bewußtsein des Menschen. Je weiter der Mensch in seiner Menschwerdung fortschreitet, desto mehr läßt er Gott hinter sich zurück. Was jene Theologen an Bloch so faszinierte, ist sein Humanismus, sein Eintreten für die Emanzipation des Menschen, sein Drängen auf den endlichen Anbruch des Reiches der Freiheit, zumal er dies alles mit Hilfe der Bibel begründet. Aber man kann Blochs Humanismus augenscheinlich nicht übernehmen, ohne zugleich von seinem Atheismus angesteckt zu werden. Freilich haben sich die Gott-ist-tot-Theologen Blochs atheistische These nur partiell, im Hinblick auf die gegenwärtige religiöse Situation, zu eigen gemacht: sie sprechen nicht von der Nicht-Existenz Gottes zu allen Zeiten, sondern von seinem »Tode« in unserer Zeit. Aber eben diese Halbheit hat sie zur Unlogik verführt: Wenn Gott tot ist, dann ist er nicht nur *nicht mehr*, sondern dann ist er *nie* gewesen, so daß das Wort »Tod« hier unlogisch, mithin unangebracht ist.

In der Theologie kann immer nur entweder Gott oder der Mensch in der Mitte stehen. Steht Gott in der Mitte, so gelangt das Denken, falls es konsequent bleibt, von selbst auch zum Menschen; steht der Mensch in der Mitte, so hat das Denken, falls es konsequent bleibt, keine Chance, von dort aus zu Gott zu gelangen. Wo Gott aus der Mitte an den Rand gerückt wird, dort bleibt die Mitte nicht etwa unbesetzt, ein Vakuum, sondern dort füllt sich das Vakuum alsbald mit einem anderen Inhalt auf, und dieser verdrängt Gott dann vollends, bis über den Rand hinaus. Der Übergang zum Atheismus ist unvermeidlich und unverkennbar, mag die beibehaltene theologische Sprache auch noch so sehr die christliche Fassade aufrechtzuerhalten trachten.

Wo Gott einmal gestanden hat, dort bleibt nie eine leere Stelle zurück, wie ein leerer Sockel, von dem ein Denkmal gestürzt worden ist, sondern dort steht auf dem Sockel alsbald ein neues Denkmal. Das Gesetz, daß die Theologie, sobald sie ihr eigenes Thema verloren hat, in anderes – in Philosophie, Soziologie, Psychologie oder Politik – verkehrt werde, hat sich auch an der »Theologie nach dem ›Tode Gottes‹« erfüllt. Für sie wurde die Gesellschaft zum alles bestimmenden Faktor, sich selbst zum Gott – nach dem angeblichen Tode Gottes.

Aber auf diese Weise läßt sich der christliche Glaube vor dem Zugriff des Säkularismus nicht retten. Zu Recht hat Max Horkheimer in einem Interview erklärt: »Die moderne Liberalisierung der Religion führt, wie mir scheint, zum Ende der Religion ... Religion kann man nicht säkularisieren, wenn man sie nicht aufgeben will. Es ist eine vergebliche Hoffnung, daß die aktuellen Diskussionen in der Kirche Religion erhalten werden, wie sie in ihrem Anfang lebendig war; denn der gute Wille, die Solidarität mit dem Elend und das Streben nach einer besseren Welt haben ihr religiöses Gewand abgeworfen.«[2] Diese Sätze enthalten unausgesprochen auch ein kritisches Urteil über das Experiment der »Theologie nach dem ›Tode Gottes‹«. Wie alle Religion, kann sich auch christlicher Glaube nicht dadurch vor der Säkularisierung retten, daß er sich durch die Teilnahme an politischen Diskussionen und gesellschaftlichen Aktionen in falscher Weise aktuell zu machen trachtet.

Eine Zeitlang mag es gelingen, den freundlich gesonnenen Zeitgenossen durch den Nachweis der sozialen und politischen Brauchbarkeit des Evangeliums für den christlichen Glauben zu interessieren und bei ihm festzuhalten. Doch nicht auf lange. Sehr bald schon wird sich jener Zeitgenosse fragen, wozu er solch »weltlich Gut« – politische Ideen und Antrieb zu gesellschaftlichem Engagement – eigentlich noch in »religiöser Verpackung« kaufen soll. Warum zur roten Fahne noch die violette Schleife? Schließlich war er ja auch nicht für den Großen Zapfenstreich und das Niederländische Dankgebet. Sobald das politische Ziel oder die gesellschaftliche Aufgabe, mit denen man für den christlichen Glauben zu werben sucht, erreicht sind oder auch nur ohne den christlichen Glauben erreichbar erscheinen, erteilt man diesem den Abschied: »Der Mohr hat seine Schuldigkeit getan, der Mohr kann gehen.«

Das Ergebnis der Anpassung des christlichen Glaubens an die Säkularisierung kann nur die Säkularisierung des Glaubens selbst sein und damit in der Tat nun endgültig der Tod Gottes. So bleibt es dabei: Der »Tod Gottes« – als Symbol für die totale Säkularisierung – kann, ja muß die von der Theologie heute zwar stets zu beachtende Situationsbestimmung sein, darf aber nicht selbst zu ihrem Thema und Programm werden.

Dennoch hat die »Theologie nach dem ›Tode Gottes‹ « keinen Umweg gemacht, sondern sie ist nur einen Weg bis an sein Ende ausgeschritten. Gerade durch die Radikalität ihres Lösungsversuches hat sie zur Klärung der theologischen Situation beigetragen. Diese Klärung besteht in einem negativen und einem positiven Ergebnis. *Negativ* hat die »Theologie nach dem ›Tode Gottes‹ « gezeigt, daß nichts, was vom christlichen Glauben an angeblich Absurdem über Gott gesagt wird, so absurd ist wie ein christlicher Glaube oder eine christliche Theologie ohne Gott. Darum sollte man besser ehrlich die Theologie vollends aufgeben, als weiterhin eine Theologie ohne Gott treiben. *Positiv* ist nach dem Ende des »theologischen Todes« Gottes die Situation wieder offen. Nachdem sich eine radikale Theologie des Todes Gottes als ebenso unmöglich erwiesen hat wie vorher eine radikale Theologie der Offenbarung Gottes, wird die Theologie sich aufs neue bemühen müssen, verantwortlich von Gott zu reden, und zwar verantwortlich nach beiden Seiten: vor Gott, daß ihr Reden zu den Menschen wirklich eine Rede von Gott sei – vor den Menschen, daß ihre Rede von Gott wirklich ein Reden zu Menschen sei.

3. Es wird Zeit, an Gott zu denken

Die »Verkehrtheit« jedweder Theologie ohne Gott besteht zutiefst darin, daß sie das Gleichnis vom verlorenen Sohn in ein *Gleichnis vom verlorenen Vater* »verkehrt«. Dieses Gleichnis lautet dann so: Ein Vater hatte zwei Söhne. Als der Vater alt geworden war, teilte er sein Erbe unter sie und zog fort. Verlassen von ihrem Vater, mußten die Söhne fortan nun allein leben. Sie taten es, so gut sie es vermochten. Kriege kamen über ihr Land; es gab Katastrophen, Hunger, Teuerung und Leid. Aber sie standen dies alles miteinander tapfer durch, aus eigener Kraft, sich selbst ein Wunder. Schließlich gingen sie daran, die alten Gebäude niederzureißen und überhaupt das ganze Leben neu zu ordnen: Es sollte alles anders und besser werden, als es zur Zeit des Vaters gewesen war. Anfangs hatten die beiden Söhne noch häufig von ihrem Vater gesprochen; doch dann hatten sie sich allmählich daran gewöhnt, daß er nicht mehr da war. Ob sie ihn ganz vergessen haben oder bisweilen im stillen noch an ihn denken, davon weiß der Erzähler nichts zu berichten, ebensowenig davon, ob der Vater eines Tages wieder heimgekehrt ist. Denn noch ist diese Geschichte nicht zu Ende.

So steht Gleichnis gegen Gleichnis, das Gleichnis vom verlorenen Vater gegen das vom verlorenen Sohn. Welches der beiden Gleichnisse schließlich recht behalten, das heißt wer am Ende verloren sein wird, der Vater oder die Söhne, das steht künftig in der Geschichte zur Entscheidung. *Damit steht zur Entscheidung, ob der Mensch ohne Gott leben, ob er ohne Gott Mensch bleiben kann.* Mag für den christlichen Glauben die Entscheidung hierüber von seiten Gottes auch längst gefallen sein, so hat die Christenheit diese göttliche Entscheidung fortan doch in der Geschichte menschlich zu bewähren.

Ohne die Welt ist Gott nicht Gott – dabei bleibt es. Wenn das Gleichnis vom verlorenen Sohn sein Recht behalten beziehungsweise neu erweisen sollte, dann nur im Sinne einer Heimkehr zum Vater, nicht aber als Rückkehr in ein verlorenes religiöses Kinderland. Eine Rückverwandlung der säkular-rationalen Welt in eine religiös-sakrale steht nicht in Aussicht; jede Hoffnung darauf ist ein frommer Selbstbetrug. Was uns höchstens blühen könnte, wäre die von Oswald Spengler für die Spätzeit einer Kultur angesagte »Remagisierung«. Nachdem wir diese aber im »Dritten Reich« – dem hoffentlich letzten Aufstand deutschen Gemütes gegen Rationalität und Säkularität – gerade hinter uns gebracht haben, kann selbst der frommste Bekenner sich eine solche nicht wünschen.

Eine ehrliche, hilfreiche Antwort auf die Frage, wozu das Christentum gut sei, kann es daher auch künftig nur im Horizont der totalen Säkularisierung geben. Aber wohlgemerkt, die Säkularisierung bildet nur den historischen Horizont für die fällige theologische Antwort; sie selbst ist nicht diese Antwort. Und eben daran gilt es heute zu erinnern.

In den ersten Jahren nach dem Ersten Weltkrieg schrieb Karl Barth im Hinblick auf die historisch-kritische Bibelforschung und ihre Probleme: »Möchte sich doch der Lehrkörper unsrer hohen und niedern Schulen und mit ihm der ohnehin fortschrittliche Teil der Geistlichkeit unsrer Landeskirchen, recht bald entschließen, ein Gefecht abzubrechen, das seine Zeit gehabt, aber nun auch wirklich *gehabt* hat. Der sonderbare *Inhalt* dieser menschlichen Dokumente, die merkwürdige *Sache,* um die es den Schreibern dieser Quellen und denen, die hinter den Schreibern standen, gegangen ist, das biblische *Objekt,* das ist die Frage, die uns heute bedrückt und beschäftigt.«[3] Dasselbe möchten wir heute auch im Hinblick auf die Säkularisierung und ihre Problematik sagen. Daß die Welt weltlich und der Mensch mündig geworden ist, daß Gott nicht in einer jenseitigen Überwelt wohnt und von dort ständig in die hiesige hineinfunkt, daß der Mensch heute nicht mehr nach dem ewigen Heil, sondern nach seinem irdischen Wohl fragt, und daß wir entsprechend »weltlich« von Gott zu reden haben – das alles ist nun reichlich und häufig genug gesagt, das brauchen wir nicht mehr ständig zu wiederholen. Sicherlich gibt es einige Nachzügler, die das immer noch nicht begriffen haben oder begreifen wollen, aber auf sie, die langsamsten Schiffe im ohnehin schon langsamen kirchlichen Konvoi, können wir nun nicht länger Rücksicht nehmen. Wir müssen weiterkommen – zur Sache. Was aber ist die Sache?

Der russische Schriftsteller Abram Terz-Sinjawski, der in dem Moskauer Schriftstellerprozeß im Frühjahr 1966 zu sieben Jahren Zwangsarbeit verurteilt wurde, schreibt in seinen ›Gedanken hinter Gittern‹: »Genug vom Menschen geredet. Es wird Zeit, an Gott zu denken.«[4] Beim ersten Hinhören klingt dieser Satz sehr allgemein, beinahe banal, fast wie ein frommer Gemeinplatz. Er gewinnt jedoch sofort Profil und wirkt polemisch zugespitzt, wenn wir ihn zur gegenwärtigen Situation des Christentums in Beziehung setzen: daß das Christentum über der ihm gebotenen Solidarität mit der Welt seine Identität zu verlieren und in eine anthropologische Maßlosigkeit zu geraten droht, indem auch ihm der Mensch unter der Hand zum Maß aller Dinge wird. Dann nämlich weist das Wort von Terz-Sinjawski auf ein entscheidendes Defizit im geistigen Haushalt der Neuzeit und zugleich auf eine dringend notwendige theologische Korrektur in unserer eigenen Gegenwart hin. Freilich zeigt es uns zunächst die Schwierigkeit unserer Situation eher noch verschärft als schon einen Ausweg aus ihr.

Das ist unsere Schwierigkeit: Wir können von Gott nicht mehr weiter so reden wie bisher, indem wir uns einfach unkritisch auf seine Offenbarung berufen oder ebenso unkritisch einfach seinen Tod behaupten; wir können von Gott aber auch nicht einfach zu reden aufhören. Redeten wir von Gott weiter so wie bisher, so würde unser Reden von Gott endgültig belanglos – und das ist das Schlimmste, was menschlichem Reden von Gott widerfahren kann. Im Vergleich dazu nähme jede ehrliche Leugnung, ja brüske Lästerung Gottes Gott immer noch ernster. Hörten wir hingegen auf, von Gott zu reden, dann verschwiegen wir Gott – wer anders aber könnte uns ein Recht dazu geben als Gott selbst? Wer jedoch von Gott auf Gottes Geheiß schweigt, der bezeugt selbst durch sein Schweigen noch Gott. Da es bis jetzt aber kein erkennbares Zeichen dafür gibt, daß Gott geheißen habe, von ihm zu schweigen, so bleibt den Menschen nichts anderes, als weiter von ihm zu reden. Wie aber ist das möglich?

Wir leben heute in der Tat in einer scheinbar »gottlosen« Welt, das heißt in einer Welt, in der es kaum noch Erfahrung Gottes gibt. Aber muß die Antwort der Theologie darauf unbedingt die sein, daß sie diese Erfahrung respektive Nichterfahrung auch von sich aus noch einmal bestätigt und sie als »Gottes Tod« ausgibt? Muß sie das Gerücht vom »Tode Gottes« nun auch noch ihrerseits aufnehmen und weitertragen, statt es aufzuklären und richtigzustellen? Kann die Antwort der Theologie auf die Herausforderung durch Säkularismus und Atheismus nicht auch darin bestehen, daß sie nun gerade nicht aufhört, von Gott zu reden, sondern daß sie dies nun erst recht tut, nicht aus blindwütigem Trotz, Bekenntniszwang oder alter Gewohnheit und darum genauso wie bisher, sondern aus Liebe, Mut und Solidarität und darum anders und neu? Das ist schon eine seltsame, ihrer eigenen Sache nicht mehr trauende Theologie, die ihre Aufgabe gerade darin erblickt, die Menschen in ihrer Glaubenslosigkeit noch zu bestätigen und zu bestärken, statt ihnen in ihr beizustehen und aus ihr herauszuhelfen. Wenn jemand kommt und klagt, daß er kein Brot habe, dann preisen wir ihm ja auch nicht den Hunger als normalen, begrüßenswerten Zustand, sondern bemühen uns, daß er wieder zu Brot komme.

Hat es denn Glaube an Gott je anders gegeben als in einer scheinbar gottlosen, gottverlassenen Welt? Wir behaupten, daß sich unter allen Einwänden des modernen Atheismus gegen Gott keiner findet, der nicht schon in der Bibel – im Psalter, bei Hiob, bei den Propheten, in der Weisheitsliteratur – vorkäme. Was heißt Glaube an Gott überhaupt anderes als Schreien nach Gott aus Gottlosigkeit und Gottverlassenheit? Aus solcher Situation heraus hat Jesus von Nazareth am Kreuz nach Gott geschrien: »Mein Gott, mein Gott, warum hast du mich verlassen?« Und der römische Hauptmann, der unter dem Kreuz stand, also ein Heide, hat darauf mit den Worten reagiert: »Wahrlich, dieser ist Gottes Sohn gewesen!« (Markus 15,33–39). Das erste Bekenntnis zur »Gottessohnschaft« Jesu ist nach urchristlicher Überlieferung also inmitten von Gottlosigkeit, ja angesichts von Jesu eigener Gottverlassenheit entstanden. Sollte die Theologie in unseren Tagen nicht ähnlich reagieren wie jener heidnische Hauptmann? Sollte nicht auch sie gerade die Gottlosigkeit und Gottverlassenheit unserer Zeit als Gottes Stunde erkennen und darum auf die Glaubenslosigkeit nicht mit Resignation, sondern mit jedem nur möglichen Bemühen um eine neue Bezeugung des Glaubens an Gott antworten?

Gott selbst gibt ihr Anlaß dazu. Er hat sich inmitten der Gottlosigkeit und angesichts von Jesu eigener Gottverlassenheit zu Jesus bekannt. Dieses Bekenntnis des lebendigen Gottes zum toten Jesus feiert die Christenheit als seine »Auferweckung«. In ihrem Licht könnte uns aufgehen, daß das, was wir für Gottes Tod hielten, nur eine »Wandlung Gottes« war. Was gestorben war, war nicht Gott selbst, sondern ein menschliches Bild von ihm, und dies darum, weil das Menschenbild, das hinter dem Gottesbild stand, vergangen war. Hier hängt wieder eines am andern: Ohne eine Erneuerung des Menschen gibt es keine Wandlung Gottes, aber wohl auch umgekehrt ohne eine »Wandlung Gottes« keine Erneuerung des Menschen.

So bedeutet der derzeitige Tod des »theologischen Todes« Gottes mehr als nur das Ende eines Kapitels Theologie, nämlich die *Ermutigung zu einem neuen Versuch, von Gott zu reden,* oder wenigstens die Verpflichtung zur Sorge dafür, daß das Gerücht von Gott unter den Menschen nicht ganz verstummt, damit aber freilich auch wieder den *Anfang eines neuen Kapitels Theologie.* Nur kraft jenes Ereignisses, das der christliche Glaube »Auferstehung« nennt, und damit kraft Gottes eigener Lebendigkeit, nicht aber kraft unserer eigenen theologischen Vitalität wagen wir, leise zu sprechen, nicht laut zu schreien: *Gott ist tot – es lebe Gott!*

ZWEITES KAPITEL

DIE POINTE:
GEDENKE, DASS DU LEBEN SOLLST!
(Die Frage des Menschen nach dem heilen Leben)

1. Eine Gewinn- und Verlustrechnung

»Das Menschengeschlecht hat bewundernswerte Erfolge errungen – das Weltall steht ihm offen. Doch was ist aus dem *Einzelnen* geworden, aus dem menschlichen Individuum?« Diese Sätze finden sich nicht etwa in einem christlichen oder existenzphilosophischen und damit meist konservativ-kulturpessimistisch gefärbten Traktat, sondern so beginnt der marxistisch-atheistische Philosoph Milan Machovec sein Buch ›Vom Sinn des menschlichen Lebens‹. Und einige Seiten weiter schreibt er: »Das Problem des menschlichen Lebens ist für Millionen von Menschen zwangsläufig zur quälendsten Frage geworden, die sie vielfach um jeden Preis zu verdrängen, aus dem Bewußtsein zu entfernen versuchen.«[5]

Mit seiner Feststellung und seiner Frage trifft Machovec genau unsere Situation. Zugleich gibt er damit die »Ortszeit« an, nach der sich auch die Bezeugung der christlichen Wahrheit, mithin auch unsere Antwort auf die Frage, wozu das Christentum gut sei, zu richten hat. Was er, der Marxist und Atheist, über die gegenwärtige Situation des Menschen und die in ihr zutage tretende Verlegenheit schreibt, erinnert unwillkürlich an das bekannte Wort Jesu von Nazareth: »Was hülfe es dem

Menschen, wenn er die ganze Welt gewönne und nähme doch Schaden an seiner Seele?« (Matthäus 16,26)

In der Tat sind wir heute dabei, »die Welt zu gewinnen«. Wir können gar nicht anders, wir müssen sie zu gewinnen suchen, das heißt, wir müssen sie erfahren, erforschen, erkennen, erobern – und also bestehen. Gewinnen wir die Welt in diesem Sinne nicht, so gehen wir samt ihr zugrunde. Aber genauso droht uns auch die andere Gefahr: Mit dem Gewinnen-Wollen beziehungsweise Gewinnen-Müssen der Welt gefährden wir die Welt, uns selbst und unsere Mitmenschen.

Zwischen dem Menschen und der Welt besteht eine Wechselbeziehung; Welt und Mensch haben eine gegenseitige Wirkungsgeschichte. Das ist immer so gewesen. Seit der Aufklärung in der Neuzeit aber hat sich in dem Verhältnis zwischen Mensch und Welt eine Veränderung angebahnt, die immer stärker einem qualitativen Sprung gleichkommt. Infolge der wissenschaftlichen Erforschung der Natur und ihrer biologisch-technischen Planung und Gestaltung durch den Menschen verwandelt sich die Welt mehr und mehr in ein menschliches Produkt, in eine »künstliche Welt«, in ein »sekundäres System«, zur »zweiten Schöpfung«. Ein typisches Kennzeichen für diese Entwicklung ist die Umkehrung der Rangfolge zwischen Naturwissenschaft und Technik. Bildete die Technik früher ein Ergebnis, fast ein Nebenprodukt der naturwissenschaftlichen Forschung, so schreibt sie heute der Naturwissenschaft weithin vor, was sie zu forschen habe. Die Welt ist schon so sehr zu einem Produkt des Menschen geworden, daß sie ohne seinen ständigen Eingriff kaum mehr zu existieren vermöchte.

Die Konsequenz aus alldem ist, daß der Mensch zunehmend den Folgen seines eigenen weltverändernden

Tuns ausgesetzt ist und damit indirekt sich selbst. Gleichsam aufgeladen mit des Menschen eigenem Geist und eigener Kraft, schlägt die Welt heute mit nie gekannter Wucht auf den Menschen selbst zurück. Und daran drohen sowohl der Mensch als auch die Welt zugrunde zu gehen. Atombombe, biologische Zeitbombe, Umweltverschmutzung und Pflanzenvergiftung sind nur die gröbsten Beispiele, die ständig zitierten Standardsymbole, dafür. Tatsächlich reicht die Verderbnis weiter und geht tiefer; vor allem schleicht sie leiser. Ohne es recht gewahr zu werden, in einem unmerklichen Gefälle, bei dem es kein Halten und keinen Halt mehr gibt, überschreiten wir die Grenze zur Unmenschlichkeit. Wir sagen: Das sollten wir noch tun – das können wir uns noch leisten – das dürfen wir gerade noch wagen –, und unversehens befinden wir uns jenseits der Humanität.

Der Drang und Zwang des Menschen, die Welt zu gewinnen, sie zu erfahren, zu erforschen und zu erobern, richtet sich immer zugleich auch auf den Mitmenschen, und das schließt die Gefahr ein, daß der Mensch den Menschen beherrscht. Unser zwiespältiges Verhältnis zur Welt, unsere Lust an ihr und unsere gleichzeitige Angst vor ihr, treibt uns in die Versuchung, uns unserer Nächsten zu bemächtigen, sie als Werkzeuge zu gebrauchen und zu Objekten zu erniedrigen und so uns selbst mit der ihnen entzogenen Kraft aufzufüllen. Diesen Sachverhalt hat Max Horkheimer in der nüchternen Feststellung zusammengefaßt: »Die Geschichte der Anstrengung des Menschen, die Natur zu unterjochen, ist auch die Geschichte der Unterjochung des Menschen durch den Menschen.«[6]

Das also ist die Situation: Die Menschen sind heute dabei, die Welt zu gewinnen, sich selbst aber darüber zu verlieren. »Noch nie in der Geschichte war die Möglichkeit der Realisierung [des Menschheitstraumes vom Garten Eden] so groß«, hat Rudi Dutschke vor einigen Jahren verkündet. Nicht lange zuvor hatte Albert Camus behauptet: »Das Geheimnis Europas ist, daß es das Leben nicht mehr liebt«, und er hatte den Selbstmord des Menschen als sein entscheidendes Problem bezeichnet. Zwischen diesen beiden Extremen schwebt heute die Menschheit.

Doch wenn nicht alles täuscht, deutet sich seit kurzem eine Änderung in der Einstellung an, leise zwar vorerst noch, aber doch unverkennbar. Der Zweifel an der Machbarkeit aller Dinge wächst und damit auch das Mißtrauen gegen eine einseitige Verherrlichung der Zukunft. Der Fortschritt marschiert nur noch »bei gedämpfter Trommel Klang«. Er hat seine Lockung für viele verloren, seit sie sich täglich empfindlicher mit den Folgen ihres eigenen weltverändernden Tuns konfrontiert sehen und aller technische Fortschritt die ständige Begleitung durch das Chaos offenbar nicht abzuschütteln vermag, sondern die Erde im Gegenteil auf die Dauer zu ruinieren scheint. Und so beginnt einer wachsenden Zahl von Zeitgenossen die Sorge, sich selbst zu verlieren, wichtiger zu werden als die Aussicht, die Welt zu gewinnen – bis zu der gefährlichen Übertreibung, daß sie sich aus der Welt zurückziehen und sie sich selbst überlassen.

Zur Kennzeichnung und Deutung dieser Situation kennen wir keine treffendere Formulierung als das bereits zitierte Wort Jesu: »Was hülfe es dem Menschen, wenn er die ganze Welt gewönne und nähme doch Schaden an seiner Seele?« Wenn dieses Wort aber eine richtige Deutung der gegenwärtigen Situation gibt, dann deutet es damit zugleich auch die Richtung an, in der heute die Antwort auf die Frage, wozu das Christentum gut sei, zu liegen hat.

Wahrscheinlich werden sich manche durch diese Andeutung jetzt ebenso schockiert fühlen wie vorher durch unsere Formulierung der Fragestellung. Wir haben die hier einschlägigen Einwände alle schon im Ohr: individualistisch, innerlich, jenseitig, dualistisch, postmortal – oder wie dergleichen Schlag- und Scheltworte der »nachtheistischen Theologie« heute lauten. Nun liegen die möglichen Mißverständnisse hier allerdings am Wege. In der Tat ist das Christentum jahrhundertelang eine individualistische Jenseits-, fast eine Todesreligion gewesen, ein »Platonismus für das Volk«, wie Nietzsche es ausgedrückt hat. Und der von uns zitierte Bibelvers galt als ein klassischer Beleg dafür.

Aber mehr als die Bibel stand hinter dieser gleichzeitigen »Verinnerlichung« und »Verjenseitigung« des Christentums griechische dualistische Metaphysik. In der gläubigen Reflexion und in der frommen Praxis sah das so aus: Der Mensch hat eine unsterbliche Seele; sie wird im Körper gefangen gehalten. Um sie rein und unversehrt zu bewahren, muß er sich von der Welt möglichst fernzuhalten trachten. Im Tode wird die Seele endlich frei, und zwar entweder für den Himmel oder für die Hölle. Die Bedingungen, ob für den Himmel oder für die Hölle, sind von Gott offenbart und werden von der Kirche in ihren Dogmen gelehrt und in den Sakramenten verwaltet. Also galt es, während des Erdenlebens fein fromm zu sein und nach der ewigen Seligkeit zu streben. So war das Leben eine immerwährende Einübung in den Tod; alle Lebenskunst wurde zur Sterbekunst. Das Sterben war des Glaubens liebstes Kind.

Diese einlinige Ausrichtung auf Jenseits, Tod und ewiges Leben brachte gleichzeitig einen einseitig egoistisch-individualistischen Zug in das Christentum. Jenseitsglaube und Individualismus, ja Egoismus gingen Hand in Hand. Um dessentwillen pflegt man das Christentum heute heftig zu schelten. Doch wenn man dem Christentum der Vergangenheit – mit Recht – vorwirft, daß es ins Jenseits geflohen sei und sich damit den Aufgaben auf der Erde entzogen habe, so kann man mit dem gleichen Recht fragen, ob nicht die Mondfahrt heute eine ähnliche Flucht ins Jenseits bedeute, zwar eine innerweltliche und säkulare, jedoch mit dem gleichen Ergebnis: unter Zurücklassung der Brüder und ihrer Leiden auf der Erde. Friedrich Dürrenmatt hat am Ende einer Betrachtung über die Mondfahrt daher mit Recht kühn erklärt: »Ich bleibe Ptolemäer.«

Allein auf Jenseits, Tod und ewiges Leben hin und also einseitig individualistisch und dualistisch gedeutet, ist jenes Bibelwort gründlich mißdeutet. An sein richtiges Verständnis arbeiten wir uns heran, wenn wir wieder zur gegenwärtigen Situation, zu unserer »Ortszeit«, zurücklenken.

2. Etwas fehlt

In religiöser Beziehung erscheint das Wort »Seele« heute in der Tat altmodisch und passé. Auf das Angebot seelischer Gesundheit aber reagiert jeder, und jeder versteht auch sogleich, was gemeint ist, wenn er einen Satz liest wie den: Überwältigt von den Erfolgen wissenschaftlicher Forschung und technischer Planung und selber eingespannt zwischen Produktion und Konsum, droht der Mensch heute seine Seele zu verlieren. Statistiken beweisen es: Immer mehr Menschen kommen immer weniger mit dem Leben zurecht. Die Sprechstunden der

Seelenärzte sind überfüllt und die Beratungsstellen jeglicher Art für Monate ausgebucht. Wer seine Seele verloren hat, muß seine Haut zu Markte tragen!

Aber je mehr wir arbeiten und leisten, je mehr wir uns anstrengen, unsere großen Wünsche zu erfüllen, nicht nur die kleinen großen Wünsche: Auto, Freizeit, Eigenheim, Gesundheit, Sexualität und langes Leben, sondern auch die wahrhaft großen Wünsche, die Menschheitsträume und -visionen: Gerechtigkeit, Frieden, Freiheit, Wohlstand und Glück für alle – desto mehr haben wir das Gefühl, daß wir eigentlich nicht richtig leben, daß uns das Leben trotz aller Leistung und allen Genusses mißlingt. Wir haben vieles von dem, wovon wir einst meinten, daß es uns, wenn wir es hätten, sattmachen würde – aber jetzt, wo wir es haben, werden wir nicht satt davon. Etwas fehlt, etwas ist ausgeblieben. Und so wächst heute bei vielen Menschen neu die Sehnsucht nach einem guten, erfüllten, gelingenden Leben und damit die Frage nach dem »richtigen« Leben.

Das ist das Fazit eines Vierteljahrhunderts Nachkriegszeit, in dem, wenigstens bei uns auf der nördlichen Erdkugel, die Prosperität gestiegen ist wie nie zuvor. Nicht aus kirchenpolitischer Taktik, sondern in Anbetracht der veränderten Situation, aus dem Instinkt für das, was die Stunde geschlagen hat, hat der Deutsche Evangelische Kirchentag, nachdem sein Thema 1969 in Stuttgart ›Hunger nach Gerechtigkeit‹ gelautet hatte, für sein Treffen 1973 in Düsseldorf daher die Losung gewählt ›Nicht vom Brot allein‹.

Die Unruhe der Studenten an zweitausend Universitäten in der ganzen Welt will auch unter diesem Gesichtspunkt gesehen sein: Die Söhne und Töchter weigern sich, das Leben, das sie ihre Eltern führen sehen, zu übernehmen; sie schlagen das ihnen angebotene Erbe aus. Die »Leitwährung« der bürgerlichen Epoche, zumal an deren Ende: daß das Leben Arbeit sei und die Arbeit wiederum dazu da, um die Mittel für die Lustbefriedigung, für das Vergnügen und den Genuß, herbeizuschaffen, ist ihnen zutiefst suspekt geworden. »Saure Wochen – frohe Feste« – diese einst von allen guten Bürgern gelobte und befolgte Lebensmaxime überzeugt sie nicht mehr. Auch sie sprechen in ihrer Weise: »Was hülfe es dem Menschen, wenn er die ganze Welt gewönne und nähme doch Schaden an seiner Seele?«

Das Verlangen nach einem erfüllten, gelingenden Leben steht in nächster Nähe zu jenem Glaubensartikel, von dem die Reformatoren behauptet haben, daß mit ihm die Kirche stehe und falle, der *Rechtfertigung des Menschen vor Gott allein durch den Glauben.* Im ersten Augenblick mag die Behauptung, daß hier ein theologischer Zusammenhang bestehe, verblüffen. Luther stellte bekanntlich die Frage: »Wie kriege ich einen gnädigen Gott?« Wir hingegen fragen heute: Wie gelange ich zu einem sinnvollen, erfüllten Leben? Wie kann mir das Leben gelingen? Zwischen beiden Fragen scheint eine »Welt« zu liegen. Es ist in der Tat eine Welt, nämlich die Wende der Neuzeit von der jenseitigen zur diesseitigen Welt. Dennoch gehören beide Fragen zusammen. Denn in beiden geht es um das volle, ganze Leben des Menschen, mit anderen Worten um sein »Heil«. Dies wird eine neue Auslegung der Rechtfertigungslehre ans Licht bringen müssen.

Eine solche neue Auslegung wird sich auch gerade gegen diejenigen richten, die heute so streng und starr an der buchstabengetreuen Wiederholung der paulinisch-lutherischen Rechtfertigungslehre festhalten und sich eben damit selber gegen sie wenden. Ihre Frömmigkeit ist ganz und gar vom religiösen Leistungsdenken, also von frommer Werkgerechtigkeit, geprägt. Nicht zuletzt deshalb kommt es heute nicht nur auf eine Erhaltung, sondern auf eine Erneuerung der Rechtfertigungslehre an. Erneuert werden aber kann die Rechtfertigungslehre nur im Kontext der Fragen unserer Zeit. Und da steht die Frage nach einem sinnvollen, erfüllten, gelingenden Leben obenan.

Die Rechtfertigungslehre ist aber zu kurz gefaßt, wenn sie nur individualistisch verstanden wird. Schon bei Luther korrespondiert der Frage des Menschen: »Wie kriege ich einen gnädigen Gott?« auf seiten Gottes die Frage: Wie kriege ich wieder eine heile Welt, eine gute Schöpfung? Beide Fragen durchbrechen den Unheilszirkel, in dem Mensch und Welt miteinander stehen und sich gegenseitig zu verderben drohen. Darum darf man die Rechtfertigungslehre nicht nur individualistisch, sondern muß sie im »Weltaspekt« sehen: die Rechtfertigung des Einzelnen und die Erlösung der Welt gehören zusammen. Es gibt eben nur *ein* Heil, nicht nur ein Heil des Menschen für sich und ein Heil der Welt für sich, auch nicht allein ein Heil des Menschen ohne die Welt, sondern nur ein gemeinsames Heil für den Menschen und die Welt. Ohne Heilung der Welt kann auch der Mensch nicht heil werden.

3. Wiederentdeckung der Religion

Wir scheuen uns nicht, die Sorge der Menschen, ihre Seele zu verlieren, auch wenn es sich dabei nicht um die Furcht vor ewiger Verdammnis handelt, und erst recht ihre Sehnsucht nach einem erfüllten, gelingenden Leben, auch wenn damit nicht das ewige Leben gemeint ist, als »religiös« zu bezeichnen. Beides, Sorge und Sehnsucht, erscheint als ein Ausdruck jener Bewegung oder, besser, Bewegtheit, die wir aus Unsicherheit vorläufig noch ungenau als neue »religiöse Welle« zu apostrophieren pflegen. Was hinter dieser neuen Welle steht, wie tief sie geht und wie weit sie reichen wird, das vermag heute noch niemand zu sagen. Sicher aber ist, daß eine ihrer wichtigsten Motivationen in jener Sorge und jenem Verlangen zu suchen ist, wie sie sich im Fragen unserer Zeit nach dem richtigen Leben ausdrücken. Und eben darum nennen wir sie »religiös«.

»Religion« ist ein sehr komplexer, auch außerordentlich verschieden definierter Begriff. Zudem bedeutet es stets eine Abstraktion, wenn man von »Religion« spricht; denn Religion gibt es immer nur in den Religionen, wie auch Kirche immer nur in den Kirchen. Dennoch werden wir, ohne uns hoffentlich einer allzu großen Abstraktion und Vereinfachung schuldig zu machen, sagen können, daß zur Religion stets zwei Grunderfahrungen gehören: negativ die Erfahrung eines Mangels, ein Leiden am Leben, ein Sich-Wundreiben an der Wirklichkeit, kurzum die Enttäuschung darüber, daß die Welt im Argen liegt und man selbst dazu; positiv das Verlangen nach Überwindung dieses Zustandes, die Erwartung eines Besseren, die Sehnsucht nach einem Vollen und Ganzen, kurzum die Hoffnung darauf, daß die Welt nicht im Argen bleiben möchte und man selber auch nicht. Nimmt man beide Erfahrungen zusammen, so ergibt sich jene Lebensintention und -intensität, die wir als »Transzendieren«, als »Überstieg« des Hiesigen und Momentanen bezeichnen.

Aber es gibt kein Transzendieren ohne Transzendenz. Ein entscheidendes Wesensmerkmal jeder Religion liegt deshalb darin, daß der Mensch das Ganze, sein Heil, die Erfüllung und Erlösung nicht durch die eigene Tat, durch die eigen-händige Verwirklichung einer moralischen Zielvorstellung, sondern von außen, von dem Letzten und Ganzen selbst, das alles hält und trägt, in dem alles gründet, kurzum von einem »Gott« erwartet – wie immer man sich diesen Gott dann auch vorstellen mag.

Noch in dem vielgeschmähten Verlangen des Menschen nach Glück liegt die Ahnung verborgen, daß das bisher Erlebte noch nicht alles sein kann, daß das Leben mehr sein muß als nur dieses bisher gelebte Leben. Anders kann ich mir den Ausdruck auf den Gesichtern der jungen Glücksspieler an den Spielautomaten nicht erklären. Was sich auf ihnen widerspiegelt, ist die fast ins Gegenteil pervertierte, aber selbst in dieser Perversion noch erkennbare Ahnung, daß das Leben eigentlich anders – größer, freier, weiter, runder – sein sollte. Es ist, als habe man irgendwann einmal ein derartiges Versprechen erhalten und warte nun darauf, ja suche und jage danach, daß es eingelöst werde und sich erfülle.

Christlicher Theologie wird nichts übrigbleiben, als sich wieder auf »Religion« einzulassen. Dietrich Bonhoeffers bekannte Ansage eines »religionslosen« Zeitalters, in dem die Menschen völlig unreligiös, rein säkular leben, in dem sie nicht einmal mehr Götzen anbeten würden, hat sich nicht bewahrheitet. Zwar hat das kirchliche Christentum nach einem kurzen Nachkriegsrausch, einer Art christlicher Schrecksekunde, längst wieder abgenommen, die Religion als solche jedoch nicht. Im Gegenteil, während gegenüber dem kirchlichen Christentum und der institutionellen Kirche die Gleichgültigkeit, ja Aversion offenbar noch wächst, nimmt das religiöse Interesse gleichzeitig nicht ab, sondern zu.

An diesem Mißverhältnis trägt nicht zuletzt das Christentum selbst schuld. Fast sieht es so aus, als würde ihm in unseren Tagen heimgezahlt, was es der Religion jahrzehntelang zugefügt hat. Seit den Anfängen Karl Barths nach dem Ersten Weltkrieg hat die christliche Theologie sich gegen jedwede Religiosität feindlich abgesperrt. Sie behauptete, daß alle Religion – außer dem christlichen Glauben – nicht aus göttlicher Höhe, sondern aus menschlicher Tiefe stamme, und diskriminierte sie so als eine Selbstschöpfung, ja Selbstvergottung des Menschen, während sie sich für ihre eigene Wahrheit auf die besondere und unmittelbare Offenbarung Gottes in Jesus Christus berief. Zugleich hoffte sie sich mit Hilfe dieser Argumentation der Umklammerung durch die atheistische Religionskritik zu entziehen. Im Grunde aber stellte sie sich gerade damit auf den gleichen Boden wie ihre atheistischen Kritiker und gab ihnen leichtes Spiel. Diese brauchten nur einen religionsgeschichtlichen Vergleich zwischen dem christlichen und dem nichtchristlichen Reden von Gott anzustellen, um den von den Theologen behaupteten Ausnahmecharakter der christlichen Wahrheit zu widerlegen. Denn so groß ist der Unterschied schließlich nicht, daß nicht auch das christliche Reden von Gott unter denselben Illusionsverdacht wie das nichtchristliche fiele.

Die noch schlimmere Folge dieser jahrzehntelangen Selbstabschließung des Christentums gegen jedwede Religion aber bestand darin, daß es selbst dadurch religiös eingetrocknet ist. Und dies macht es ihm heute so schwer, der ringsum vorhandenen alten oder neuen Religiosität offen zu begegnen und sich auf eine fruchtbare kritische Auseinandersetzung mit ihr einzulassen. Wir stimmen deshalb dem Urteil von Carl Heinz

Ratschow rundum zu, wenn er schreibt: »Ein Christentum, das sich selbst areligiös oder antireligiös versteht, wird dem nicht gerecht, kann das nicht einmal hören, worum es in unserer Gegenwart geht! In fataler Verstellung will man dieser Gegenwart nichtreligiös gerecht werden, wirft alles als Ballast über Bord, was religiös wertvoll war, und verfehlt gerade hiermit die gesuchte Gegenwart.«[7]

Aber auch in dieser Beziehung deutet sich gegenwärtig eine Änderung der Einstellung an. Eine Reihe von Anzeichen spricht dafür, daß die christliche Theologie im Begriff steht, ihr bislang sprödes, meist sogar eindeutig negatives Verhältnis zur Religion zu revidieren und diese als eine positive Größe wiederzuentdecken. Die Religion gilt ihr nicht mehr nur als Unglaube und Spuk und auch Schleiermacher daher nicht mehr nur als ein gefährlicher Vermittler, als ein Parlamentär mit der weißen Fahne in der Hand. Das aber heißt zugleich, daß auch das Christentum selbst sich als eine Religion zu verstehen beginnt. Es folgt nicht nur ein Christentum auf das andere, sondern auch als Gesamterscheinung ist das Christentum nur eine Religion unter anderen. Zu dieser Selbsterkenntnis wird das Christentum heute durch seine eigene Theologie genötigt. Damit aber ist es nach seiner religiösen Substanz gefragt und in einen Wettstreit mit den anderen Religionen hineingestellt.

Wer heute Mut zum Leben anbietet, wer ein erfülltes, gelingendes Leben verspricht und den Weg zum richtigen Leben verheißt, der hat Zulauf. Um diese Frage geht es in den gegenwärtigen Auseinandersetzungen zwischen den Religionen, Weltanschauungen, Ideologien und Systemen. Wer sie am überzeugendsten beantwortet, und zwar nicht nur durch eine Theorie, sondern auch in der Praxis, der wird siegen. In diesem Konkurrenzkampf steht das Christentum mitten drin; hier muß es zeigen, wozu es gut ist.

Wenn in dem von uns zitierten Jesuswort von »Seele« die Rede ist, dann ist damit ganz einfach »Leben« gemeint: der Mensch soll leben und an seinem Leben keinen Schaden nehmen, weder von anderen noch durch sich selbst. Es geht hier also mit letztem Ernst um die Existenz des Menschen, um seine Bewahrung als Mensch. Das, wozu das Christentum gut ist, läßt sich darum, als Ziel gefaßt, in das Leitwort kleiden, das Peter Vischer der Jüngere sich für sein Leben gewählt hatte und das, frei übersetzt, so überliefert wird: *Gedenke, daß du leben sollst!* Was christlicher Glaube im einzelnen auch immer sein mag, in jedem Fall will er *Ermutigung zum Leben* sein.

Leben aber hat es in der Bibel immer mit Gott zu tun: Gott ist der Ursprung und die Quelle alles Lebens. In der Weisheit Salomos wird Gott sogar einmal ein »Liebhaber des Lebens« genannt (11,26). Wenn dieses Wort auch in einer außerkanonischen Schrift steht, so steht es doch in der biblischen Tradition und kann als eine plakative Überschrift über alles gesetzt werden, was die Bibel über Gott und das Leben sagt: Ein Liebhaber des Lebens, gönnt Gott den Menschen das Leben.

Wenn es heißt: »Was hülfe es dem Menschen, wenn er die ganze Welt gewönne und nähme doch Schaden an seiner Seele?«, dann ist in diesem Wort von Gott die Rede, auch wenn sein Name nicht ausdrücklich genannt wird. Und wenn dieses Wort unsere Situation richtig deutet und damit zugleich die Richtung andeutet, in der die Antwort auf die Frage, wozu das Christentum gut sei, heute zu liegen hat, dann lautet unsere vorläufige

Antwort darauf jetzt: Weil es Mut zum Leben anbietet und deshalb an Gott als den Ursprung und bleibenden Bezugspunkt alles menschlichen Lebens und damit den Menschen an seine wahre Bestimmung erinnert. Hier stehen wir wieder an derselben Kehre, die wir mit dem Wort von Abram Terz-Sinjawski so beschrieben haben: »Genug vom Menschen geredet. Es wird Zeit, an Gott zu denken.«

ZWEITER TEIL

DIE ANTWORT

DRITTES KAPITEL

DIE HAUPTSACHE:
GOTT – WAS DENN SONST?

(Neuer Theozentrismus – die Konzentration des
Christentums auf den Glauben an Gott)

1. Stellungswechsel zwischen Mensch und Gott

»Genug vom Menschen geredet. Es wird Zeit, an Gott
zu denken« – in seiner apodiktischen Kürze wirkt dieser Satz wie eine Kehrtwendung auf dem Absatz. Was
Terz-Sinjawski zu dieser Kehrtwendung bewogen hat,
welche persönlichen Erlebnisse dahinter stehen – vielleicht die am eigenen Leibe erlittene Erfahrung, wie
Menschen mit Menschen umgehen können, wenn Gott
nicht mehr »dazwischensteht« –, das wissen wir nicht
und werden es wohl auch nie erfahren. Aber mag das
Motiv uns auch verborgen bleiben, so ist der Sinn für
uns doch klar. In Terz-Sinjawskis Satz wird der Mensch
nicht beiseite geschoben, aber Gott in die Mitte gestellt.
Er will daran erinnern, daß der Mensch nur dort in der
rechten Weise bedacht wird, wo zugleich, ja wo zuerst
an Gott gedacht ist. Dieser Stellungswechsel ist genau
das, was auch nach unserer Überzeugung die geschichtliche Situation fordert, nicht nur die kirchlich-theologi-
sche, sondern auch die menschlich-gesellschaftliche.

Angesichts der weltlich gewordenen Welt weltlich
von Gott zu reden – darauf richtet sich das Bestreben
aller ernsthaften Theologie. Da aber die Welt nicht still-
steht, sondern sich im ständigen geschichtlichen Wandel befindet, heißt weltlich von Gott reden zugleich,

»zeitgemäß« von ihm sprechen. Die Bemühung der Theologie um eine zeitgemäße Sprache meint mehr als nur die Frage der richtigen Wortwahl und Methode, nach der Weise: Wie sage ich's meinem Kinde? Es geht nicht nur um Verständlichkeit, sondern um Verstehen, mithin um die Bemühung, eine Sache – in diesem Fall den Glauben an Gott – so zur Sprache zu bringen, daß der Zeitgenosse sie zu vernehmen, das heißt sie sich nicht nur rational anzueignen, sondern sie auch existentiell nachzuvollziehen vermag. Und so sehen wir die Theologie seit Jahren intensiv mit der Arbeit an den richtigen Begriffen und Vorstellungen von Gott beschäftigt.

So wichtig und unerläßlich die Bemühung der Theologie um die richtigen Vorstellungen und Begriffe ist, zumal in einer Zeit wie der unseren, die dringend nach einem Ersatz altgewordener Vorstellungen und Begriffe durch neue verlangt, so bedeutet sie doch stets etwas Sekundäres – die Sache mit Gott und nicht die Sache Gottes. Es ist, wie wenn jemand, der eine lange, komplizierte lateinische Satzperiode aufzulösen hat, zunächst nach den adverbialen Bestimmungen des Ortes, der Zeit und der Art und Weise statt nach dem Prädikat, nach dem regierenden Verbum, suchte. Ob Gott oben in der Höhe oder unten in der Tiefe wohnt, ob er aus der Vergangenheit oder aus der Zukunft in die Gegenwart kommt, ob er »ist« oder ob er »geschieht«, ob er diesseitig oder jenseitig zu denken ist, ob als Person oder als Prinzip: Theismus, A-theismus, Pantheismus, Panentheismus, Supranaturalismus, Transzendenz und Immanenz – dies alles will verantwortlich bedacht und entschieden sein, aber es kann erst bedacht und entschieden werden, wenn Gottes Wirken erfahren worden ist. Die Erfahrung Gottes ist das Unmittelbare, Elementare, ihre begriffliche Erfassung immer etwas nachträglich Abgeleitetes.

Theologie setzt Glauben voraus; sie argumentiert vom Glauben her und auf Glauben hin. Erst das Glauben bringt das Reden in Gang und damit überhaupt erst die Bemühung um die rechte Sprache und mit der rechten Sprache auch um die richtigen Vorstellungen und Begriffe, um das Wie, Wo und Wann, um das Woher, Wohin und Wozu. Für welche Präpositionen und adverbialen Bestimmungen, mit anderen Worten, für welche Vorstellungen und Begriffe von Gott sich die Theologie hernach auch entscheiden mag – in jedem Falle gründet sie in der Erfahrung, die Menschen mit Gott gemacht haben, und hat diese Erfahrungen, so gut sie es vermag, auszudrücken und weiterzugeben. Das muß ihr elementarer Grund und ihr wichtigstes Anliegen sein und bleiben, das Primäre, das dann ganz von selbst schon zum Sekundären treiben wird, gleichsam das Prädikat und regierende Verbum, das die adverbialen Bestimmungen samt den entsprechenden Präpositionen von allein nach sich zieht.

Aber das ist nun unsere kritische Frage an die gegenwärtige Theologie, wenigstens an die herrschende Tendenz in ihr, ob ihr über ihrer Bemühung, zeitgemäße, das heißt dem Denken und Erleben der Zeitgenossen gemäße Gottesvorstellungen und -begriffe zu entwickeln, Gott selbst nicht bisweilen aus dem Sehwinkel zu geraten droht, ob ihr Blick bei dem gebotenen Hin und Her zwischen Gott und Mensch nicht zu weit von Gott abgeschweift ist und sich einseitig auf den Menschen geheftet hat und ihr also nicht Gott und seine Wahrheit, sondern der Mensch und seine Wirklichkeit zum wichtigsten Anliegen geworden ist. Das aber hieße, daß die Theologen aus »Wortführern Gottes« und seiner Sache zu Wortführern der Menschen und ihrer Sachen geworden wären. Nicht, daß die Theologen nicht auch die Sachen der Menschen zu führen und ihnen das Wort zu reden hätten, aber ihre »sachgemäße« Aufgabe besteht nun einmal darin, das Menschenmögliche dazu beizutragen, daß Gottes Sache zum Ziel komme, worin dann gewiß auch alle Sachen der Menschen gut aufgehoben und ans Ziel gebracht sind.

Wo die Theologie ihre Sache in dieser Weise treibt, dort werden sich nicht nur die Vorstellungen und Begriffe für Gott von selbst einstellen, dort werden diese Vorstellungen und Begriffe von selbst auch eine personale Färbung erhalten. Damit aber gerät jegliche Theologie in die Nähe des Dialogs und erhält »von Natur aus« einen personalen Grundzug. »Das Wort ›Gott‹ ist unentrinnbar personal . . . Wer ›Gott‹ sagt, der sagt ›Person‹.«[8] Aus diesem Grunde ist es auch unnötig, die »Personalität Gottes« als ein Extra zu postulieren oder für sie als einen besonderen Glaubensartikel zu streiten – sie ergibt sich, wo über Gott nachgedacht, das heißt, wo *an* ihn gedacht wird, von allein. Selbstverständlich aber muß, was in solchem Gedenken oder Andenken persönlich erfahren worden ist, hinterher in personale Begriffe gefaßt werden.

2. Gott um Gottes willen

Wenn eine theologische Konzentration an der Zeit ist, wenn in dem Zentrum aller Theologie aber Gott steht, dann kann dies nur eine Konzentration auf Gott und mithin einen neuen *Theozentrismus* bedeuten. Diese Forderung liegt in der Logik des Glaubens. Karl Marx hat einmal geäußert, daß der Gedanke nicht zur Wirklichkeit dränge, wenn die Wirklichkeit nicht zum Gedanken dränge – wir meinen, daß in einem neuen Theozentrismus die Wirklichkeit zum Gedanken dränge und nicht nur ein Gedanke nach Wirklichkeit suche.

Theozentrismus schließt eine doppelte *Konzentration des christlichen Glaubens* in sich: eine quantitative und eine qualitative.

Die *quantitative* Konzentration des christlichen Glaubens bedeutet die Zusammenziehung, die Raffung und Straffung, ja sogar Kürzung der einstmals vielerlei Glaubensgegenstände auf einen einzigen Punkt: auf den Glauben an Gott. Als Kinder fanden wir die Schaufenster besonders schön, die mit möglichst vielen bunten Dingen vollgepackt waren. Erwachsen geworden, bevorzugen wir dagegen die Schaufenster, in denen nur einige wenige erlesene Dinge stehen, vielleicht auch nur ein einziger Gegenstand, der unsere Aufmerksamkeit ungeteilt auf sich zieht, ein einziger kostbarer Schmuck oder ein einziges wertvolles Bild. Nicht anders ergeht es dem Glauben. Kindlicher Glaube verlangt nach möglichst verschiedenen Glaubensgegenständen – er gleicht einem bunten Kramladen. Mündig geworden aber bezieht sich der Glaube nur noch auf einen einzigen Gegenstand: auf Gott. In ihm hat er das Leben und die volle Genüge. Der amerikanische Theologe und Philosoph Charles Hartshorne, der in der Tradition von Alfred North Whitehead steht, hat denselben Sachverhalt so ausgedrückt: »In ihren frühen Stadien bedeutet Religion eine Gewißheit über vieles. Doch sehen wir jetzt, daß der am religiösesten ist, der sich nur eines Dinges gewiß ist: der weltumfassenden Liebe Gottes. Alles andere können wir riskieren; alles andere, einschließlich der relativen Bedeutsamkeit des Menschen in der Welt, ist bloß Wahrscheinlichkeit.«[9]

Das führt von selbst weiter zur *qualitativen* Konzentration des christlichen Glaubens. Sie lautet: *Gott um Gottes willen.* Auf die häufig gestellte Frage: »Wozu brauchen Sie Gott eigentlich?« und auf die ebenso oft getroffene Feststellung: »Wer an Gott glaubt, hat es leichter im Leben und braucht sich vor dem Sterben nicht zu fürchten«, kann die Antwort nur lauten: Im Sinne eines Nutzeffektes – um gut durchs Leben zu kommen, um einen festen Halt zu haben, um moralisch gebessert zu werden, um die Welt zu erklären, um den Staat zu stützen oder die Gesellschaft zu verändern – braucht der Mensch Gott nicht. Wer die Notwendigkeit und Unentbehrlichkeit des Gottesglaubens mit seinem Nutzen für den Menschen, die Gesellschaft, den Staat oder irgendeinen anderen Lebensbereich zu beweisen trachtet, unterschätzt den Menschen in seinen sittlichen, rationalen und produktiven Fähigkeiten und erniedrigt Gott zugleich zum bloßen »Lebensmittel«, zu einer Zulieferfirma von Ersatzteilen bei beschädigter menschlicher Existenz.

Daß nicht nur die kirchliche Verkündigung, sondern auch die theologische Argumentation – bald gröber, bald feiner – von solchem Zweckdenken durchsetzt ist, läßt sich nicht leugnen. Die einen begründen den Glauben an Gott nach wie vor damit, daß er zur Erlangung der ewigen Seligkeit notwendig sei. Die anderen möchten mit ihm gerade umgekehrt den Menschen zu einem besseren Leben auf Erden verhelfen. Wie man den Glauben an Gott früher als das Fundament aller bestehenden Ordnung pries, so empfehlen sie ihn heute als ein Mittel zur Veränderung, als Antrieb und Kraft zur Herstellung einer humaneren und gerechteren Gesellschaftsordnung. Hier wie dort muß die Religion politischen Zwecken dienen. Hier wie dort wird Gott zum

»Lückenbüßer« gemacht, nicht anders als einst in der Wissenschaft, wenn man ihn an ihren Grenzen ansiedelte, dort, wo Wissen und Erkennen aufhören. In unseren Tagen ist Gott gleichsam nur vom wissenschaftlichen ins politische oder soziale Ressort hinübergewechselt.

Die utilitaristische Motivation des Gottesglaubens, die Begründung seiner Notwendigkeit und Unentbehrlichkeit mit Argumenten des Nutzens und Zwecks, braucht nicht immer auffällig und grob vor sich zu gehen; sie kann auch in sehr subtiler Form geschehen, kaum wahrnehmbar. Das ist zum Beispiel dort der Fall, wo der Gottesglaube zu kurzschlüssig mit der Sinnfrage in Zusammenhang gebracht wird. Da schildert man zunächst die Sinnlosigkeit des Lebens und der Welt in den krassesten Farben, so daß der Zeitgenosse heftig erschrickt; dann aber, wenn alles so richtig dunkel ist und die Situation völlig aussichtslos erscheint, führt man Gott ein als den, der mitten in diesem aussichtslosen Dunkel den Sinn des Lebens und der Welt garantiert. Hier dient Gott nicht, grob und handfest, als Nothelfer und Lückenbüßer, sondern, feiner und differenzierter, als »Problemlöser«. Aber abgesehen davon, daß es in unserer Zeit immer mehr Menschen gibt, die in der Welt als ganzer keinen Sinn mehr entdecken können und ihr Leben dennoch im bewußt begrenzten Rahmen sinnvoll zu bestehen suchen – auch dort, wo Gott dazu eingeführt wird, dem Leben einen Sinn zu verschaffen, herrscht immer noch ein Quentchen Utilitarismus. Gott wird hier dem Sinnverlangen des Menschen unterworfen und, indem er es erfüllt, heimlich nutzbar gemacht.

Ob ewige Seligkeit, irdische Wohlfahrt, soziale Gerechtigkeit, politische Stabilität oder sinnvolles Leben – mit welchen Motiven immer man den Glauben an Gott als notwendig und nützlich zu beweisen trachtet, man setzt Gott damit einen Zweck und verrät eine fatale apologetische Absicht, die weder für Gott noch für den Menschen schmeichelhaft ist.

Auf diese Weise wird Gott in eine »Funktion« verwandelt, richtiger, in ein Bündel von Funktionen – und wenn Gott nicht mehr »funktioniert«, dann fragt man: »Wo ist nun Gott?« Damit soll die ehrliche Glaubensnot, die sich in der Frage nach dem »Verbleib Gottes« ausdrückt, nicht apologetisch heruntergespielt werden; es läßt sich aber nicht verkennen, daß diese Frage nicht selten aus einem enttäuschten Nützlichkeitsdenken stammt: Da hatte man sich von Gott einen bestimmten Nutzen erwartet und ihm eine entsprechende Rolle zugedacht; nun aber erfüllt Gott die ihm zugewiesene Rolle nicht und bringt nicht den erhofften Nutzen, und da fragt man dann brüskiert und darum brüsk: »Wo ist nun Gott?«

Entgegen allen Versuchen, den christlichen Glauben an Gott für den Menschen als nützlich und Gott selbst damit als notwendig zu erweisen, will die Formel »Gott um Gottes willen« festhalten: Christen glauben nicht an Gott, um etwas zu erreichen, was ihnen nützt, und sie reden nicht von ihrem Glauben, um ihn auch anderen als nützlich einzureden, sondern sie glauben an Gott und reden davon, weil sie etwas erfahren haben, was für sie wahr ist und was ihnen Freude macht und was sie deshalb auch anderen mitteilen möchten. Weil Gott sich in seiner Freiheit den Menschen geleistet hat, darum kann sich der Mensch seinerseits Gott leisten – als das ganz und gar Nicht-Notwendige in seinem Leben, fast wie ein Spiel, ein Riesenspiel freilich, das der Mensch nicht selber inszeniert hat. Und so kann derselbe Abram Terz-Sinjawski mit seiner Erinnerung, daß es Zeit werde, an Gott zu denken, die Warnung verbinden: »Glauben muß man nicht aus Tradition, nicht aus Todesfurcht, nicht auf jeden Fall, nicht deswegen, weil irgend jemand es befiehlt und irgend etwas schreckt, nicht aus humanistischen Prinzipien, nicht, um erlöst zu werden, und nicht aus Originalität. Glauben muß man aus dem einfachen Grunde, weil Gott existiert.«[10] Wenn die Christen, vorab die Theologen, wieder lernten, in dieser Weise »absichtslos« – ohne Gedanken an Nutzen und Zweck und ohne Rücksicht auf Erfolg, ohne apologetischen Eifer und auch ohne theologische Berufsangst – an Gott zu glauben und von ihm zu reden, sie würden für die anderen mit ihrem Reden von Gott wahrscheinlich glaubwürdiger und für sich selbst in ihrem Glauben gelassener.

Weiten wir die Formulierung »Gott um Gottes willen« ins allgemein Religiöse aus, so gelangen wir zu dem Satz: *Religion trägt ihren Sinn in sich selbst.* Sie bedarf, ja verträgt keinerlei Begründungen durch irgendwelche anderen, außerhalb ihrer selbst liegenden – anthropologischen, moralischen, politischen, gesellschaftlichen oder sonstigen – Zwecke. Sie ist zweckfrei und nutzlos, aber sie ist darum nicht sinnlos; sie ist sinnvoll in sich selbst.

3. Friedrich Schleiermacher – ein Beispiel

Für die Eigenständigkeit und Zweckfreiheit der Religion ist wie kaum ein anderer Friedrich Schleiermacher eingetreten. Für sie hat er mit seiner ganzen Existenz, mit seinem Leben als Christ, seinem Denken als Theologe und seinem Wirken als Kirchenmann, ein unüberbietbares Beispiel gegeben, das bis auf den heutigen Tag wirkt, ja das in unseren Tagen neu aktuelle Bedeutung zu gewinnen beginnt. Daneben geht freilich auch die Verleumdung gegen ihn weiter. Schleiermacher scheint nun einmal das Schicksal aller Vorbestraften teilen zu müssen: Er wird das Vorurteil der Gesellschaft, in diesem Falle das der Theologie, gegen sich nicht los.

Die Begründung der Selbständigkeit der Religion gegenüber Wissenschaft und Moral bildet das zentrale Thema in Schleiermachers ›Reden über die Religion‹. Hier, in seiner berühmten Jugendschrift (1799), finden sich die originalen religiösen Gedanken, die er im Laufe seiner weiteren Entwicklung dann systematisch entfaltet hat. Wir beschränken uns in unserer Darstellung auf diese Reden und in ihnen vor allem wiederum auf die erste, die die Überschrift »Apologie« trägt. Damit ist nicht jene falsche Apologetik gemeint, die die Existenz der Religion mit unredlichen Mitteln, mit allen möglichen fremden Zwecksetzungen, zu rechtfertigen sucht, sondern gerade umgekehrt die Verteidigung der Religion als einer eigenen, selbständigen Lebensmacht gegenüber denen, die sie mit Kunst, Wissenschaft, Metaphysik, Sittlichkeit und Bildung nicht nur einhergehen, sondern in ihnen aufgehen lassen. Die Sprache der »Reden« wirkt auf uns heute veraltet. Durchstößt man aber ihre uns veraltet anmutende, poetisch-gefühlvolle Sprachform der Romantik, so erweist sich der Inhalt als überraschend aktuell.

Die Situation, in die Schleiermacher hineinspricht, ist der unseren auffallend ähnlich: »Es ist Euch gelungen, das irdische Leben so reich und vielseitig zu machen, daß Ihr der Ewigkeit nicht mehr bedürfet, und nachdem Ihr Euch selbst ein Universum geschaffen habt, seid Ihr überhoben, an dasjenige zu denken, welches Euch schuf.«[11] Was Schleiermacher hier schildert, das ist die in sich geschlossene Welt, die in sich selbst das Leben und die volle Genüge hat – es ist unsere Welt. Man haßt die Religion nicht, aber man braucht sie auch nicht mehr, und darum verachtet man sie. An diese Verachtung knüpft Schleiermacher an: Die Gebildeten unter ihren Verächtern sollen wenigstens wissen, was sie verachten!

Schleiermacher stellt seinen Begriff von Religion scharf gegen die religiösen Ansichten der Aufklärung. Diese stimmten – bei aller Verschiedenheit der einzelnen Richtungen – in zwei Punkten überein: einmal in der Ineinssetzung der Religion mit der Metaphysik, zum anderen in der Hervorhebung der Moral als des entscheidenden Kerns aller Religion. Dagegen erklärt Schleiermacher es als seine Absicht, »die Sache einmal beim andern Ende zu ergreifen und mit dem schneidenden Gegensatz anzuheben, in welchem sich die Religion gegen Moral und Metaphysik befindet«[12].

Leidenschaftlich wendet Schleiermacher sich gegen das Zweckdenken der Aufklärung, das sich in ihrer Gleichsetzung der Religion mit der Metaphysik, vor allem aber mit der Moral verrät[13]: »Einen Zweck soll sie haben, und nützlich soll sie sich erweisen. Welche Erniedrigung! . . . Für so etwas steigt sie Euch noch nicht vom Himmel herab. Was nur um eines außer ihm liegenden Vorteils willen geliebt und geschätzt wird, das mag wohl not tun, aber es ist nicht in sich notwendig.« Wer die Religion auf diese Weise rechtfertigt, vergrößert nicht nur ihre Verachtung, sondern bekundet damit zugleich eine Verachtung jener Lebensbereiche, für die man die Religion als nützlich und notwendig empfiehlt.

Der *Metaphysik* ist, nach Schleiermacher, am Erkennen gelegen; ihr geht es um das theoretische Verstehen und Erklären der Welt. Wird die Religion mit der Metaphysik gleichgesetzt, so verderben beide: die Religion wird dann zu einem Wissen von der Welt, und die Metaphysik verliert ihre wissenschaftliche Strenge. Die *Moral* ist auf das Handeln des Menschen gerichtet und sucht die Gesetze und Ziele dafür zu entwerfen. Wird die Religion aus der Moral abgeleitet, so nehmen beide Schaden: die Religion wird dann zum sittlichen Tun, die Sittlichkeit aber dadurch nicht gefördert. Der gefühlvolle Schleiermacher zeigt sich hier sehr nüchtern; er mißtraut der hergebrachten Behauptung, daß die Religion unrechte Handlungen verhindert und sittliche erzeugt haben solle.

Noch skeptischer zeigt Schleiermacher sich, wenn diese Beweisführung aus dem individuellen auf den sozialen Bereich ausgedehnt wird und man die Religion damit anpreist, daß sie durch die Förderung der Sittlichkeit Recht und Ordnung in der Gesellschaft erhalten helfe. »Hättet Ihr denn einen rechtlichen Zustand, wenn seine Existenz auf der Frömmigkeit beruhte?«, fragt Schleiermacher kritisch und warnt vor jeder religiösen Verbrämung des gesellschaftlich-politischen Tuns. Statt dessen gibt er den religiös völlig unverbrämten Rat: »Greift die Sache unmittelbar an, wenn sie Euch so übel zu liegen scheint, bessert an den Gesetzen, rüttelt die Verfassungen untereinander, gebt dem Staate einen eisernen Arm, gebt ihm hundert Augen, wenn er sie noch nicht hat, nur schläfert nicht die, welche er hat, mit einer trügerischen Leier ein. Schiebt nicht ein Geschäft wie dieses in ein anderes ein, Ihr habt es sonst gar nicht verwaltet.«

Wo die Religion zum Nutzen und Bestand anderer Lebensgebiete herhalten muß, dort gehen alle mitsammen »in diesem ewigen Kreislaufe eines allgemeinen Nutzens« unter. Und darum kämpft Schleiermacher für die Autonomie der Religion. Er tut es um der Religion willen. Indem er sich aber für die Eigenständigkeit und Zweckfreiheit der Religion einsetzt, tritt er zugleich für die Erhaltung der Selbständigkeit und Würde auch der anderen Lebensgebiete ein.

Entgegen ihrer Entwürdigung durch Auflösung in Metaphysik und ihrer Erniedrigung zu einem moralischen, gesellschaftsfördernden Mittel will Schleiermacher der Religion ihre ursprüngliche Würde zurückgewinnen und ihr im Kosmos des Geisteslebens einen eigenen Platz anweisen: »Daß sie aus dem Innern jeder bessern Seele notwendig von selbst entspringt, daß ihr eine eigne Provinz im Gemüte angehört, in welcher sie unumschränkt herrscht ...: das ist es, was ich behaupte und was ich ihr gern sichern möchte.« Die Religion gründet für Schleiermacher in einem ursprünglichen Vermögen des menschlichen Geistes. Damit trägt sie ihren Wert in sich selbst, unabhängig von Metaphysik, Recht, Ordnung und Moral, als ein »Drittes« zwischen Denken und Handeln. Hier setzt, mit der zweiten Rede, Schleiermachers inhaltliche Bestimmung des Wesens der Religion ein als »Sinn und Geschmack fürs Unendliche«, »Anschauung des Unendlichen im Endlichen, des Ewigen im Zeitlichen«, »Anschauung und Gefühl des Universums«. An dieser Stelle hört das Beispiel Schleiermachers für uns auf. Denn uns geht es nicht darum, *was* Schleiermacher als eigenen Inhalt und Wert der Religion angibt, sondern *daß* er ihr einen eigenen Inhalt und Wert gibt.

Alles, was Schleiermacher darüber sagt, läßt sich in seinem eigenen Satz zusammenfassen: »Die religiösen Gefühle sollen wie eine heilige Musik alles Tun des Menschen begleiten; er soll alles mit Religion tun, nicht aus Religion.«[14] Entkleiden wir diesen Satz seines romantischen Sprachgewandes, dann bietet er biblische Rechtfertigungslehre in Schleiermacherscher Gestalt. Es ist mit ihm im Grunde dasselbe gemeint, was Paulus und im Anschluß an Paulus Luther so ausdrückt: daß der Mensch vor Gott gerecht werde, »ohne des Gesetzes Werke, allein durch den Glauben«. (Römer 3,28). »Nicht aus Religion« entspricht dem »ohne des Gesetzes Werke«; es soll besagen: die Religion ist nicht dazu da, um mit ihrer Hilfe irgendwelche Zwecke, sei es die ewige Seligkeit oder eine irdische Gerechtigkeit, zu erlangen. »Alles mit Religion« entspricht dem »allein durch den Glauben«; es soll besagen: die Religion ist um ihrer selbst willen da, daß der Mensch in ihr lebe, nicht daß sie ihm etwas einbringe. Damit stehen wir wieder vor unserer Ausgangsthese, für die wir Schleiermacher als ein Beispiel gewählt haben: Religion trägt ihren Sinn in sich selbst; sie ist zweckfrei und nutzlos, aber sie ist darum nicht sinnlos.

4. Ist Gott notwendig?

Wenn der christliche Glaube sich heute auf den Glauben an Gott konzentriert und der Glaube an Gott sich wiederum auf Gott um Gottes willen richtet beziehungsweise richten sollte, wenn die Religion keinerlei Begründung durch irgendwelche fremden Zwecke duldet, sondern ihren Sinn in sich selbst trägt, dann stehen wir vor der Frage, warum und zu welchem Ende der Mensch überhaupt an Gott glaube, ob der Glaube an Gott denn nun gar keinen Zweck habe, wie sich Zwecklosigkeit und Zweckmäßigkeit hier zueinander verhielten, kurzum: ob und inwiefern Gott für den Menschen notwendig sei. Wenn wir das Christentum ernstnehmen, das heißt nicht als Moral und damit nur das Verhalten der Menschen untereinander angehend, sondern als Religion und damit das Verhältnis zwischen Gott und Mensch betreffend, dann kommen wir um die Frage nach der Notwendigkeit Gottes für den Menschen nicht herum.

Wir beantworten diese Frage mit einem paradoxen Leitsatz: *Gott ist das ganz und gar Nicht-Notwendige im Leben des Menschen – aber gerade darum ist er das, was dem Menschen nottut.* Wie diese scheinbar widersprüchlichen Satzhälften zusammenstimmen, ja, wie sie zusammen überhaupt erst stimmen, entfalten wir in vier Überlegungen.

Erste Überlegung: Vom Menschen aus unter dem Gesichtspunkt der Nützlichkeit und Zweckmäßigkeit betrachtet, ist Gott nicht notwendig. – Wer die Notwendigkeit Gottes aus diesem Grunde behauptet, gerät mit der fortschreitenden Emanzipation des Menschen in immer größere Schwierigkeiten. Er ist genötigt, entweder jede Erweiterung des Freiheitsraumes des Menschen und jede Vermehrung seiner Unabhängigkeit als Abfall von Gott zu verdächtigen oder aber nach immer neuen menschlichen Verlegenheiten als Gelegenheiten für Gott auszuspähen, immer kompliziertere Notsituationen auszutifteln, um mit ihrer Hilfe die Notwendigkeit Gottes und damit seine Nützlichkeit und Zweckmäßigkeit zu beweisen. Das bringt Gott in jene wachsende Raumnot, über die in den letzten Jahren von Theisten und Atheisten gleichermaßen genugsam gespottet worden ist. Am Ende kommt dabei genau das Gegenteil von dem heraus, was man beabsichtigt hat: Der Versuch, die Notwendigkeit Gottes mit dem Argument seiner Nützlichkeit und Zweckmäßigkeit für den Menschen und die Gesellschaft zu beweisen, ergibt nur, wie überflüssig Gott ist. Und *dieser* Gott ist in der Tat überflüssig, denn er ist gar kein Gott, sondern nur ein Gebilde des physischen und metaphysischen Egoismus des Menschen.

Zweite Überlegung: Von der Notwendigkeit Gottes

kann nur sprechen, wer an Gott glaubt und ihn als not-
wendig im Sinne von not-wendend erfahren hat. —
Schon die Not, um deren Wende es sich hier handelt,
vermag erst der Glaube an Gott in ihrer ganzen Größe
und Tiefe zu erkennen: daß der Mensch sich nicht nur
mit einem Teil seiner Existenz, gleichsam nur mit einem
Bein, in einer Notsituation befindet, sondern daß seine
ganze Situation »in Not ist«. Der Grund für die Not
des Menschen ist seine Abwendung von Gott; mithin
besteht die Notwende für ihn in Gottes Hinwendung
zu ihm.

Nicht, daß diese Not und ihre Wende fern von allem
übrigen Leben, nur im sogenannten »geistlichen Bereich« stattfänden und gar nichts mit jenen Nöten und
Verlegenheiten zu tun hätten, deren Wende man als Beweise für die Notwendigkeit Gottes im Sinne der
Zweckmäßigkeit ausgibt. Genau um diese Nöte und
Verlegenheiten und um keine anderen handelt es sich!
Aber der Glaube an Gott erkennt sie erst in ihrer wahren Tiefe. Darum besteht hier auch die »Notwende«
nicht nur in der Überwindung eines momentanen Not-
standes durch die Beseitigung seines Anlasses, sondern
in der Heilung einer permanenten Notsituation durch
die Aufhebung ihrer Ursache. Um die Tiefe der Not
und die Totalität ihrer Wende auszudrücken, spricht der
christliche Glaube vom »Heil« des Menschen, und allein
in dieser Hinsicht kann man von der Notwendigkeit
Gottes für den Menschen reden. Gott ist für den Menschen notwendig, weil der Mensch erst durch den Glauben an Gott zu seiner wahren Bestimmung als Gottes
Geschöpf gelangt. Und darum ist Gott das, was dem
Menschen allein nottut.

Dritte Überlegung: Die absolute *Notwendigkeit*
Gottes für den Menschen in Hinsicht auf seine wahre

Bestimmung hat relative *Konsequenzen für seine ir-
disch-geschichtliche Existenz.* – Zwar steht das wahre
Wesen des Menschen end-gültig noch aus: der Mensch
ist noch nicht das, was er sein soll – aber er beginnt sich
schon jetzt vor-läufig zu verwirklichen. Der Glaube an
Gott erweist sich für das Leben des Menschen zwar als
zwecklos, aber nicht als belanglos; er »zeitigt« Früchte
in der Geschichte der Menschheit, in Politik, Gesellschaft, Recht, Sittlichkeit und Kultur. Irdische Wohlfahrt, soziale Gerechtigkeit, sinnvolles Leben, ewige Seligkeit – alle diese Dinge lassen sich zwar nicht als
Beweise für die Notwendigkeit Gottes im Sinne des
Nutzeffektes anführen, aber sie stellen sich mit Gott
gleichsam von selbst im Leben des Menschen ein. Sie sind
Folgen und Wirkungen, sozusagen »Begleiterscheinungen« jener Notwende, die sich in der Hinwendung Gottes zum Menschen vollzieht.

*Vierte Überlegung: Nur dort, wo Gott, unter dem
Aspekt des Nutzens und Zwecks betrachtet, als ganz
und gar nicht-notwendig gilt, erweist er sich für den
Menschen als das, was ihm nottut.* – Denn gerade dieses
ganz und gar Nicht-Notwendige im Leben des Menschen ist es, was ihn davor bewahrt, nun seinerseits unter dem Gesichtspunkt von Nutzen und Notwendigkeit
verrechnet zu werden. Wo Gott nicht unter dem absoluten Aspekt der wahren Bestimmung des Menschen, sondern nur unter dem relativen Gesichtspunkt des Nutzens und Zwecks für notwendig erachtet wird, dort gerät der Mensch in die höchste Not; denn dort droht er
selbst nun für Gott und die Menschen zu einem Zweck
und Nutzen zu werden. Wo das geschieht, dort wird es
fürchterlich; dort gibt es Menschenopfer ohne Zahl.
Welt- und Religionsgeschichte wissen gleichermaßen davon zu erzählen. Damit aber beweisen sie zugleich auch

das andere: Nur wo »Gott um Gottes willen« gilt, dort gilt auch »der Mensch um des Menschen willen«.

Notwendigkeit respektive Nicht-Notwendigkeit Gottes für den Menschen lassen sich zutreffend verdeutlichen am Bilde der Ehe. Fragt man zwei Eheleute, die gut miteinander stehen, was sie »von ihrer Ehe haben«, so werden sie eine solche Frage entweder gar nicht verstehen oder sie aber empört zurückweisen. Was sie von ihrer Ehe haben – wie kann man überhaupt so etwas fragen? Eheliche Liebe ist einfach da, und indem sie da ist, ist sie gut; sie hat ihren Sinn in sich selbst, und in diesem Sinne ist sie notwendig. Fragt man dann aber trotzdem noch einmal genauer nach, so werden die beiden Eheleute nach einigem Nachdenken wahrscheinlich eine ganze Reihe von Dingen aufzuzählen haben: Geborgenheit, sexuelle Erfüllung, Kinder, wirtschaftliche Sicherheit, gleiche Interessen, gemeinsames Altwerden. Aber alle diese Dinge, so nützlich und zweckvoll sie sind, begründen für sie nicht ihre Ehe, sondern sind nur Folgen, Wirkungen und Begleiterscheinungen der einen für sie allein wichtigen Tatsache, daß sie einander haben, und damit des einzig Sinnvollen und allein Notwendigen für sie. Nicht anders steht es mit der Notwendigkeit Gottes für den Menschen!

Gegenwärtig bahnt sich eine Schwenkung in der Theologie an, vorläufig nur spurenweise, darum auch noch keine Änderung der Richtung im ganzen, sondern nur erst ein Umschwung in der Stimmung. Gleichwohl bezeichnet Jürgen Moltmann diese Schwenkung, die auch seine eigene ist, als »augustinische Umkehr« und beschreibt sie folgendermaßen: »Nachdem man ›Gott‹ so lange Zeit *gebraucht* hat, um die Welt zu *genießen* oder wenigstens in ihr mit Anstand zu überleben, wird Gott aus einer Welt, in der er dafür nicht mehr gebraucht wird, keineswegs verschwinden müssen ... Man wird dann die *Welt gebrauchen, um Gott zu genießen.* Der Hothelfergott mag langsam, aber sicher aus dem Leben vieler und der Gesellschaft im Ganzen verschwinden. Aber nach dem ›Tod‹ dieses Gottes wird man davon sprechen können, daß man sich des freien Gottes freut und wie man ihn ›genießt‹.« Und nun folgt bei Moltmann jenes berühmte Zitat von Augustin, um dessentwillen er von »augustinischer Umkehr« spricht: »fruitio Dei et se invicem in Deo« – Freude an Gott und Freude aneinander in Gott: »Die zweckfreie Freude an Gott kann dann an die Stelle des Gebrauches und Mißbrauches Gottes treten.«[15] Im gleichen Sinne schreibt der amerikanische Theologe John B. Cobb, ein prominenter Vertreter der sogenannten »Prozeßtheologie«, die in Amerika auf das rasche Vergehen der Gott-ist-tot-Theologie gefolgt ist: »Der Christ liebt Gott um dessentwillen, was Gott in sich selber ist, und nicht als ein Instrument zur Verwirklichung menschlicher Güte.«[16]

So sehr wir mit beiden Theologen einig gehen, daß Gott nicht als Mittel zur Erreichung privater oder gesellschaftlicher Ziele gebraucht und mithin mißbraucht werden darf, so können wir doch gewisse sachliche Bedenken und persönliche Schwierigkeiten hier nicht verschweigen: Bringen wir es heute wirklich noch fertig, uns so wie einst Augustin unmittelbar *an* Gott zu freuen? Können wir heute überhaupt noch unsichtbare geistliche Güter genießen? Wir freuen uns an der *Welt* und genießen ihre Güter, und wir tun es in Dankbarkeit *vor* Gott und freuen uns damit auch *mittelbar* an Gott. Unmittelbar aber können wir uns an Gott nicht mehr freuen; wir können ihn nicht mehr »minnen« wie einst die mittelalterlichen Mystiker, denn Gott begegnet uns nicht an sich, sondern nur vermittelt in der Welt und durch die Welt.

Ich muß hier persönlich werden: Während man auf Plakaten der Zeltmission häufig die Frage lesen kann: »Wo willst du die Ewigkeit verbringen?« (neuerdings auch etwas höflicher: »Wo möchten Sie die Ewigkeit verbringen?«), muß ich von mir bekennen, daß meine Frage lautet: Wie und womit soll ich meine *Zeit* zubringen? Und die Antwort darauf heißt für mich: mit dem Nachdenken über Gott – »Interessanteres« als die Frage nach Gott habe ich mir wenigstens Zeit meines Lebens nicht denken können. Dennoch muß ich gestehen, daß ich Gott nie an sich, nie ohne die Welt zu denken vermocht habe, daß ich mich daher auch, wenigstens bislang, immer nur an Gottes Gaben, nicht aber an Gott selbst freuen konnte. Was aber nun, wenn die Gaben ausbleiben respektive ich sie nicht mehr erkenne? Nun, dann wird vielleicht auch die Freude verlorengehen – hoffentlich aber nicht der Dank und nicht das Vertrauen, das sich dann allerdings in der Tat nur noch auf Gott richtet und damit nun doch wohl auf Gott um Gottes willen.

5. Auch ein Götze ist ein Gott

Sicher läßt sich für die Existenz Gottes kein direkter positiver Beweis erbringen, vielleicht aber ein indirekter negativer. Wir meinen die Tatsache, daß es überall, wo Menschen leben, »Götzendienst« gibt, keineswegs nur in primitiven Religionen, sondern ebenso in den höchsten Kulturen und selbstverständlich auch im Christentum.

»Götzendienst« – das hört sich für uns reichlich fern und fremd an, eine dunkle, überlebte Sache, die früher einmal, in längst vergangenen Tagen der Menschheitsgeschichte, stattgefunden hat und die heute höchstens noch in einigen abgelegenen, unzivilisierten Gegenden der Erde vorkommt, eine Zeit- und Randerscheinung mithin, die Archäologen, Religionshistoriker und Völkerkundler interessieren mag, die aber uns nichts mehr angeht, die wir mit allen Kräften unseres Verstandes die komplizierte Wirklichkeit des 20. Jahrhunderts, mühsam genug, zu bestehen haben. In Wahrheit aber ist der Götzendienst keineswegs vergangen und primitiv, sondern zeigt sich als eine höchst lebendige, äußerst moderne und sehr differenzierte Angelegenheit, die ihre Wurzel im Menschen selbst hat, so wie er ist, war und immer sein wird.

Um uns das Phänomen des Götzendienstes klarzumachen, gehen wir von einer einfachen, jedermann vertrauten Beobachtung aus: Zeit- und Geldfragen sind Sachfragen. Für eine Sache, die uns am Herzen liegt, haben wir immer Zeit und Geld, mögen wir sonst auch durch Termine noch so bedrängt und noch so knapp bei Kasse sein. Worauf es uns ankommt, dafür kommen wir auf; was uns aufbringt, dafür bringen wir etwas auf. Prüfen wir nun, was das für eine Sache ist, die uns derart wichtig erscheint, daß wir für sie immer Zeit und Geld haben, so stellen wir fest, daß sie entweder in Richtung auf die Hauptsache in unserem Leben steht oder daß sie diese Hauptsache selbst ist. »*Hauptsache*« ist in unserem Leben, wie das Wort besagt, diejenige Sache, die sich wie das Haupt des Menschen obenan befindet und deshalb alles andere überragt, zu der wir daher auch unser Haupt erheben – die Sache, nach der uns der Kopf steht. Damit aber erweist sich die Hauptsache als gleichbedeutend mit dem, wofür in der Religionsgeschichte der Begriff »Gott« gebraucht wird. »Gott« ist für einen Menschen das, was ihn die Hauptsache in der Welt dünkt und was er deshalb auch zur Hauptsache seines Lebens zu machen bestrebt ist.

So ist jeder Mensch ein heimlicher oder offener, bewußter oder unbewußter »Theozentriker«, denn jeder hat im genannten Sinne eine Hauptsache im Leben, an die er sich hingibt, weil sie ihm alles gibt. Nach wie vor unübertroffen hat Martin Luther diesen Sachverhalt in der berühmten Passage seiner Erklärung zum Ersten Gebot im ›Großen Katechismus‹ beschrieben. Er fragt an der betreffenden Stelle: »Was heißt einen Gott haben oder was ist Gott?« und gibt darauf zur Antwort: »Ein Gott heißt das, dazu man sich versehen soll alles Guten und Zuflucht haben in allen Nöten. Also daß einen Gott haben nichts anders ist, denn ihm von Herzen trauen und glauben, wie ich oft gesagt habe, daß allein das Trauen und Glauben des Herzens machet beide, Gott und Abgott. Ist der Glaube und [das] Vertrauen recht, so ist auch dein Gott recht und wiederum, wo das Vertrauen falsch und unrecht ist, da ist auch der rechte Gott nicht. Denn die zwei gehören zuhauf, Glaube und Gott. Worauf du nun (sage ich) dein Herz hängest und verlässest, das ist eigentlich dein Gott.«[17]

Wer diesen Text von Luther richtig verstehen will, muß sich zunächst vor einem naheliegenden Mißverständnis hüten. Er darf Luther nicht im Sinne Feuerbachs interpretieren, als ob er den Glauben an Gott aus dem Bewußtsein des Menschen ableiten und Gott damit zu einem menschlichen Wunschbild machen wollte. Luther will hier nicht einen theologischen Sachverhalt psychologisch erklären, sondern einen psychologischen Tatbestand theologisch begründen. Verhielte es sich anders, dann würde er zwar auch von verschiedenen Göttern sprechen, wie sie sich nun einmal aus der Verschiedenheit menschlicher Wünsche und Sehnsüchte ergeben, er würde dann jedoch nicht zwischen »Gott« und »Abgott« und entsprechend zwischen »rechtem« und »falschem« Vertrauen und Glauben unterscheiden. Diese Unterscheidung aber behält Luther fest im Blick, obwohl er bei der Konfrontation beider Seiten – des rechten Glaubens und Trauens des Menschen, das »Gott«, und des falschen, das den »Abgott« macht – gerade nicht die Divergenz, sondern die Analogie herausarbeitet. Er stellt einen Vergleich an, jedoch keinen Ausgleich her.

Eben mit diesem Vergleich aber bestätigt Luther unsere Beobachtung, daß zwischen »Götzendienst« und »Gottesdienst« ein verborgener Zusammenhang besteht, und stützt damit unsere Behauptung, daß die Tatsache des Vorhandenseins von Götzendienst unter den Menschen als ein indirekter, negativer Hinweis auf die Existenz des unsichtbaren Gottes genommen werden könne. Die von den Menschen jeweils absolut gesetzten Hauptsachen könnten gar keinen absoluten Charakter annehmen, wenn es überhaupt keine Absolutheit und damit die Ermöglichung zu solchen Absolutsetzungen gäbe. Ihre Absolutheit ist gleichsam eine geliehene oder geraubte Absolutheit, ihre Macht eine entlehnte oder entrissene Macht. Nur darum können wir sagen: *Auch ein Götze ist ein Gott.* Zwar ist er ein *falscher* Gott, aber daß er überhaupt ein falscher *Gott* sein kann, verdankt er der Existenz und Macht des wahren Gottes. Ohne Gott gäbe es keine Götzen, ohne Gottesdienst keinen Götzendienst.

Daß es ohne Gott keine Götzen, ohne Gottesdienst keinen Götzendienst gäbe, daß auch die Götzen in ihrer Unwahrheit noch von der Wahrheit Gottes leben, daß sie gleichsam die falschen Nachfolger und Platzhalter des einen wahren Gottes sind, dafür liefert unsere eigene Gegenwart den historischen Beweis. In ihr herrscht – trotz aller Aufklärung – Götzendienst wie kaum zuvor, und auch der gegenwärtige Götzendienst verdankt seine Existenz vorangegangenem Gottesdienst. Nur weil Gott und der Glaube an ihn im Abendland einst eine so große Macht besessen haben, können die Götzen unter uns heute so zahlreich und mächtig sein.

Wenn wir von heute herrschenden Götzen sprechen, denken wir nicht an jene beliebten homiletischen Gebrauchsartikel, die nicht nur in christlichen Predigten, sondern auch in kulturkritischen Leitartikeln auftauchen, sobald von der Pseudoreligion des modernen Menschen die Rede ist: an Horoskope, Amulette, Maskottchen oder ähnliche Gegenstände des nach wie vor unter uns blühenden Aberglaubens. Alle diese Dinge verdienen das Maß an Beachtung nicht, das ihnen zuteil wird, sie sind des seriösen Namens »Götzendienst« überhaupt nicht würdig; sie sind alles in allem nur eine Jahrmarktsreligion.

Wirkliche Götzen haben Format, und an solchen mangelt es unter uns wahrlich nicht. Da sind zunächst immer noch die alten großen Gottheiten: Stamm, Volk, Staat, Nation; neben ihnen, längst von gleicher Macht, die neuen Götter: Arbeit, Gesellschaft, Klasse, Technik, Kapital, Profit; dazu die vielen alten und immer wieder neuen großen und kleinen Götter: Geld, Gesundheit, Schönheit, Sicherheit, Glück, Erfolg; oder auch ganze Götterfamilien wie die Dualität: Besitz und Macht, oder die Trinität: Blut, Sexus, Rasse.

Es gibt kaum ein Ding in der Welt, ob groß oder klein, das dem Menschen nicht, privat oder öffentlich, zum Götzen werden könnte. Der Moderne umtanzt seine ansehnlichen Götzen nicht weniger leidenschaftlich als der Primitive seine bescheidene Holzfigur. Vielleicht tut er es sogar mit noch größerer Intensität. Gleichzeitig weitet sich der Götzendienst in unseren Tagen zu einer Art weltweiter Ökumene aus, analog zur Ökumene des Gottesdienstes. Für diese Intensität und Ökumenizität des Götzendienstes gibt es zahlreiche Anzeichen: War der Tanz ums goldene Kalb am Fuß des Berges Sinai nicht nur ein Tänzchen, verglichen mit dem heutigen ökumenischen Reigen um die Ökonomie, in dem Kapitalisten, Sozialisten und Kommunisten, wenn auch nicht im gleichen Takt, so doch mit gleicher Hingabe tanzen? Wirkt der Zauber des heidnischen Medizinmannes nicht harmlos im Vergleich zu unserer universalen Anbetung der Gesundheit? Waren die wilden Ausschweifungen in den antiken orgiastischen Kulten wirklich schlimmer als unser raffiniertes Sexualritual? Und was für ein Unterschied besteht eigentlich zwischen einem Nationalsozialisten, der über Blut und Boden fabuliert, und einem Kapitalisten, der mit Blut und Boden spekuliert? Schließlich: Bildeten »Heimat« und »nationale Einheit« in den politischen Auseinandersetzungen der Bundesrepublik wirklich immer nur vernünftige rechtliche Argumente, oder sind sie manchen Politikern und ihren Anhängern nicht zu Götzen geworden, in diesem Fall zu christlichen Götzen?

Der Götzendienst trägt das Seine dazu bei, daß die ohnehin schon schwer genug zu bewältigende Wirklichkeit des 20. Jahrhunderts noch schwieriger und komplizierter wird. Götzendienst ist die Grundstruktur jeder absoluten Ideologie; er macht aggressiv, indem er alle Menschen zu Sklaven eines einzigen Götzen machen möchte. Durch seine Absolutheit lädt er die anstehenden

Probleme auch noch religiös auf und macht sie damit vollends unlösbar. Götzendienst will die Welt en gros und nicht en détail – damit stellt er sich den vorläufigen, relativen, notwendigerweise unvollkommenen Lösungen, die die Vernunft immer nur anzubieten vermag, in den Weg. So stiftet der Götzendienst, indem er die Vernunft und die Freiheit des Menschen gefangennimmt, politischen und gesellschaftlichen Schaden.

Von seinem Ursprung und Wesen her ist der Götzendienst von Kopf bis Fuß auf Nutzen eingestellt. Der Mensch wählt sich einen Götzen, damit dieser ihm nütze; er erhofft sich von ihm Lebenssteigerung jedweder Art. Auch Gott kann auf diese Weise zum Götzen werden. Wer Gott zu seinem Nutzen und Zweck gebraucht, der mißbraucht ihn und macht ihn dadurch zum Götzen, nicht anders als irgendein Heide. Wenn ein Götze beziehungsweise der zum Götzen gemachte Gott in seinen Leistungen enttäuscht, weil er nicht die erhoffte Lebenssteigerung und den erwarteten Nutzen bringt, dann schafft man ihn ab und ersetzt ihn durch einen neuen. Aber es kann auch anders gehen; gerade die Enttäuschung kann zu einer noch engeren Bindung, in eine noch tiefere Verstrickung führen. Darin zeigt sich das merkwürdig ambivalente Verhältnis, in dem der Mensch zu dem von ihm erwählten Götzen steht. Auf der einen Seite soll der Götze ihm zu seinem Nutzen dienen – dazu hat er ihn sich erwählt, und in der Wahl zeigt sich der Mensch als Herr des Götzen. Auf der anderen Seite aber dient der Mensch dem Götzen mit »Selbsthingabe« – und damit erweist er sich als sein Sklave. In jedem Fall ist die Versklavung größer als die Herrschaft. Götzendienst ist eine harte Leistungsreligion; sie geht immer auf Kosten des Menschen.

Daß der Mensch ein Götzendiener sein kann, ja werden muß, das ist ein untrüglicher Hinweis auf seinen verlorenen Ursprung und seine wahre Bestimmung. Götzendienst ist »negativer Theozentrismus« und als solcher das Spiegelbild des wahren Gottesglaubens. Ohne diesen gäbe es jenen nicht, wie ohne realen Gegenstand kein virtuelles Bild. Der Mensch ist der ewige Theozentriker. Er mag sich drehen und kehren, winden und wenden, wie er will – Gott wird er nicht los! Auch dem Atheisten gelingt dies nicht; er kann immer nur ein Götzendiener werden. Damit erweist sich der Theozentrismus nicht nur als eine innere Angelegenheit der Theologie – und die von uns geforderte Rückbesinnung auf den wahren Theozentrismus mithin nicht nur als ein theologisches Fündlein –, sondern als eine elementare Gegebenheit in jeder Lebenswirklichkeit.

Was aber heißt »wahrer Theozentrismus«? Anders gefragt: Wer ist der wahre Gott? Wie kann man ihn unter den vielen Göttern erkennen und von einem Götzen unterscheiden? Woran läßt sich der wahre Gott wahrnehmen? An dieser Stelle weist der christliche Glaube auf Jesus von Nazareth hin.

VIERTES KAPITEL

DIE BASIS:
DER HIMMEL IST UNTEN

(Die Bedeutung Jesu von Nazareth für den Gottesglauben – eine religionsgeschichtliche Wende)

1. Vom Bedriff zum Namen

Auf die Frage, wozu das Christentum gut sei, haben wir
vorerst mit der Forderung eines neuen »Theozentrismus« geantwortet: daß es an der Zeit sei, Gott vom
Rand wieder in die Mitte des christlichen Glaubens zu
rücken, wenn denn das Christentum in unserer Zeit
überhaupt noch zu etwas gut sein solle. Dabei haben wir
bislang nur sehr allgemein von »Gott« gesprochen und
haben, gleichsam um das Maß der Abstraktheit voll zu
machen, überdies hinzugefügt, daß der Glaube an Gott
und das Reden von ihm »absichtslos« zu geschehen hätten. Nun aber ist gerade der Gott der biblischen Tradition alles andere als abstrakt und allgemein und auch
keineswegs absichtslos, sondern höchst konkret und voller Absichten. Darum gilt es jetzt, den Begriff »Theozentrismus« mit konkretem Inhalt zu füllen, um durch
solche Konkretion unsere vorläufige Antwort auf die
Frage, wozu das Christentum gut sei, nicht nur weiter
zu entfalten, sondern ihr überhaupt erst ihre Basis zu
geben. Damit erhält auch der von uns geforderte Theozentrismus erst seine entscheidende Pointe.

»Absichtslos« von Gott reden heißt nicht, von Gott
unter Absehen vom Menschen reden, sondern es heißt,
von der *Absicht Gottes mit den Menschen* reden. Die Er-

öffnung der Absicht Gottes mit den Menschen aber bildet den Inhalt der Botschaft Jesu von Nazareth, die wir deshalb ein »Evangelium«, das heißt eine erfreuliche Nachricht, nennen.

Es geht uns mit Gott wie mit einem Menschen: Zunächst sehen wir diesen Menschen nur unter lauter anderen Menschen oder, richtiger, wir sehen ihn vor lauter anderen Menschen nicht. Nichts fällt uns an ihm auf, so daß wir ihn kaum bemerken. Vor allem kennen wir nicht seine Absicht und seine Gesinnung; wir wissen nicht, wie er zu uns steht. Aber dann sagt oder tut der betreffende etwas – ein Wort, eine Gebärde oder eine Handlung –, und mit einemmal erkennen wir ihn: wer er ist, was für eine Absicht und Gesinnung er hegt, wie er zu uns steht. Wir sprechen in einem solchen Fall von dem »charakteristischen Ausdruck« eines Menschen und schließen aus einem äußeren Akt auf sein inneres Wesen, auf seinen Charakter.

Im gleichen Sinne können wir sagen, daß Jesus von Nazareth der »charakteristische Ausdruck« Gottes sei, in dem sich den Menschen sein Wesen erschließe. Damit wird aus dem religionsgeschichtlichen Gattungsbegriff »Gott« ein *Name:* Jesus ist nicht Gott, aber er spricht im Namen Gottes, und darum heißt Gott für uns fortan Jesus. Der vierte Evangelist drückt dasselbe im Prolog zu seinem Evangelium so aus: Der Logos, der göttliche Sinn, der in der Wirklichkeit der ganzen Welt »präsent«, das heißt gegenwärtig ist, hat sich in Jesus von Nazareth »re-präsentiert«, das heißt vergegenwärtigt.

»Theozentrismus« bedeutet demnach, daß nicht irgendein Gott oder Gott überhaupt im Mittelpunkt des Glaubens und der Theologie zu stehen habe, sondern jener entscheidende Wesenszug Gottes, der in der Verkündigung und dem Geschick Jesu von Nazareth seinen charakteristischen Ausdruck gefunden hat. Mehr über Gott zu wissen steht uns nicht an und tut auch nicht not. Zwar wissen wir über Gott damit nicht *alles*, aber wir kennen ihn *ganz*, so wie wir auch von einem Menschen nicht alles wissen müssen, um ihn ganz zu kennen.

Wenn wir von der dringenden – quantitativen und qualitativen – Konzentration des christlichen Glaubens auf den Glauben an Gott gesprochen haben, dann meinen auch wir damit eine Konzentration auf den in Christus offenbaren Gott. Dennoch reden wir mit Absicht nicht von »Christozentrismus«, sondern von »Theozentrismus«. Diese Absicht ist nicht frei von Kritik. Sie richtet sich gegen jene »christologische Konzentration«, welche alle Theologie fast völlig in Christologie verwandelt hat. Ihr großer Wortführer war beinahe ein halbes Jahrhundert lang und durch seine Schüler bis auf den heutigen Tag Karl Barth. Sein Motiv für die Konzentration aller christlichen Lehre auf die Lehre von Jesus Christus lag in seinem lebenslang bekundeten ausschließlichen Interesse an der »Sache« des Christentums und der entsprechenden Bemühung um ihre sachgemäße Darlegung: In der christlichen Theologie sollte nicht von Religion, sondern von Offenbarung, nicht vom Menschen, sondern von Gott und auch nicht von irgendeinem Gott, sondern allein von dem Gott in Christus die Rede sein. Weil es Barth um die Wahrung der Gottheit Gottes und seiner Offenbarung ging, darum konzentrierte er alle Aussagen über Gott auf das eine Christusereignis beziehungsweise leitete sie alle, direkt oder indirekt, aus ihm ab.

Aber selbst dieses christologische Intensivprogramm vermochte die Gottheit Gottes nicht in jedem Fall zu garantieren. Zwar haben wir heute in der Theologie weithin eine christologische Konzentration, bei näherem Zusehen aber entpuppt sich diese zu einem guten Teil als ein christologischer Anthropozentrismus oder sogar als ein christozentrischer Atheismus, bis hin zu der verstiegenen Behauptung: »Lebte Christus heute, er wäre Atheist« – dies nicht etwa als eine zufällig hingeworfene Bemerkung, sondern als eine wohlgezielte theologische Aussage.[18] Das sollte uns davor warnen, alle unsere theologische Hoffnung auf eine christologische Konzentration zu setzen und von ihr die Rettung des Gottesglaubens in unserer Zeit zu erwarten, in der Meinung, wir könnten ihn den Zeitgenossen auf diese Weise annehmbarer machen. Was aber schwerer wiegt als diese negativen theologisch-geschichtlichen Folgen: auch der biblische Befund steht dagegen. Jesus von Nazareth war, nach dem durchgängigen Zeugnis des Neuen Testaments, ein entschiedener »Theozentriker«. Immer wieder betont er, daß er nichts von sich selbst, sondern alles von Gott habe, und lenkt das Augenmerk der Menschen entsprechend von sich weg auf Gott.

Mögen das theologische Interesse oder die menschliche Sympathie für Jesus von Nazareth auch noch so groß sein – sie dürfen nicht auf Kosten Gottes gehen. Vielmehr hat alles Reden von Jesus auf Gott hinzuweisen, mehr noch, Rede von Gott zu sein. Sicher gibt es keine christliche Theologie ohne Christologie, ebenso gewiß aber hat in der christlichen Theologie alle Christologie im Dienst der Theologie zu stehen. *Alle Lehre von Christus hat Lehre von Gott zu sein.* Jesus ist, wenn es um Gott geht, »unumgänglich«: es gibt keinen Weg zu Gott an Jesus vorbei. Umgekehrt aber führt jeder Weg von Jesus unumgänglich weiter zu Gott. Wer es mit Jesus von Nazareth zu tun bekommt, der kriegt es mit Gott zu tun – oder er hat es nicht mit Jesus von Nazareth zu tun!

Jesu Autorität wird durch Gott begründet, nicht umgekehrt Gottes Autorität durch Jesus. Ohne Gott besäße Jesus keine besondere Autorität. Seine vielgenannte »Mitmenschlichkeit« reicht zur Begründung einer exklusiven Autorität nicht aus; sie gibt ihm keine Vorrangstellung. Was seine Humanität betrifft, hat er in der Geschichte seinesgleichen. Das sollten sich alle diejenigen gesagt sein lassen, die sich einbilden, Jesus von Gott trennen und auf diese Weise seine Gestalt und Botschaft für die Gegenwart retten zu können. Die Preisgabe des Gottesgedankens erleichtert nicht das Verständnis des christlichen Glaubens, sondern erschwert es; dadurch würde alles vollends unverständlich.

Man mag uns eines »christologischen Minimalismus« zeihen, aber dieser »christologische Minimalismus« bildet nur die Kehrseite eines theologischen Maximalismus. Und wieder behaupten wir: Jesus selbst war ein christologischer Minimalist und ein theologischer Maximalist. Er war ganz und gar an Gott orientiert, und damit sind wir durch ihn über Gott orientiert – aber nur so, daß wir uns unsererseits an Jesus orientieren und damit durch ihn gleichfalls ganz und gar an Gott orientiert sind. Es ist christlicher Theologie in keinem Augenblick erlaubt, bei dem Menschen Jesus von Nazareth stehen zu bleiben, ebensowenig wie es ihr gestattet ist, den Menschen Jesus von Nazareth jemals hinter sich zu lassen. Das heißen wir *christologischen Theozentrismus*.

2. Eine historische Zwischenbemerkung

Noch vor wenigen Jahren wäre es an dieser Stelle nur mit einer »historischen Zwischenbemerkung« nicht getan gewesen. Da hätte es ausführlicher historisch-kritischer Erörterungen bedurft: über das Verhältnis von Glaube und Geschichte, über die Quellenlage, über die Unterscheidungskriterien zwischen »historisch echt« und »historisch unecht«, über den Zusammenhang zwischen dem »historischen Jesus« und dem »biblischen Christus«, über Kerygma, Mythos, Geschichtlichkeit und Existenz. Nicht, daß diese Fragen und Probleme heute alle gelöst wären und uns nicht mehr beschäftigten, ja sogar beschwerten! Aber ihre unmittelbare Brisanz, ihre kirchensprengende Kraft haben sie unterdessen verloren. Die historisch-kritische Fragestellung insgesamt nimmt heute keine Stelle mehr vor dem Komma ein, sondern hat nur noch einen Stellenwert hinter dem Komma.

Als Karl Barth nach dem Ersten Weltkrieg von der historisch-kritischen Bibelforschung sagte, daß dies »Gefecht seine Zeit gehabt, aber nun auch wirklich gehabt« habe, da war er mit seiner Feststellung einen Weltkrieg zu früh dran. Nach dem Zweiten Weltkrieg ist dieses Gefecht überhaupt erst richtig in Gang gekommen und zur großen Schlacht entbrannt. Heute aber ist diese Schlacht zur Ruhe gekommen. Die Ergebnisse der historisch-kritischen Forschung zählen, wenigstens in ihrem engeren Sinne, mit zu jenen Erkenntnissen, von denen wir im Zusammenhang mit der Säkularisierung gesagt haben, daß wir sie zur Kenntnis genommen hätten und sie daher nicht ständig mehr zu wiederholen brauchten, auch wenn es immer noch einige unwissende und uneinsichtige, vielleicht sogar böswillige Nachzügler gebe. Wir sagen dies nicht aus Resignation, sondern in jener aus Einsicht und Ergebung gemischten Stimmung, in der man in der Wissenschaft End- oder Zwischenergebnisse festzustellen pflegt.

Im Falle der historisch-kritischen Bibelforschung können wir das Ergebnis in den paradoxen Satz zusammen-

fassen: *Wir sollen die Bibel wohl ernst, aber nicht wört-*
lich nehmen, und nur wenn wir sie nicht wörtlich neh-
men, nehmen wir sie ernst. Dieses Ergebnis der historisch-kritischen Bibelforschung bildet auch die »historische Zwischenbemerkung«, die wir zu machen haben und die wir jetzt nur noch zu entfalten brauchen.

Erstens: Die Bibel ist kein heiliges Buch, sondern eine
Sammlung von religiösen Urkunden – darum so unhei-
lig, wie Menschen nun einmal sind, auch wenn sie Gott
erfahren haben und davon erzählen, wiederum aber
auch so heilig wie der Gott, den sie vernommen haben
und von dem sie berichten. – In der Bibel reden Menschen von Gott; indem aber Menschen von Gott reden,
redet Gott indirekt durch sie zu den Menschen. So ist die
Bibel der vielgestaltige gedankliche Reflex und literari-
sche Niederschlag von mannigfaltigen, scheinbar sogar
widersprüchlichen Erfahrungen, die Menschen in ihrem
Leben und in der Geschichte ihres Stammes, ihres Volkes, ihrer Kultgemeinde mit Gott gemacht haben. Darum ist sie auch kein sakraler Gegenstand, vor dem man
niederknien und vor dessen Gebrauch man sich die Hände waschen muß, keine Sammlung von lauter irrtums-
freien Sätzen, keine Art Lexikon zum Nachschlagen
über Gott, sondern ein Geschichtenbuch zum Lesen,
nicht unmittelbar durch einen Engel offenbart und also
gleichsam gebrauchsfertig vom Himmel gefallen, sondern in einer langen, wechselreichen Geschichte allmählich entstanden und langsam zusammengewachsen, trotz
des großen Umfangs auch kein vollständiges Werk, sondern ein Fragment. Um all dessentwillen ist der Text
der Bibel auch nicht einfach zu repetieren und zu rezitie-
ren, sondern zu interpretieren und zu kommentieren.

Zweitens: Die Echtheit einer biblischen Überliefe-
rung entscheidet sich zuletzt nicht an ihrer historischen

Herkunft, sondern an ihrem sachlichen Inhalt – als ob man irgend etwas verstanden hätte, wenn man herausgefunden hat, woher etwas kommt, wie Erhart Kästner in der ›Stundentrommel‹ zu Recht gegen einen falschen Anspruch der historischen Wissenschaft polemisiert.[19] Daher geht es auch in der Theologie nicht darum, ob etwas »schriftgemäß« ist, das heißt ob es dem geschriebenen Buchstaben der Bibel entspricht, sondern ob es »wortgemäß« ist, das heißt, ob darin die »viva vox evangelii«, die lebendige Stimme des Evangeliums, für uns heute vernehmbar wird. So können Worte, Gleichnisse und Wunder Jesu, von denen die historische Forschung mit an Sicherheit grenzender Wahrscheinlichkeit feststellt, daß sie spätere Bildungen der Gemeinde, mithin »historisch unecht« seien, sachlich durchaus echt sein, insofern sie eine sachgemäße und damit auch geschichtlich authentische Auslegung der Gestalt und Botschaft Jesu von Nazareth bieten. Umgekehrt können Texte des Alten und Neuen Testaments, von denen die historische Forschung mit der gleichen an Sicherheit grenzenden Wahrscheinlichkeit annimmt, daß sie historisch echt seien, sachlich durchaus unecht sein, weil sie nicht dem Evangelium Jesu gemäß sind und darum, gleichgültig, ob historisch echt oder unecht, nicht authentisch, kurzum nicht christlich.

Wenn wir die Bibel im ganzen als eine religiöse Urkunde verstehen und die Echtheit ihrer einzelnen Stücke entsprechend nach ihrem sachlichen Inhalt, nach ihrem christlichen Wahrheitsgehalt, beurteilen, dann hört auch die Vergötzung des »Textes« auf. Dann haben wir es nicht mehr nötig, eine biblische Stelle so auszulegen, daß wir ihr, um sie auf jeden Fall zu retten, heimlich und qualvoll einen anderen Sinn unterlegen, sondern dann können wir frank und frei bekennen: Dieser Text sagt das und das aus, aber wir können es so nicht mehr sagen; wir müssen es heute anders sagen.

Drittens: Nicht der historische Jesus hat in der Geschichte gewirkt, sondern die jeweiligen Christusbilder, die »Anschauungen«, die sich die Menschen von dem historischen Jesus gemacht haben. – Das Christusbild, besser, die verschiedenen Christusbilder des Neuen Testaments und der Kirchengeschichte sind »Einbildungen« der ersten Christen beziehungsweise der späteren Gemeinden – Einbildungen nicht in dem Sinne, daß Menschen sich hier, wie wir zu sagen pflegen, »nur etwas eingebildet« hätten, sondern Einbildungen in dem Sinne, daß sich ihnen die Erfahrungen, die sie im Hören auf die neutestamentliche Überlieferung von Jesus gemacht haben, auf Grund ihrer bildnerischen Kraft zu einem Bild verdichtet haben. Es handelt sich also nicht um eine »Dichtung« mittels freischaltender Phantasie, sondern um eine »Sicht« auf Grund von Erfahrungen, denen selber bildnerische Kraft innewohnt.

Die verschiedenen Christusbilder sind keine »Projektionen«, sondern »Imaginationen«. Projektionen sind Einbildungen von innen nach außen, das heißt, in ihnen entwirft sich nur das eigene Innere eines Menschen in ein äußeres Bild; Imaginationen hingegen sind Einbildungen von außen nach innen, das heißt, in ihnen wirkt die Begegnung mit einem anderen, außerhalb seiner selbst Befindlichen auf einen Menschen ein und schafft sich in ihm ein entsprechendes Bild. In der Projektion bleibt der Mensch mit sich selbst allein; in der Imagination hingegen drückt sich in ihm etwas aus oder, richtiger, in ihn ein, das nicht er selbst ist, an dem er jedoch zuinnerst beteiligt ist. Kurzum: Imaginationen sind durch Realität gedeckt, Projektionen hingegen nicht.

Viertens: Entsprechend der Art der neutestamentli-

chen Jesusüberlieferung sollte die gegenwärtige Theologie, statt abstrakt über Jesus von Nazareth zu belehren, wieder stärker konkret von ihm erzählen. – Die Form, in der die Überlieferung von den ersten Christen weitergegeben wurde, bestand nicht in einer zusammenhängenden Geschichte, sondern in einzelnen Geschichten, nicht in history, sondern in stories. Daran sollte auch die heutige Christologie sich orientieren und so die Zeitgenossen zu eigenem Meditieren, zum selbständigen »Bildermachen« von Jesus anleiten. Wenn der Apostel Paulus den Gemeinden in Galatien schreibt, daß er ihnen Jesus Christus »vor die Augen gemalt« habe (Galater 3,1), so gilt dies als Methode für die Weitergabe der neutestamentlichen Jesustradition auch noch heute. Was wir dringender brauchen als eine korrekte Christus*lehre*, ist ein anschauliches Christus*bild*. Eine reine, abstrakte Christologie, sei sie auch noch so komplett, setzt noch kein Herz und keine Hand in Bewegung; aber auch das dürre Gerippe des »historischen Jesus« vermag kein frisches Leben zu erwecken.

Ein Bild setzt sich immer aus vielen Details zusammen; damit rückt der Akzent von selbst wieder stärker von der neutestamentlichen Briefliteratur auf die Evangelienerzählungen. Jesus hätte vieles von dem, was die Verfasser der neutestamentlichen Briefe und im Anschluß an sie die Theologen über ihn geschrieben haben und noch schreiben, rein intellektuell wahrscheinlich gar nicht verstanden und erstaunt gefragt: »Wovon reden diese Menschen eigentlich?«, genauso wie er, wenn er heute in christliche Gottesdienste und Versammlungen käme, wahrscheinlich verwundert fragen würde: »Wen verehren diese Leute hier?« Gerade das immer noch vorhandene, heute augenscheinlich sogar verstärkte Interesse an der Person Jesu sollte uns dazu veranlassen, möglichst lebendig und anschaulich von ihm zu erzählen, ihm den Zeitgenossen so vor die Augen zu malen, wie Paulus es den Galatern getan hat.

Was auf diese Weise sichtbar wird, muß das Bild eines wirklichen Menschen sein – freilich nicht nur ein menschliches Vorbild. Vielmehr muß es die Kraft erkennbar werden lassen, die diesen Menschen in all seinem Verkündigen und Verhalten »beseelt« hat. Da Jesus selbst diese Kraft »Gott«, intimer noch, seinen »Vater« nennt, ist es Gottes Geschichte mit den Menschen, die in der Erzählung des Geschicks Jesu von Nazareth sichtbar werden muß. Erst wo dies gelungen ist, sind die neutestamentlichen Evangelienerzählungen ans Ziel gelangt, denn sie sind Zeugnisse von geschehener Verkündigung, überliefert mit der Absicht, daß neu Verkündigung von Jesus geschähe und also neu Glaube an Gott entstehe.

3. Der Auszug Gottes zum Menschen

Die Botschaft Jesu von Nazareth besteht in der Ansage der Absicht Gottes mit der Menschheit: Obwohl der Mensch von Gott als dem wahren Ursprung und bleibenden Bezug seines Lebens immer wieder absieht, will Gott seinerseits vom Menschen nicht absehen, sondern hegt die Absicht, ihm nahe zu bleiben, ja noch näher zu kommen, um ihn endlich zur Erfüllung seiner gottgewollten Bestimmung zu bringen.

Die Ansage der Absicht Gottes mit dem Menschen erweist die *Menschlichkeit* als Gottes Charakteristikum: Wie man zu sagen pflegt: »Ich habe eine Schwäche für den und den oder für das und das«, so hat Gott eine Schwäche für den Menschen; und diese *Schwäche* ist seine *Stärke*. Gott ist auf des Menschen Menschlichkeit bedacht. Dafür setzt er seine Göttlichkeit ein. Darum wird Gott menschlich, wenn der Mensch gottlos wird. Den Menschen auf jeden Fall bei sich zu behalten, um ihn auf diese Weise in seiner Menschlichkeit zu erhalten – das ist der Impuls, der der Geschichte Gottes mit der Menschheit, wie sie in der Bibel erzählt und gedeutet wird, in all ihrer Mannigfaltigkeit, ja Widersprüchlichkeit ihre einheitliche Bewegung und gleiche Richtung gibt.

Durch die ganze Bibel zieht sich eine immer intensivere Bewegung Gottes, die man als den *Auszug Gottes zum Menschen* bezeichnen kann. Es herrscht in ihr ein Trend, ein Zug, ja geradezu ein *Zugzwang:* von oben nach unten, vom Himmel auf die Erde – hin zu den Menschen! Der Vorwurf Camus', daß Gott der ewige Zuschauer sei, der der Welt den Rücken zukehre, bewahrheitet sich an der Bibel nicht. In ihr verhält es sich genau »umgekehrt«. Da kehrt Gott der Welt nicht den Rücken, sondern wendet ihr sein Gesicht zu, und er ist nicht ein ewiger Zuschauer der Welt, sondern läßt sich um seines Interesses am Menschen willen auf Raum und Zeit ein. Er geht dem Verlorenen nach und sucht es.

Die Bewegung Gottes zu den Menschen setzt schon auf den ersten Blättern des *Alten Testaments* ein. Bereits die Schöpfung hat zum »Beweggrund« die Hinwendung Gottes zum Menschen: Getrieben von der Freiheit seiner Liebe, geht Gott aus sich heraus und schafft sich im Menschen ein Gegenüber, in dem er sich liebend verwirklichen kann, und zugleich einen Partner, der mit ihm zusammen in gleicher Gesinnung den Sinn der Welt verwirklichen soll. Als der Mensch sich diesem Willen Gottes versagt, weil er selber wie Gott sein will, da gibt Gott ihn nicht auf, sondern setzt seinen Weg, nur auf andere Weise, mit ihm fort, nicht allein das eine Mal gleich am Anfang, sondern viele Male, immer wieder.

Nicht anders geht es zu, als Jahwe sich das Volk Israel erwählt, mit ihm einen Bund schließt und es aus seiner Knechtschaft in Ägypten in die Freiheit führt. Zunächst folgt das Volk seinem Gott, dann aber rebelliert es gegen ihn, will umkehren und seine eigenen Wege gehen, läuft fremden Göttern nach und will einen König haben wie andere Völker auch. Und was tut Jahwe? Er willfährt. Er wirbt um den Gehorsam seines Volkes, wie ein Mann um die Liebe seiner Braut; er geht ihm nach, holt es zurück auf seinen Weg und versucht es aufs neue mit ihm.

So geht es fort von Mose bis zu den Propheten. Was bedeutet ihrer aller Sendung anderes als Jahwes unablässiges Bemühen, Israel bei sich zu behalten und es damit in seiner göttlichen Erwählung zu erhalten? Dabei bedeutet die sozialkritische Spitze der Botschaft der Propheten, ihr Kampf gegen das Unrecht der Reichen und ihr Eintreten für das Recht der Elenden und Armen, der Witwen und Waisen, gleichsam noch einen weiteren Schritt Gottes auf seinem Weg zu den Menschen hinab. Die letzte Stufe des Auszugs Gottes zum Menschen bildet im Alten Testament das Schicksal des leidenden Gottesknechtes. Von ihm heißt es: »Er hatte keine Gestalt noch Schöne ... Er war der Allerverachtetste und Unwerteste, voller Schmerzen und Krankheit ... Fürwahr, er trug unsere Krankheit und lud auf sich unsere Schmerzen« (Jesaja 53, 4 ff.) – Vorbild zugleich für einen noch Größeren oder, richtiger, noch Geringeren, Ankündigung einer Herabkunft in noch größere Tiefe, der endgültigen Ankunft Gottes beim Menschen.

In *Jesus von Nazareth* ist Gott gleichsam unten angekommen; in ihm ist er endgültig aus dem Oben in das
Unten eingezogen, ist er vollends bei den Menschen
angelangt. Jesus von Nazareth war ein *armer Mann*.
Man könnte seiner Geschichte die Überschrift geben
»Der arme Mann Jesus« oder »Der arme Mann aus Nazareth«. Jesus war nicht arm im sozialen Sinne, weil er
nichts besaß, sondern er war arm, weil er nichts hatte
als Gott. Wer nichts hat als Gott, der hat nichts aus sich
selbst – und darum erscheint er arm. In seiner Armut
aber spiegelt sich Gottes Reichtum, freilich Gottes an
den Menschen hingegebener Reichtum und darum zugleich Gottes freiwillige Armut.

»Ob er wohl reich ist, ward er doch arm um euret-
willen« (2. Korinther 8, 9) – diese Worte des Apostels
Paulus könnte man als Motto über das gesamte Geschick Jesu von Nazareth setzen. Was der Apostel in
diesem knappen Satz lehrhaft zusammengefaßt hat, das
spiegelt fast jede Szene in Jesu Leben, fast jeder Zug
seines Verhaltens, beinahe jedes Wort seiner Verkündigung anschaulich wider: Geburt im Stall – Flucht in die
Fremde – Heimatlosigkeit und Verfolgung – Hinwendung nicht zu den Gerechten und Reinen, sondern zu
den Ungerechten und Sündern – Suche nach den Verlorenen – Erlösung für die Armen – Befreiung vom
Gesetz – Vergebung von Schuld – Tischgemeinschaft
mit Zöllnern und Sündern – Heilung von Krankheit
und Leid – und schließlich um all dessentwillen Verur-
teilung und Hinrichtung. Das sind lauter Details, die
sich zu einem einheitlichen Bild zusammenfügen, lauter
Geschichten (stories), die zusammen eine Geschichte
(history) ergeben: das Geschick des Jesus aus Nazareth
und darin verborgen der Auszug Gottes zum Menschen.

Die Vollendung des Geschicks Jesu ist sein *Tod am*

Kreuz; zugleich bildet er die letzte Station des Auszugs Gottes zum Menschen. Der Tod Jesu »mußte« nicht sein in dem Sinne, daß er geplant war, daß er sozusagen im trinitarischen Rollenbuch des göttlichen Erlösungsdramas stand. Er war umgekehrt aber auch kein Zufall, keine unvorhergesehene göttliche Panne. Vielmehr lag er ganz einfach am Wege, an seinem Ende; er bildete die »unausbleibliche« Endstation, wenn denn der Auszug Gottes wirklich bis in die letzte Tiefe menschlichen Daseins hinabgehen sollte. Und in diesem Sinne *»mußte«* Jesu Tod dann auch geschehen.

Dieses »Muß« ist nicht magisch projiziert, sondern historisch fundiert: Jesu Tod bildet die notwendige Konsequenz seines Verhaltens. Durch seinen freien, vorurteilslosen Umgang mit allen Menschen hat er ihn unabwendbar auf sich gezogen. Jesu Freiheit erweist sich darin, daß er sich nicht nur zu den Armen, Entrechteten, Ausgestoßenen, Leidenden, moralisch Verdächtigen und politisch Unzuverlässigen gesellt, sondern daß er gleichzeitig zu den Reichen, Gerechten, Starken, Gesunden und Frommen geht. Diese Freiheit bedeutete die Auflösung der bestehenden Ordnungswelt, und zwar sowohl der politisch-gesellschaftlichen als auch der kirchlich-religiösen. Darum wurde Jesus von den Vertretern eben dieser Ordnungswelt, von ihren politischen Statthaltern so gut wie von ihren kirchlichen, ans Kreuz geschlagen. Das Kreuz sollte wieder Ordnung schaffen in der Welt und das durcheinander geratene Oben und Unten in ihr wiederherstellen. Was dieses Oben und Unten in Wahrheit durcheinander gebracht hatte, war die Freiheit der Liebe Gottes, die sich in seinem Auszug aus dem herrscherlichen Oben ins dienende Unten manifestiert.

Für gewöhnlich pflegen wir die »Menschwerdung

Gottes« mit der Geburt Jesu in Zusammenhang zu bringen und Jesu Tod erst als späteres, daraus sich ergebendes Ereignis folgen zu lassen. Eberhard Jüngel hat das Verhältnis zwischen beiden Ereignissen im Hinblick auf ihre Bedeutung für die Menschwerdung Gottes umgekehrt. Nach ihm liegt der Glaube, daß Gott Mensch geworden ist, im Tode Jesu begründet und ist erst nachträglich mit Jesu Geburt in Verbindung gebracht worden. Wir halten diesen Gedanken nicht nur für eine richtige historische Erkenntnis und einen klugen theologischen Einfall, sondern auch für eine tiefe religiöse Einsicht. Tatsächlich ist die Menschwerdung Gottes nur dort ernstgenommen, wo Gott mit dem Menschen auch das Schicksal seines Todes teilt. Ohne diesen Einschluß wäre der Satz von der Menschwerdung Gottes in der Tat »nichts als eine emphatische Phrase«[20].

Unsere These vom Auszug Gottes zum Menschen bildet die Gegenthese zu *Ernst Blochs* Behauptung vom *Auszug des Menschen aus Gott* beziehungsweise von der *Einsetzung des Menschen in Gott*. Richtiger: Blochs Behauptung stellt die atheistische Gegenthese zur biblisch-theistischen These vom Auszug Gottes zum Menschen dar. Dabei ist das Besondere, Frappierende an Blochs Position, daß auch er seine atheistische Gegenthese biblisch zu begründen sucht.[21]

Für Bloch steht über der Bibel von ihrem Anfang her das Wort der Schlange im Paradies: »Eritis sicut Deus« – ihr werdet sein wie Gott –, dies aber nicht als eine Stimme der Verführung, sondern als eine Zusage und Verheißung. Mit diesem Wort ist die »Revolte-Linie« intendiert, die die ganze Bibel durchzieht. Revolte heißt Aufstand gegen den »Herrengott«, Zerstörung des theokratischen Jahwebildes, Emanzipation des Menschen von allem herrscherlichen Oben im Himmel und auf Erden, Befreiung von jeder Unterwerfung unter ein Vater-Ich, sei es der Weltvater oder der Landesvater. Priesterlich-klerikales Herrschaftsinteresse hat diese Revolte-Linie aus verständlichen Gründen zu unterdrücken und den ganzen Bibeltext auf einen »theokratischen Generalnenner« zu bringen versucht – eine kirchliche »Redaktion nach Weise der Reaktion«. Aber ganz hat solcher »herrenkirchlicher« Gebrauch des Bibeltextes die »subversive Linie« in ihm nicht auszutilgen vermocht. Als »unterirdische Strömung« ist sie nach wie vor vorhanden und erkennbar. Aufgabe »detektorischer Bibelkritik« muß es deshalb sein, die unterschlagene Revolte-Linie wieder aufzudecken und sie als die »wahre Achse in der Bibel« herauszuarbeiten. Entmythologisierung bedeutet demnach Enttheokratisierung und Enttheokratisierung wiederum Humanisierung. Den Leitfaden für eine solche »visio haeretica«, das heißt ketzerische Sicht der Bibel läßt Bloch sich von Karl Marx an die Hand geben: »Der Atheismus ist der durch Aufhebung der Religion vermittelte Humanismus«, was wiederum bedeutet: »Der Mensch ist dem Menschen das höchste Wesen.«

Nicht der »deus absconditus«, der verborgene Gott, sondern der »homo absconditus«, der verborgene Mensch, begegnet Bloch in der biblischen Geschichte. Der deus absconditus, der verborgene Gott, ist nur als »Anweisung« auf den homo absconditus, den verborgenen Menschen, zu verstehen. Das heimliche Thema der Menschheitsgeschichte bildet demnach die allmähliche Enthüllung des homo absconditus, das Offenbarwerden des noch ausstehenden endgültigen Menschseins des Menschen auf der Erde. Für den Glauben an

Gott bedeutet dies seine schrittweise Auflösung durch das fortschreitende Eindringen des Menschlichen in die Gottesvorstellung, durch die »wachsende Selbsteinsetzung des Menschen ins religiöse Geheimnis«. Und so arbeitet Bloch Zug um Zug die gleiche Linie in der Bibel heraus wie wir, vom Wort der Schlange im Paradies über den Auszug Israels aus Ägypten, die Heilsbotschaft der Propheten und den Protest Hiobs bis hin zum Auftreten Jesu von Nazareth, nur mit umgekehrtem Vorzeichen: nicht als Auszug Gottes zum Menschen, sondern als Auszug des Menschen aus Gott, als seine wachsende Selbsteinsetzung in Jahwe. Den Höhepunkt der ganzen Linie, den Gipfel der Humanisierung im Sinne der Enttheokratisierung, bildet für Bloch Jesus Christus. Er ist für ihn das Symbol der totalen Emanzipation des Menschen.

Bloch bietet die absolute, schlechterdings unüberbietbare atheistische Deutung der Person und Botschaft Jesu. Er holt aus ihr das Letzte und Höchste an Humanum heraus: er ersetzt Gott durch den Menschen und erfüllt damit das Verheißungswort der Schlange: »Ihr werdet sein wie Gott.« Wenn Bloch erklärt, daß Jesus den »Herrengott« abgesetzt und alles theokratische Oben vernichtet habe, dann versteht er dies nicht nur als eine Wandlung des Gottesbildes im Sinne einer Reinigung und Läuterung, sondern als die endgültige Aufhebung der Gottesidee überhaupt. »Deus homo factus est« heißt für Bloch demnach nicht, daß Gott Mensch geworden ist, sondern umgekehrt, daß der Mensch Gott geworden ist. Die Menschwerdung Gottes in Jesus Christus bildet die »letzte biblische Wendung des biblischen Exodus auch noch aus Jachwe«. Wenn der johanneische Christus spricht: »Ich und der Vater sind eins« oder »Alles, was der Vater hat, ist mein«, dann deutet

Bloch dies nicht als Jesu Ineinssetzung seines Selbst mit Gott, sondern als Jesu Selbsteinsetzung in Gott.

Bei Bloch vertritt Jesus nicht Gott, sondern er *ersetzt* ihn; indem er sich an seine Stelle setzt, setzt er Gott ab und den Menschen endgültig an seiner Statt ein. Von allen Christustiteln im Neuen Testament ist das »Rätselwort ›Menschensohn‹ « Bloch daher der liebste; mit ihm werden die guten Schätze, die bislang an einen »Vaterhimmel« verschleudert worden sind, wieder in die Hände des Menschen zurückgelegt. So bedeutet Jesus Christus für Bloch, alles in allem, nicht das endgültige Kommen, sondern das unwiderrufliche Gehen Gottes. Mit diesem endgültigen Abgang Gottes aber ist im Grunde keine neue Wahrheit über Gott eröffnet, sondern nur eine immer schon vorhandene, nur noch nicht von allen wahrgenommene definitiv bestätigt und realisiert: »daß kein Gott in der Höhe bleibt, indem ohnehin keiner dort ist oder jemals war«.

Auf die Frage »Wozu ist das Christentum gut?« würde Bloch antworten: um dem Marxismus seine Tiefe zu sichern, um ihn vor dem Absinken in einen vulgären Atheismus zu bewahren, um seinen Humanismus aus dem noch »unabgegoltenen Erbe der Religion« mit stärkenden Anstößen, vor allem mit dem »Christusimpuls« zu versehen. Doch um für eine derartige »Allianz« mit dem Marxismus zu taugen, muß das Christentum zuerst richtig verstanden werden, und das heißt für Bloch: es muß atheistisch verstanden werden. Darum Blochs paradoxe These: »Nur ein Atheist kann ein guter Christ sein: nur ein Christ kann ein guter Atheist sein.«

Atheismus im Christentum – das ist ein ebenso schockierender wie imponierender Entwurf, dessen Faszination sich auch ein Christ nicht leicht zu entziehen vermag, zumal die Wirkung noch verstärkt wird durch eine eindringliche, expressionistische Sprache von dichterischer Bildkraft. Dem ganzen Entwurf fehlt nur eines: er entbehrt jeder biblischen Basis. Nur das Material holt Bloch aus der Bibel heraus, ihre Substanz aber läßt er zurück; sie besorgt er sich von Karl Marx. Es ist, wie wenn jemand ein Haus von seinem Fundament höbe und es auf ein anderes stellte, oder wie wenn jemand aus einem Bilde die zentrale Figur, auf die hin alles ausgerichtet ist, herausschnitte. Damit wird alles grund- und sinnlos.

Blochs entscheidende Fehldeutung des Christentums besteht darin, daß er Gott im Zuge seiner Menschwerdung aufhören läßt, Gott zu sein. Die Bibel sagt genau das Gegenteil. In ihr erschöpft sich Gott nicht allmählich bei seinem Auszug zum Menschen, er gibt mit seiner Menschwerdung sein Gottsein nicht auf, sondern bringt es durch sie bei den Menschen gerade zur Geltung. Dies zu erkennen, daran hindert Bloch seine weltanschauliche Vorentscheidung für den atheistischen Marxismus. Aber weder das Alte noch das Neue Testament ist ohne Gott zu haben. Was beide Testamente zusammenhält, ist der Glaube an den gleichen Gott, die *eine* kontinuierliche Geschichte Gottes mit den Menschen: der Gott Abrahams, Isaaks und Jakobs, der »Gott der Väter«, ist der Vater Jesu von Nazareth. Darum ist Gott in der Bibel immer dabei. Auch wo sein Name nicht ausdrücklich genannt wird, wie etwa in zahlreichen Gleichnissen Jesu, wird ohne ihn der Sinn des Ganzen unverständlich.

Aber mit seinem atheistischen Christentum präsentiert Bloch der Theologie nur die verdiente Rechnung für ihren extremen Christozentrismus. Das kommt am Ende dabei heraus, wenn man Gott nicht im Zentrum der Theologie stehen läßt: ein Christozentrismus ohne

Gott, ein Atheismus mit Christus. Blochs Rechnung geht an beide Seiten, sowohl an jene Christozentriker, die von Christus ohne Gott reden zu können meinen, als auch an jene, die die Rede von Gott ganz und gar in ihrer Rede von Christus aufgehen lassen. Jesus von Nazareth aber hat nun einmal von Gott gesprochen; er hat nicht sich selbst, sondern Gott verkündigt. Und wenn er behauptet hat, daß sich an ihm und seinem Wort das Schicksal der Menschen entscheide, dann hat er damit eine Entscheidung des Menschen für oder gegen Gott respektive eine Entscheidung von seiten Gottes über den Menschen gemeint. Wir haben Grund, und zwar biblischen Grund unter den Füßen, wenn wir einen »christologischen Minimalismus« und einen »theologischen Maximalismus« vertreten.

Mit seiner atheistischen Kritik am Christentum erinnert Bloch die Christen nicht nur negativ an die Entstellungen, sondern positiv auch an den Grund ihres Glaubens, wortwörtlich, an sein »Tiefstes«: daß der Gott der Bibel nicht in der Höhe wohnt und von dort auf die Menschen herabdräut, sondern daß er in die Tiefe herabgekommen ist und hier mit den Menschen leidet. Dieses christliche Gottesverständnis bezeichnet die revolutionäre Wende, die Jesus von Nazareth in der Religionsgeschichte heraufgeführt hat. Sein Kreuz markiert sichtbar das »Distinctivum«, durch das sich das Christentum von allen anderen Religionen unterscheidet: Daß Gott nicht nur liebt, sondern daß er aus Liebe sogar leidet — das gibt es nur einmal, das kommt in der ganzen Religionsgeschichte sonst so nicht vor.

Damit ist ein letzter, unüberholbarer Gedanke über Gott ausgesagt. Für den Griechen Aristoteles wäre dieser Gedanke unerträglich gewesen. Nach seiner Auffassung widerspricht es dem Wesen Gottes als dem schlechthin Unveränderlichen, wenn er sich aus Liebe nur auch schon vom anderen her und zum anderen hin »bewegen« läßt und dadurch in die Veränderlichkeit eintritt. Und Aristoteles spricht hier nicht nur für sich, sondern im Namen aller Philosophie und Religion.

Wie aber verträgt sich solche »ohnmächtig« leidende *Liebe* mit der *Allmacht* Gottes? – Gott gibt mit der Liebe seine Allmacht nicht auf, sondern er gibt seine Liebe in die Allmacht beziehungsweise seine Allmacht in die Liebe hinein. Gott zwingt nicht, sondern überzeugt »mit Macht«. John B. Cobb definiert Gottes Allmacht daher als »Überzeugungsmacht«. Entsprechend vergleicht er die Art, wie Gott Macht ausübt, nicht mehr, wie einst der Apostel Paulus, mit der Manier, in der ein Töpfer mit seinem Ton umgeht, sondern mit der Machtausübung weiser Eltern.[22] Hinter diesem Vergleich steht freilich bereits ein geläuterter Begriff von Autorität, der dem genuinen christlichen Gottesverständnis gemäßer ist als die wenigstens bisher übliche christliche Auffassung und Ausübung von Autorität. Da hieß es blind gehorchen und aufs Wort parieren und: »Welchen der Herr liebhat, den züchtigt er«, was dann auch von irdischen Vorgesetzten und Oberherren – Feldwebeln, Schulmeistern, Pfarrherren und Landesherren – in Anspruch genommen und gründlich besorgt wurde. Gegen solche praxis maiestatis und ihre theistischen Theoretiker hat der Atheist Ernst Bloch recht und Jesus von Nazareth samt den Propheten auf seiner Seite, wenn er in der Entsprechung zwischen göttlicher Allmacht und menschlicher Macht Gefahr für den Menschen wittert und darum keinerlei Theokratie, weder oben im Himmel noch unten auf der Erde, bestehen lassen will.

Allzu großes christliches Interesse an Gottes Allmacht erweckt Mißtrauen. Solches Interesse ist erlaubt, ja sogar geboten, wenn es ihm dabei um Gottes Herrschaft geht: daß Gott wieder zum Recht an seiner Schöpfung gelange; oder um die Not des Nächsten: daß sich ihm endlich ein Ausweg öffne. Doch man wird den Verdacht nicht los, daß die Besorgtheit der Christen um Gottes Allmacht häufig nur die Sorge um ihre eigene Macht ist. Man möchte an Gottes Allmacht teilnehmen und durch solche Teilnahme Vorteile haben: im Privaten Gottes »Hilfe in allen Nöten«, im Nationalen Gottes »stärkere Bataillone«, im Sozialen Gottes »gute Ordnung«, alles in allem göttliche Garantie der bestehenden Verhältnisse. In aller Länder vaterländischer Geschichte fungiert der »Allmächtige« als eine Art metaphysischer Pater patriae, sozusagen als des Landesvaters älterer Bruder. Es ist schon merkwürdig, wie ausgerechnet der »Allmächtige« zum Popanz der Menschen geworden ist – über die Hinter- oder Untergründe dafür kann wohl nur die Psychoanalyse Aufschluß geben.

Gottes eigener Umgang mit seiner Allmacht findet seinen »charakteristischen Ausdruck« in der Geschichte Jesu von Nazareth: er zieht, um die Menschen an sich zu ziehen, zu ihnen aus. Dieses Verhalten Gottes spiegelt sich wider in der Art, wie Jesus mit den Menschen umgeht. Jesus von Nazareth war kein Weltverbesserer, der die Welt mit Gewalt zu verändern trachtete, sondern ein Menschenbeweger, der Menschen mit guten Gründen zu überzeugen suchte. Aber damit war er mittelbar nun doch auch ein Weltverbesserer, insofern ein veränderter Mensch wie von selbst auch seine Umwelt zu verändern trachtet. Wäre Jesus von Nazareth ein unmittelbarer Weltverbesserer, mit anderen Worten, ein politischer oder sozialer Revolutionär gewesen, dann wäre er längst vergessen wie Spartakus in Rom oder wie irgendein Pseudomessias in Judäa. Er hat sich nur durchgesetzt und durch die Jahrhunderte durchgehalten, weil er mit seiner neuen Nachricht von Gott immer wieder Menschen bewegt hat. Dies ist kein Glaubensurteil, sondern eine historische Feststellung.

»Revolution« ist, wo man sie ernst nimmt, ein politisches Unternehmen und in »Härtefällen« ethisch erlaubt. Aber man darf aus ihr keinen Mythos, kein Evangelium machen. Die Überhöhung der Revolution zur Heilslehre stammt von Karl Marx. Diesen Gedanken nehmen die heutigen neomarxistischen Theologen auf, tragen ihn in das Neue Testament hinein und empfangen ihn von dort, gleichsam mit heiligem Geist aufgeladen, als die Botschaft und das Verhalten Jesu von Nazareth zurück. So wird Jesus via Marx zu einem sozialen Revolutionär und Marx via Jesus zu einem religiösen Heilsbringer. Und dieser Rollentausch bekommt beiden nicht.

Wenn schon das Wort »Revolution« im Zusammenhang mit Jesus von Nazareth heute unvermeidlich scheint, dann muß man es radikaler gebrauchen als die Revolutionstheologen und von der »Revolution Gottes« sprechen, die Jesus von Nazareth verkündigt hat. Auf die immerwährende Verlockung des Menschen, wie Gott werden zu wollen, hat Gott seinerseits mit seiner »Menschwerdung« geantwortet. Dem mythisch-utopischen Wort der Schlange »Eritis sicut Deus« – ihr werdet sein wie Gott – korrespondiert die historisch-reale Feststellung des vierten Evangelisten: »Deus homo factus est« – Gott ist Mensch geworden. Diese Revolution Gottes – kann man sich eine größere Umkehrung in der Welt denken als die, daß Gott Mensch wird? – hat wiederum eine Revolutionierung des Menschen zur

Folge, die Umkehrung Gottes die Umkehr des Menschen. Diese besteht nicht darin, daß der Mensch Gott wird, sondern daß der Mensch jetzt wahrhaft Mensch sein kann. Die Verlockung »Eritis sicut Deus« – ihr werdet sein wie Gott – wandelt sich in die Verheißung »Eritis sicut homines« – ihr werdet sein wie Menschen. Jesus entwirft kein Ideal vom Menschen, er hat überhaupt kein »Menschenbild«, sondern er erlaubt dem Menschen, Mensch zu sein. Fausts bekanntes Wort zu Wagner: »Hier bin ich Mensch, hier darf ich's sein!«, in freier Natur oder in gelockerter Gesellschaft bei vorgerückter Stunde eine beliebte Ankündigung dafür, daß man sich jetzt gehen zu lassen gedenke – in Jesu Nähe gewinnt es Sinn und Wert über sich hinaus. Eigentlich wäre eine »Anthropodizee« fällig gewesen, eine Rechtfertigung des Menschen vor Gott; stattdessen hat eine »Theodizee« stattgefunden: Gott hat sich in Jesus von Nazareth vor den Menschen gerechtfertigt.

Das Geschick Jesu von Nazareth stellt sich uns als die Gegengeschichte zum Turmbau von Babel dar. Die Geschichte vom Turmbau zu Babel ist die Geschichte der *Selbstgefälligkeit des Menschen* und damit das Sinnbild für die grandiose *Utopie eines Humanismus ohne Gott*. Das Geschick Jesu von Nazareth hingegen ist die Geschichte des *Wohlgefallens Gottes an den Menschen* und damit die *reale Ermöglichung des wahren Menschseins des Menschen durch Gott*. Im Bericht vom Turmbau zu Babel sprechen die Menschen: »Wohlauf, laßt uns eine Stadt und einen Turm bauen, dessen Spitze bis an den Himmel reiche, damit wir uns einen Namen machen!« (1. Moses 11,4) Das Geschick Jesu von Nazareth dagegen ist die Geschichte, in der Gott selbst sich einen Namen gemacht hat: Jesus ist nicht Gott – aber Gott heißt für uns fortan Jesus.

4. Mitmenschlichkeit

Wenn Gott fortan für uns Jesus heißt, dann kündet sich darin eine neue Art der Beziehung zwischen Gott und Mensch an, deren Verständnis uns heute, wo wir unter Gottes »Schweigen«, »Verborgenheit«, »Abwesenheit«, ja »Tod« leiden, vielleicht überhaupt erst richtig aufzugehen beginnt: Gott begegnet den Menschen nicht mehr so sehr im Großen, Außerordentlichen, Extravaganten, Übernatürlichen als vielmehr im Kleinen, Alltäglichen, Gewöhnlichen, Irdisch-Menschlichen. Darum fällt es vielen Zeitgenossen heute auch noch so schwer, Gott in der Welt schon wieder zu erkennen. Hier ist gerade von den Christen ein neuer theologischer Lernprozeß gefordert.

Worin dieser Lernprozeß besteht, macht eine jüdische Anekdote deutlich. Ein Schüler kommt zu einem Rabbi und fragt: »Früher gab es Menschen, die Gott von Angesicht gesehen haben. Warum gibt es die heute nicht mehr?« Darauf antwortet der Rabbi: »Weil sich heute niemand mehr so tief bücken will.« Zyniker pflegen zu sagen, und wir haben es im Kriege oft gesagt: »Nur wer die Welt von hinten sieht, der sieht ihr ins Gesicht.« Wir können dieselbe Wahrheit aber auch so ausdrücken: Nur wer die Welt von unten sieht, sieht Gott ins Angesicht.

Darum ist der entscheidende Ort der Begegnung des Menschen mit Gott die »Mitmenschlichkeit«. Das aber heißt nichts anderes, als daß das spezifisch Christliche am Christentum, die neue Auslegung Gottes durch Jesus von Nazareth, die die Tradition bezeichnenderweise mit dem Symbol der »Menschwerdung« Gottes ausgedrückt hat und die wir als den »Auszug Gottes zum Menschen« beschrieben haben, sich in unseren Tagen erneut durchsetzt. Nicht, daß Gott einfach nur zum »Prinzip« der Mitmenschlichkeit würde! Höchstens wird man sagen können, daß Gottes Menschlichkeit das Prinzip unserer Mitmenschlichkeit sei, und zwar im Sinne des lateinischen Wortes »principium«, das Anfang und Wesen zugleich bedeutet: Seit Gottes Menschlichkeit sich in dem Geschick Jesu von Nazareth ihren charakteristischen Ausdruck verschafft hat, ist die »Mitmenschlichkeit« dem Menschen ein für allemal als Ort und Art seiner Begegnung mit Gott zugewiesen.

Man streitet heute darüber, ob man das bekannte johanneische Wort »Gott ist Liebe (1. Johannes 4,16) auch umkehren könne in den Satz »Liebe ist Gott«. In diesem Streit geht es nicht, wie es scheinen könnte, nur um Worte. Vielmehr handelt es sich darum, ob Gott Prinzip oder Person ist, wichtiger noch, ob das Wort »Gott« nur die Bezeichnung für ein bestimmtes menschliches Verhalten bedeutet oder ob Gott sich, auch wenn er nirgends anders als in der Wirklichkeit der Welt begegnet, dennoch von dieser unterscheidet, mit anderen Worten, ob er »transzendent« bleibt.

Sicher ist, daß, wann und wo immer auf der Erde zwischen Menschen Liebe geschieht, Gott gegenwärtig ist. Dafür zeugt der universale Aspekt von Jesu »Weltgerichtsrede« (Matthäus 25,31 ff.). Als Jesus zu den »Erwählten« sagt: »Ich bin hungrig gewesen, und ihr habt mich gespeist; ich bin durstig gewesen, und ihr habt mich getränkt; ich bin ein Gast gewesen, und ihr habt mich beherbergt; ich bin nackt gewesen, und ihr habt mich bekleidet; ich bin krank gewesen, und ihr habt mich besucht; ich bin gefangen gewesen, und ihr seid zu mir gekommen« – da fragen ihn diese erstaunt, wann sie ihm solches alles getan hätten. Darauf gibt Jesus ihnen zur Antwort: »Was ihr getan habt einem unter diesen meinen geringsten Brüdern, das habt ihr mir getan.« Hier wird sehr deutlich die Mitmenschlichkeit als Art und Ort der Begegnung des Menschen mit Gott angegeben. Das bedeutet jedoch nicht, daß Gott in den genannten Situationen, in den verschiedenen Orten und Arten zwischenmenschlicher Begegnung, aufginge. Wenn man daraus folgert, daß Gott nur ein Name für Liebe sei, dann wird es »verkehrt«. Dann bedeutet es die Gleichsetzung Gottes mit einem menschlichen Verhalten. Und wenn dann überdies mit Liebe allein die »Nächstenliebe« gemeint ist, die wir zu üben und zu bewähren haben, dann folgt daraus sogar, daß wir es sind, die Gott schaffen. Sicher wäre dies die edelste Art menschlichen Göttermachens, die man sich denken kann, aber es bliebe eben doch ein Göttermachen.

Es ist nicht wahr, daß Jesus die Liebe Gottes nur als Liebe zum Nächsten ausgelegt habe. Er hat ausdrücklich vom »Doppelgebot der Liebe« gesprochen: »Du sollst lieben Gott, deinen Herrn, von ganzem Herzen, von ganzer Seele und von ganzem Gemüte. Dies ist das vornehmste und größte Gebot. Das andere aber ist dem gleich: Du sollst deinen Nächsten lieben wie dich selbst. In diesen zwei Geboten hängt das ganze Gesetz und die Propheten.« (Matthäus 22,37–40) Damit ist deutlich gesagt, daß die Liebe nicht nur ein Geschehnis zwischen Mensch und Mensch, sondern auch zwischen Mensch und Gott respektive zwischen Gott und Mensch bildet, wobei man das eine vom anderen gar nicht trennen, ja kaum unterscheiden kann, wobei man aber auch nicht eins von beiden einfach wegfallen lassen kann.

Darum sollten wir um der theologischen Präzision willen statt der heute üblichen Redeweise: »Gott begegnet *im* Mitmenschen« besser sagen: »Gott begegnet *durch* den Mitmenschen.« Das Verhältniswort »durch«

bestimmt das zwischen Gott und Mensch waltende Verhältnis genauer als das Verhältniswort »in«. Es hält fest, daß meine Beziehung zu Gott nicht beim Mitmenschen endet, sondern über ihn hinausgeht, freilich niemals über ihn hinweg, wohl aber durch ihn hindurch, so daß der Mitmensch nicht einfach identisch ist mit Gott, sondern für Gott transparent wird. Auf diese Weise wird beides festgehalten: daß Gott zwar jenseits des Menschen existiert, daß er ihm aber nur diesseits, durch den Mitmenschen, begegnet. Begründet ist die »Mitmenschlichkeit« als Ort und Art der Gottesbegegnung in Gottes eigener Menschlichkeit.

Übrigens: In allem, was wir über die Mitmenschlichkeit als Ort und Art der Begegnung des Menschen mit Gott gesagt haben, war die Personalität Gottes wie von selbst mitgedacht. Nicht weil Gott Person ist, ist er Liebe, sondern weil Gott Liebe ist, kann er nur persönlich erfahren und bei der nachträglichen Reflexion solcher persönlichen Erfahrung personal gedacht werden.

5. Glaube an Jesus?

Jesus von Nazareth war ein armer Mann – aber die Kirche hat ihn reich gemacht. Jesus von Nazareth hat in der Tiefe menschlicher Verlassenheit nach Gott geschrien – aber die Kirche hat ihn emporgejubelt und auf Gottes Thron gesetzt. Jesus von Nazareth hat das »Unten« als den Ort Gottes in der Welt angezeigt – aber die Kirche hat ihn in die Höhe und damit zur Strecke gebracht.

Schon die Synagoge wollte keinen armen, niedrigen Gott dulden. Deshalb hat sie seinen Verkünder »erhöht« – ans Kreuz! Dazu hatte der Hohe Rat Amtshilfe bei der Besatzungsmacht erbeten. Gemeinsam haben die herrschenden Mächte – das »Establishment«, wie wir heute sagen würden – Jesus von Nazareth aus der Welt geschafft. Gott sollte unbedingt im »Oben« bleiben, weil auch sie obenauf bleiben wollten.

Nicht anders hat es später oft genug die Kirche gehalten. Auch sie ertrug keinen armen, niedrigen Gott, keinen Gott im Unten und holte sich Hilfe gegen ihn bei der politischen Gewalt. Mit Hilfe des Staates hat die Kirche mit Jesus Christus »Statt gemacht«: Einmal hat sie ihn mit Glanz, Macht und Herrschaft ausgestattet und mit ihm zugleich sich selbst; zum anderen hat sie mit ihm, wortwörtlich, Staaten gemacht, das heißt in seinem Namen vorhandene Staaten beherrscht, neue gegründet und brüchige gefestigt.

Zwei Elemente wirkten bei der Erhöhung des armen Mannes aus Nazareth zusammen: römisches Cäsarentum und griechische Philosophie. Zwar hatten die Christen sich geweigert, dem Kaiser göttliche Ehren zu erweisen, und deswegen blutige Verfolgungen auf sich genommen; nachträglich aber hat der Kaiserkult dann doch auf unblutige Weise über sie gesiegt. Ihr Christus wurde zum Cäsar. Ihm wurden die Eigenschaften zugesprochen und die Abzeichen verliehen, die dem Kaiser zustanden. Die Glaubenssätze der Kirche über ihn wurden offiziell als staatliche Gesetze von kaiserlichen Juristen ediert. Und während Christi eigenes Opfer am Altar nur unblutig wiederholt wurde, wurden ihm auf den Schlachtfeldern gleichzeitig zahllose blutige Opfer gebracht. »In hoc signo vinces!« Einst war das Kreuz Jesu das Siegeszeichen des Lebens; jetzt wurde es vielen zum Siegeszeichen des Todes. Wohin es kam, brachte es Menschen den Tod.

Das andere Element, das im Verein mit dem römi-

schen Kaiserkult Jesus von Nazareth »in die Höhe
brachte«, war die griechische Philosophie, vor allem das
»philosophische Versatzstück von der Unveränderlich-
keit Gottes«.[23] Dadurch wurde alles »stabilisiert«: Gott
wurde zum »unbewegten Beweger« im Jenseits. »Unbe-
wegter Beweger« heißt, daß Gott zwar noch die Welt
bewegte, sich selbst aber nicht mehr. Der Auszug Gottes zum Menschen war nur eine Episode gewesen; die
Aktion war siegreich abgeschlossen. Fortan besorgte
Gott das Geschäft seiner Herrschaft mit um so festerer
Hand wieder von oben. Da der »Beweggrund« des Auszugs Gottes zum Menschen die Liebe gewesen war, litt
auch diese fortan Schaden. Jesu Antlitz bekam große,
strenge Augen und bewegte, götzenhafte Züge. Der
»Mensch für andere« wurde zum Herrn über andere und
damit auch zu einem Feind gegen andere.

Durch die Verbindung mit der griechischen Philosophie und dem römischen Cäsarentum hat das Christentum eine Entstellung erlitten, die es bis heute nicht ver-
wunden hat. Wichtigste Aufgabe der Christologie wird
es daher künftig sein, darauf zu achten, daß Jesus von
Nazareth ein armer Mann bleibt beziehungsweise es
wieder wird, weil er nur so der *Offenbarung Gottes* ist,
daß die Kirche ihn nicht weiterhin nachträglich reich
macht und so mit ihm sich selbst bereichert. Solche Be-
reicherung und Erhöhung würde die Einbuße Gottes für
die Christenheit und damit den Verlust ihres Beitrages
zur Geschichte der Menschheit bedeuten.

Aber war es überhaupt die Kirche, die Jesus von Nazareth erhöht hat? Hat nicht Gott selbst es durch seine
Auferweckung getan? Wie steht es mit der *Auferstehung Jesu?*

Das Ereignis, das wir nach spätjüdischer Tradition mit der Metapher »Auferweckung von den Toten« bezeichnen, bedeutet keine Verwandlung, sondern eine Bestätigung Jesu. Jesus ist dadurch nicht, wie im Märchen, über Nacht aus einem armen zu einem reichen Mann geworden. Vielmehr ist er in seiner Armut gerade bestätigt worden: daß er nichts besaß, was er nicht von Gott hatte; daß seine Armut wirklich Gottes Reichtum war; daß mithin das, was er von Gottes Absicht mit der ganzen Menschheit gesagt hat, nicht nur seinem eigenen frommen Herzen entsprungen war, sondern dem Weltwalten Gottes entsprach. In seinem Tod hat Jesus an sich selbst, gleichsam am eigenen Leibe, die Wahrheit der von ihm verkündigten Botschaft erfahren: daß Gott zu den Menschen gekommen ist; daß er ihnen nahe sein will; daß er sich mit ihnen identifiziert bis in die letzte Tiefe ihres Daseins.

Nicht anders haben Jesu Jünger durch die »Erscheinungen« des Auferstandenen keine neue, zusätzliche Botschaft von Jesus empfangen, sondern nur die göttliche Bestätigung der von ihm gebrachten: daß das, was Jesus ihnen von Gott gesagt hatte, sein Recht behalten hat, daß Jesu Geschick also wirklich die Geschichte Gottes mit den Menschen ist. Wenn Petrus Jesus verleugnete, dann stand dahinter zuletzt kein ethisches Versagen, sondern ein religiöses Motiv: Petrus mißtraute angesichts der hereinbrechenden Katastrophe dem von Jesus verkündeten Gott. Die ihm in der Erscheinung des Auferstandenen widerfahrene Erkenntnis bestand demnach in der Rückverwandlung seines Mißtrauens in neues Vertrauen.

Mit der Auferweckung bleibt Jesu Armut samt ihrer Vollendung in seinem Tode nicht auf Nimmervergessen zurück. Kreuz und Auferstehung funktionieren nicht wie ein Paternoster: Zunächst geht es zwar hinab in die Tiefe, aber man weiß schon im voraus, daß der Fahrstuhl, wenn er unten angelangt ist, automatisch auf die andere Seite hinüberwechselt und wieder emporsteigt, und oben angekommen, ist alles wieder gut, als habe es niemals Dunkel und Tiefe gegeben. Das Kreuz Jesu bleibt, auch ohne Corpus daran, ein Zeichen des Leidens und Todes, freilich das Zeichen der Gegenwart Gottes in Leid und Tod und darum nun doch ein Zeichen des Sieges über das Leid und den Tod. Darum haben auch die mittelalterlichen Maler den Auferstandenen, ja selbst den im Himmel Thronenden stets mit seinen Wundmalen dargestellt.

Die Frage nach der Auferstehung Jesu ist, wo sie nicht nur historisch oder dogmatisch genommen wird, die Frage nach seiner Gegenwart, genauer, nach seiner gegenwärtigen Wirkung. Die Wirkkraft des historischen Jesus war seine Liebe. »Wie er die Seinen geliebt hatte, so liebte er sie bis ans Ende« – dieser eine Vers, mit dem der vierte Evangelist zur Passionsgeschichte überleitet (Johannes 13,2), bietet eine Kurzfassung des gesamten Lebens Jesu, seines Verkündigens und seines Verhaltens. Von der Liebe, die er lehrte und lebte, sagt Jesus, daß sie von Gott sei, ja daß sie Gott selbst sei. Folglich geht es bei der Frage nach der Auferstehung Jesu um die gegenwärtige Wirkung der Liebe Gottes. Jesus von Nazareth ist mithin heute überall dort gegenwärtig, wo sein Wort von der Liebe Gottes gehört und wahrgemacht wird. Wie aber unterscheidet sich dies von der geistigen Gegenwart oder Nachwirkung irgendeines anderen »Großen« in der Geschichte? In der Bedeutung und in der Universalität seines Themas! Im übrigen ist diese Frage aus der Distanz gestellt. Wer auf das Wort Jesu von der Liebe Gottes hört und ihm in seinem Leben und Tun traut, der fragt nicht mehr so, weil er Jesus bereits als das »gegenwärtig Wichtigste« für sich erfahren hat.

Wenn die Auferstehung Jesu »nur« die göttliche Bestätigung seiner Botschaft von Gott bedeutet – wie verhält es sich dann mit dem *Glauben an Jesus?* Diese Frage bildet die Probe darauf, wie weit es uns mit dem Theozentrismus wirklich ernst ist.

Streng genommen kann sich christlicher Glaube nur auf Gott richten. Rolf Schäfer hat recht, wenn er warnt: »Die Theologie würde dem volkstümlichen Irrtum Vorschub leisten, wonach Glaube ein unsicheres Wissen ist, wenn sie außer Gott noch andere Glaubensgegenstände vorzubringen wüßte.« Danach ist Jesus von Nazareth kein Gegenstand des Glaubens. Er ist aber auch nicht allein »ein Gegenstand des Wissens«, wie Schäfer nun seinerseits behauptet.[24] Zwar können wir nicht »an Jesus glauben«, aber wir können »Jesus glauben«. Das heißt: wir glauben Jesus das, was er über Gott sagt; wir glauben ihm seinen Gott. Damit glauben wir an Gott *durch* Jesus – an die Macht der Liebe, die sich in Jesus offenbart.

Heißt christlicher Glaube also nur *wie* Jesus glauben? Sicher ist, daß Jesu Glaube und der unsere den gleichen Inhalt und dasselbe Ziel haben: sie sind beide Glaube an Gott. Der Unterschied zwischen Jesu und unserem Glauben besteht jedoch darin, daß Jesus den Glauben in uns erweckt, daß sein Glaube das Maß und die Ursache für unseren Glauben bildet. Der Hebräerbrief nennt Jesus daher den »Anfänger und Vollender des Glaubens« (12,2), und Paulus bezeichnet ihn als den »Erstgeborenen unter vielen Brüdern« (Römer 8,29).

Darin ist gleichzeitig sowohl die Vorrangstellung Christi gegenüber den Christen als auch seine Verbundenheit mit ihnen ausgedrückt. Um dasselbe in einem anderen Bilde zu sagen: Christus ist das erste Holzscheit, das durch Selbstentzündung in Brand geraten ist, während die anderen, seine Nachfolger, die Christen, sich aneinander und dadurch an ihm entzündet haben.

Sicher steht Jesus von Nazareth trotz des von ihm gestifteten Neuanfangs im religionsgeschichtlichen Zusammenhang und hat diesen ebensowenig gesprengt wie etwa den Kausalzusammenhang der Natur: sein Vater ist der »Gott der Väter«. Gleichzeitig aber steht er in einem so unmittelbaren Verhältnis zu dem, den er seinen Vater nennt, daß sein Glaube im Unterschied zu dem unseren frei von Projektionen ist. Um diese Unmittelbarkeit Jesu zu Gott auszudrücken, hat die Tradition ihm den Sohnestitel beigelegt.

Der Sohnestitel bildete in der Geschichte der Christenheit seit je den beliebtesten Ausdruck, um die Einzigartigkeit Jesu zu beschreiben. Auch heute noch wird er gern als Prüfstein benutzt, um an ihm die Rechtgläubigkeit eines Christen zu messen. Genau genommen aber drückt auch der Sohnestitel wiederum Distanz und Nähe zugleich aus: Distanz insofern, als Jesus in einer unmittelbaren, ursprünglichen Beziehung zu Gott als zu seinem »Vater« steht und sich dadurch von allen seinen Nachfolgern unterscheidet; Nähe insofern, als Jesus gerade dieses sein eigenes Gottesverhältnis den Menschen vermitteln will, damit auch sie ihrerseits Söhne desselben Vaters und somit seine Brüder werden.

Der schlichteste Ausdruck, um die Bindung eines Menschen an Jesus zu beschreiben, und damit zugleich die beste Definition dessen, was ein »Christ« ist, scheint uns das Wort zu sein, das die Magd in der Nacht des

Verrats zu Petrus sagt: »Auch dieser war mit dem Jesus von Nazareth« (Matthäus 26,71) – obgleich Petrus gleich darauf Jesus verleugnet, ja gerade weil er ihn gleich darauf verleugnet. Denn so ist es in der Geschichte des Christentums geblieben, wie es an seinem Anfang war: Petrus ein Verleugner, Judas ein Verräter, Paulus ein Verfolger und die Jünger allesamt Versager. Darum bedarf das Wort der Magd über Petrus und über alle folgenden Christen immer sogleich auch der Umkehrung: Auch mit diesem war Jesus von Nazareth.

DRITTER TEIL

ERWEISE

FÜNFTES KAPITEL

DAS MASS:
DER MENSCH IST MEHR, ALS WAS ER IST
(Die Bewährung des christlichen Glaubens in
der Menschlichkeit des Menschen)

1. Methodische Vorbemerkung:
Die Bewahrheitung des Glaubens

Die Mitteilung und Erkenntnis von Wahrheit hat immer etwas von dem Vorgang einer »Erleuchtung« an sich. Darum pflegen wir, wenn uns eine Sache, die uns bislang dunkel und unklar erschien, klar und erkennbar geworden ist, zu sagen, daß »uns ein Licht aufgegangen sei«. Das gilt auch für die Wahrheit des christlichen Glaubens. Die Erkenntnis und Annahme der christlichen Glaubenswahrheit wird als eine – plötzliche oder allmähliche – Erleuchtung erfahren und entsprechend als ein Übergang von Dunkelheit in Helle, als eine Wende von Unklarheit zu Klarheit, als die Verwandlung bisheriger Unwissenheit in Wissen beschrieben.

Nicht zufällig spielt deshalb, wo in der Bibel von Gott und vom Glauben die Rede ist, das Bild vom Licht eine große Rolle. Die Vorstellung vom Licht aber wiederum wird in Zusammenhang mit dem Begriff des Lebens gebracht. Leben und Licht hängen in der Bibel aufs engste zusammen. Gott gilt als die Quelle allen Lebens. Wo ein Mensch dies glaubt und erkennt, dort fällt für ihn ein Licht auf die Dinge der Welt, dort dringt Licht auch in das Dunkel seines Daseins, dort gelangt er durch Erkenntnis der wahren Quelle allen Lebens zur Klarheit über sein eigenes Leben und damit erst zum vollen und wahren Leben, zur Erfüllung seiner Bestimmung als Mensch. Darum werden die Christen in einem »Kinder des Lichts« und »Erben des Lebens« genannt, und sie sollen selber zum »Licht der Welt« werden, damit durch sie auch andere zur Erkenntnis der Wahrheit und damit gleichfalls zum vollen und wahren Leben gelangen.

Wie aber geschieht solche »Existenzerhellung« durch den Glauben? Damit wandelt sich das Bild vom Licht in die Frage nach der Lampe. Eine Lampe darf wohl schön und kostbar sein; die Hauptsache aber ist, daß sie brennt und Licht spendet. Das gilt auch vom Licht des Glaubens. Die Christen sollen ihren Glauben nicht hochhalten wie eine Lampe und rufen: »Schaut, was für eine schöne Lampe wir haben!« und dann ihre Lampe beschreiben, sondern sie sollen das Licht ihres Glaubens durch die Welt tragen, damit es die Welt erleuchte und den Menschen das Leben erhelle.

Dies ist mehr als ein erbauliches Bild; darin drückt sich eine bestimmte theologische Methode der Mitteilung und Erkenntnis christlicher Glaubenswahrheit aus. Die Erkenntnis christlicher Glaubenswahrheit vollzieht sich nicht in der Form des Wissens und ihre Mitteilung entsprechend nicht in der Figur von Lehrsätzen. Wie aber geschieht es dann?

Die Antwort darauf lautet: Alle Aussagen des christlichen Glaubens sind »existentielle Aussagen«, das heißt, sie sind wahr und gültig nur, insofern sie die Existenz des Menschen betreffen und dieser sich selbst in der Welt dadurch neu versteht. Und diese Antwort ist nach wie vor auch sicher richtig: Ohne »existentielle Betroffenheit« gibt es keinen christlichen Glauben und auch keine Aussagen über ihn. Es fragt sich nur, ob solche Berufung auf den Vollzug der Wahrheit in der menschlichen Existenz als Erweis für die Wahrheit des christlichen Glaubens genügt oder ob man sich hier nicht mittels des eigenen leidenschaftlichen Verhältnisses zur christlichen Wahrheit der Verpflichtung zu ihrer öffentlichen Bewahrheitung entzieht. »Flucht ins Engagement« lautet daher der Vorwurf, den der amerikanische Philosoph William W. Bartley in seinem gleichnamigen Buch gegen die protestantische Theologie in unserem Jahrhundert erhoben hat. Dieser Vorwurf besteht nicht ganz zu Unrecht. In der Tat genügt die Berufung auf die existentielle Erfahrung, das »Engagement« im Sinne Bartley's, als Erweis für die Wahrheit des christlichen Glaubens nicht. Damit werden Glaube und Theologie mitsammen zu einem imposanten Kraftakt, bei dem der Mensch kraft seiner Subjektivität die ganze Beweislast für die Wahrheit des Gottesglaubens zu tragen hat. Auch die Aussagen der Theologie über Gott müssen sich überprüfen und kontrollieren lassen, nicht nur, um ihren wissenschaftlichen Charakter zu erweisen, sondern um überhaupt verständlich und annehmbar zu sein.

Wie aber ist solche Überprüfung und Kontrolle theologischer Aussagen möglich? Da es sich um Aussagen über Gott handelt, kann das Kriterium ihrer Überprüfung und Kontrolle nur Gott selbst sein. Damit scheint die Theologie aber nun in ein Dilemma zu geraten, und zwar sogleich in ein zwiefaches. Einmal widerspricht ein solches Verfahren der Gottheit Gottes: Gott ist dem Menschen nicht zugänglich; er wohnt, um beim biblischen Bild vom Licht zu bleiben, »in einem Licht, das niemand zukommen kann« (1. Timotheus 6,16); er ist darum auch kein Gegenstand, den man wie andere Gegenstände der Wissenschaft sozusagen geistig in die Hand nehmen kann. Zum anderen besteht die Schwierigkeit darin, daß gerade das Kriterium der Überprüfung und Kontrolle theologischer Aussagen, Gott selbst, strittig ist. Dennoch: Wenn die Theologie behauptet, daß Gott die alles bestimmende Wirklichkeit ist, deren Erkenntnis die Existenz des Menschen in der Welt erhellt, dann muß sie diese Behauptung auch bewahrheiten. Wie aber ist das möglich?

Wenn Gott als der zu bewahrheitende Gegenstand zugleich das Kriterium der Bewahrheitung bildet und wenn er überdies selbst unzugänglich und umstritten ist, dann kann die Theologie ihre Aussagen über Gott nur so bewahrheiten, daß sie – in ständigem Wettstreit mit anderen Angeboten eines totalen Sinns – zu zeigen versucht, inwiefern der Glaube an Gott als die alles bestimmende Wirklichkeit dem Menschen die Wirklichkeit des Lebens und der Welt sinnvoll erschließt und auf diese Weise seine »Existenz erhellt«. Die Wahrheit des christlichen Glaubens kann mithin immer nur so mitgeteilt und angeeignet werden, daß sich der Glaube an das Wirken Gottes in der Erfahrung von Weltwirklichkeit als wahr erweist. Bewahreitung des christlichen Glaubens geschieht durch Bewährung in der Wirklichkeit der Welt.

Mit der Nötigung zu solcher Verifikation ist der »Flucht ins Engagement« der Weg nach beiden Seiten abgeschnitten: Einerseits wird damit eine Theologie abgewiesen, die sich von vornherein und ausschließlich auf göttliche Offenbarung beruft und sich entsprechend mit Behauptungen über Gott begnügt, ohne nach ihrer Bewahrheitung in der Wirklichkeit der Welt zu fragen – sie hat das Licht, aber leuchtet nicht. Andererseits aber wird damit ebenso eine Theologie abgelehnt, die allein auf die Bewährung des christlichen Glaubens in der Praxis der gegenwärtigen Welt drängt, ohne noch nach der in der Bibel bezeugten Offenbarung Gottes zu fragen – sie möchte leuchten, aber hat kein Licht. Bewahrheitung des christlichen Glaubens an Gott durch Bewährung in der Wirklichkeit der Welt besagt dagegen, daß die Theologie zwar immer nur *indirekte* Aussagen über Gott machen kann, daß diese indirekten Aussagen aber immerhin Aussagen über *Gott* sind.

Um der Indirektheit ihrer Aussagen willen bleibt alle Theologie stets offen und unabgeschlossen. Eine endgültige Bewahrheitung theologischer Aussagen über Gott gibt es nicht – im Unterschied zur Gewißheit des Glaubens, der direkte und endgültige Aussagen über Gott wagen kann und muß. Aber selbst der Glaube bekennt, wenn er ehrlich ist: »Ich glaube; hilf meinem Unglauben!« (Markus 9,24)

Auch wenn es der Theologie nicht erlaubt ist, ihre Aussagen über Gott einfach als Behauptungen, womöglich gar als göttlich offenbarte Behauptungen, hinzustellen, wenn sie vielmehr verpflichtet ist, ihre Aussagen über das Wirken Gottes in der Wirklichkeit der Welt zu bewahrheiten, wenn es ihr daher immer nur möglich ist, indirekte Aussagen über Gott zu machen – so bleibt die Theologie trotz alledem, ja gerade mit alledem im Bereich des Glaubens, genauer, dann fällt ihre Beziehung zu dem Gegenstand ihrer Wissenschaft unter die Kategorie »Glauben«.

Daß die Theologie eine *Glaubens*wissenschaft ist, dafür gibt es einen sehr einfachen, institutionellen Beweis, nämlich die Tatsache, daß Alttestamentler, Neutestamentler, Kirchenhistoriker, Systematiker (Dogmatiker) und Praktiker alle in *einer* Fakultät beisammen sind. Ginge es nach dem Gegenstand der Forschung, so gehörte der Alttestamentler unter die Orientalisten, der Neutestamentler unter die Altphilologen und Archäologen, der Kirchenhistoriker unter die Historiker, der Systematiker unter die Philosophen, genauer Religionsphilosophen, der Praktiker (falls es ihn dann überhaupt gäbe) unter die Soziologen und Psychologen. Daß sie dennoch alle *eine* Fakultät bilden, deutet auf einen gemeinsamen Grund hin. Diesen gemeinsamen Grund bildet der christliche Glaube, und damit erweist sich die wissenschaftliche Arbeit in allen theologischen Disziplinen als eine Denkbewegung des Glaubens.

Eben aus diesem Grunde wird der Theologie heute – im Rahmen der gegenwärtigen wissenschaftstheoretischen Erörterungen – ihr Charakter als Wissenschaft bestritten und ihre Stellung innerhalb der Universität streitig gemacht. Dabei gehen »Gläubige« und »Nichtgläubige« eine ungewollte Bundesgenossenschaft ein. Die »Gläubigen« möchten die Theologie von den Universitäten an kirchliche Hochschulen verlegen, weil sie den in der »voraussetzungslosen« Wissenschaft herrschenden »Unglauben« fürchten; die »Nichtgläubigen« möchten die Theologie hingegen von der Universität verbannen, weil sie keinerlei »Glauben« als Voraussetzung einer Wissenschaft dulden. Um die Theologie gegen diese Angriffe zu verteidigen und somit gleichzeitig ihren Charakter als Wissenschaft und ihre Zugehörigkeit zur Universität zu rechtfertigen, revidieren die Theologen selbst seit einiger Zeit das bisherige Selbstverständnis der Theologie als »Glaubenswissenschaft« und suchen ihr Existenzrecht auf neue Weise wissenschaftstheoretisch zu begründen.

Am überzeugendsten hat dies *Wolfhart Pannenberg* getan. In bewußter Absetzung gegen die herkömmliche Bestimmung der Theologie als »Glaubenswissenschaft« hat er eine »Theologie der Religionen« entworfen und die Theologie entsprechend als *Religions*wissenschaft begründet.[25] Das ist von ihm nicht im Sinne einer Religionswissenschaft alten Stils gemeint, die sich mit einer objektiven Bestandsaufnahme der vorhandenen Religionen begnügte, indem sie deren verschiedene Erscheinungsformen historisch, psychologisch und soziologisch beschrieb. Im Unterschied dazu geht es Pannenberg ausdrücklich um das *religiöse* Thema der Religionen. Zwar wird die Berufung auf die vorgegebene Autorität einer göttlichen Offenbarung abgelehnt. Dafür aber werden die *Religionen* ausdrücklich als »Ort der Gotteserfahrung« bezeichnet, als der »Ort, an dem die Erfahrung der Selbstbekundung der göttlichen Wirklichkeit im Ganzen der Weltwirklichkeit thematisch und ausdrücklich wird«. Und in Entsprechung dazu wird einer *Theologie* der Religionen die Aufgabe zugewiesen, nach der »Selbstbekundung göttlicher Wirklichkeit« zu fragen, danach, »wo in der menschlichen Welt- und Selbsterfahrung die Erfahrung Gottes möglich ist« – bis hin zur Konsequenz, daß Pannenbergs Theologie wortwörtlich als »Wissenschaft von Gott« bezeichnet wird.

Pannenbergs Begriff einer »Theologie der Religionen« und sein entsprechend universaler Entwurf einer solchen Theologie finden unsere volle Zustimmung. Durch ihn ist ein Zwiefaches erreicht. Negativ wird der Theologie die Berufung auf die vorgegebene Autorität einer kritiklos hinzunehmenden Offenbarung und entsprechend die Aufstellung von ungeprüften Behauptungen über Gott verboten. Positiv wird die Theologie aus ihrer jahrzehntelangen ängstlichen Selbstabschirmung gegen alle Art von »Religion« herausgeführt und auf das weite Feld nicht nur der Religionen, sondern jeder Welt- und Lebenserfahrung überhaupt gestellt. Beides bedeutet einen Fortschritt gegenüber der bisherigen Begründung der Theologie als Glaubenswissenschaft.

Aber bietet die »Theologie der Religionen« tatsächlich eine von Grund auf neue, unangreifbare wissenschaftstheoretische Begründung der Theologie? Auch die Theologie, die sich als »Glaubenswissenschaft« versteht, bemüht sich, falls sie nicht in einem stumpfen »Offenbarungspositivismus« und einem irrationalistischen Glaubensverständnis versinkt, die Aussagen des christlichen Glaubens über Gott in der Wirklichkeit der Welt zu bewahrheiten und sie damit als sinnvoll zu erweisen. Umgekehrt wird aber auch eine »Theologie der Religionen«, wenn es ihr nicht nur um eine religionsgeschichtliche Bestandsaufnahme, sondern um das in den Religionen enthaltene religiöse Thema, um die Selbstkundgabe der göttlichen Wirklichkeit in ihnen, kurzum um Erfahrung Gottes geht, nicht jene Einstellung und Beziehung zu ihrem Gegenstand außer acht lassen dürfen, die die theologische Sprache seit eh und je als »Glauben« bezeichnet. Darum fürchten wir, daß sich beide Seiten – sowohl die »gläubigen« als auch die »nichtgläubigen« Positivisten – mit Pannenbergs neuer wissenschaftstheoretischer Begründung der Theologie nicht zufriedengeben werden. Die »Gläubigen« werden in ihr – allein schon wegen der Aufwertung des Begriffes »Religion« – Verrat an der göttlichen Offenbarung wittern und deshalb auch gegen sie weiterhin alle jene Einwände vorbringen, die sie bislang schon gegen jede intellektuell ernsthafte und anspruchsvolle Theologie erhoben haben. Die »Nichtgläubigen« aber werden Pannenbergs Versuch, die Theologie als Religionswissenschaft im Sinne einer »Theologie der Religionen« wissenschaftstheoretisch zu begründen, nicht akzeptieren, weil sie nicht erst im christlichen Glauben an Gott, sondern schon in jedem religiösen Thema und gar erst in der Annahme einer Selbstbekundung göttlicher Wirklichkeit in der Welt ein unerlaubtes »Vorurteil« erblikken, falls sie dafür nicht noch schlimmere Bezeichnungen wie »Ideologie«, »Illusion«, »Projektion« oder »Wunschtheorie« im Mund und zur Hand haben.

Mit ihrer Ablehnung handeln sich die Kritiker selbst einen geistigen Verlust ein: Die »Nichtgläubigen« verzichten auf den Beitrag, den die Theologie zum interdisziplinären Gespräch der Wissenschaften leisten könnte, die »Gläubigen« auf die Möglichkeit, in der Auseinandersetzung mit den geistigen Strömungen der Zeit die Kraft des christlichen Glaubens aufs neue zu erweisen. Die Theologie selbst aber wird damit nur einmal mehr an ihre Sache erinnert, sofern sie diese in unserer Zeit rechtschaffen zu treiben gedenkt, das heißt weder in Anpassung an sie noch in Flucht vor ihr.

Weil Erfahrungen der Welt für den Glauben immer auch Gotteserfahrungen und Erfahrungen Gottes immer auch Welterfahrungen sind, darum brauchen wir heute keine komplette, sondern eine *komplementäre Theologie*. »Komplett« nennen wir eine Theologie, die sich entweder ausschließlich an Gott ohne Hinsicht auf irgendwelche immanenten Welterfahrungen orientiert, wie die »dialektische Theologie« unmittelbar nach dem Ersten Weltkrieg, oder aber die ihr Maß ausschließlich am Menschen nimmt, ohne Rücksicht auf irgendeine transzendente Gotteserfahrung, wie die »Theologie nach dem ›Tode Gottes‹« einige Jahre nach dem Zweiten Weltkrieg. »Komplementäre Theologie« hingegen hält beides fest: die Differenz zwischen Gott und Mensch und dennoch Gottes Präsenz in der Welt – dies jedoch nicht im Stück, als komplettes System, sondern stückweise, von Fall zu Fall, darum wohl fragmentarisch, aber nicht kasuistisch. Ehrliche Theologie kann heute immer nur bescheiden sagen: zum Beispiel!

Auch die Frage, wozu das Christentum gut sei, läßt sich nicht in Bausch und Bogen beantworten, sondern nur konkret, beispielhaft, partiell, das heißt so, daß »das Gut« oder »das Gute« des Christentums sich als Antwort auf eine bestimmte Frage in einer konkreten Situation bewahrheitet. Zwar haben wir auch bisher schon bei allem die gegenwärtige Situation – die »Ortszeit«, wie wir es nannten – stets im Auge gehabt. Dennoch reichen unsere bislang gegebenen Antworten noch nicht aus. Bisher stehen sie nur als Hypothese neben anderen Hypothesen. Und wenn sie nicht als bloße Behauptungen stehen bleiben sollen, dann müssen wir sie konkretisieren und durch solche Konkretisierung verifizieren. Solche Verifikation kann nur beispielhaft, also in Auswahl geschehen, und solche Auswahl wiederum wird immer subjektiv gefärbt sein, nicht nur durch die eigene existentielle Erfahrung, sondern auch durch den persönlichen religiösen Geschmack. Immer aber wird die Bewahrheitung des christlichen Glaubens in dem Dreieck von Einzelmensch, Mitmensch und Gesellschaft stattfinden müssen.

2. Der Wille zum Menschen

Humanisten sind wir heute alle, haben wir eingangs gesagt: Alle Religionen, Weltanschauungen, Ideologien, philosophischen Richtungen und politischen Systeme behaupten, daß es ihnen um den Menschen gehe. Die Übereinstimmung zwischen ihnen aber reicht noch weiter. Wenn auch nur formal, ist man sich hinsichtlich der Entfaltung des gemeinsamen humanistischen Grundsatzes noch in zwei Punkten einig: *Negativ* in der Sorge, daß der Mensch heute bedroht sei wie nur selten, ja wie vielleicht noch nie in seiner Geschichte und daß diese Bedrohung sich nicht mehr abwenden lasse, sondern womöglich zum Untergang führen werde – auf den Exitus der Menschheit besteht heute berechtigte Aussicht. *Positiv* ist man sich einig in der Hoffnung, daß der Mensch noch nicht fertig sei, sondern daß sein endgültiges Menschsein in der Geschichte noch ausstehe, daß er aber zur Erfüllung seiner wahren Bestimmung gelangen solle – auf die Vollendung der Menschheit richtet sich heute die gemeinsame Absicht. Über diese abstrakten »Daß« aber reicht der humanistische Konsensus kaum hinaus. Sobald es konkret um das »Wie« des Humanum geht, treten die verschiedenen Humanismen auseinander, teilweise sogar gegeneinander, nicht ohne selbst dabei bisweilen inhuman zu werden.

Ein alter Weiser hat einmal geklagt, der Mensch sei leichter zu erlösen als zu ernähren. Ernst Bloch zitiert dieses Wort – aber um es alsbald umzukehren: der Mensch sei leichter zu ernähren als zu erlösen.[26] Gerade der kommende Sozialismus – wenn die Mangelwirtschaft überwunden ist und »alle Gäste sich an den Tisch setzen können« – wird sich vor diese vermehrte Schwierigkeit gestellt sehen. Befreit vom unmittelbaren Druck der wirtschaftlichen Not, wird der Mensch erst richtig vor der Möglichkeit, aber auch vor der Schwierigkeit stehen, mit sich selbst, mit dem Tod, mit dem Geheimnis der Welt ins Reine zu kommen. Dann wird sich zeigen, daß die Selbstentfremdung des Menschen nicht nur durch eine »falsche Gesellschaft« erzeugt ist, sondern noch einen tiefer liegenden Ursprung hat. Welches dieser tiefer liegende Ursprung ist, sagt für Bloch Karl Marx: »Radikal sein ist die Sache an der Wurzel fassen. Die Wurzel für den Menschen ist aber der Mensch selbst.« Unmittelbar neben dieses Wort von Marx über den Menschen als die Wurzel und Ursache aller Dinge stellt Bloch ein Wort aus dem 1. Johannesbrief über die Bestimmung des Menschen: »Es ist noch nicht erschienen, was wir sein werden. Wir wissen aber, wenn es erscheinen wird, daß wir ihm gleich sein werden; denn wir werden ihn sehen, wie er ist« (3,2). Bloch fügt hinzu, daß, wenn diese beiden Textstellen »einmal wechselseitig ein Treffen hätten«, auf das Problem der Entfremdung des Menschen und ihre mögliche Aufhebung gleichzeitig ein »detektivisches wie utopisches Licht« fallen würde. Die Voraussetzung für diese Deutung bildet wieder Blochs atheistisches Verständnis des Christentums. Mit dem »Er«, den die Menschen sehen, dem sie gleichwerden sollen, ist in der genannten Bibelstelle eindeutig Gott gemeint. Bloch dagegen deutet jenes Er auf den Menschen, genauer, auf den in Gott eingesetzten und damit endgültig Mensch gewordenen Menschen. Dieses Beispiel bestätigt unsere Vermutung, daß jeder Humanismus, sobald er sich – über eine rein abstrakt-formale Selbstbestimmung hinaus – inhaltlich-konkret artikuliert, nicht nur einen weltanschaulichen Einschlag trage, sondern von einer weltanschaulichen Voraussetzung lebe.

Wie keine Anthropologie, so kommt auch kein Humanismus heute ohne empirische Tatsachenfeststellungen aus, das heißt ohne die Forschungsergebnisse der Biologie, Psychologie, Soziologie, Politologie, Zoologie, der empirischen Anthropologie und der Verhaltensforschung. Alle diese »Humanwissenschaften« vermögen mit ihren empirischen Methoden aber immer nur Teilaspekte des Menschen zu liefern. Sobald es jedoch darum geht, diese Teilaspekte zu einem Gesamtbild zusammenzufügen und das Humanum im ganzen zu bestimmen, reichen die verschiedenen empirischen Methoden nicht aus. Auch die Summe aller ihrer Ergebnisse ergäbe noch nicht »den Menschen«. Wo immer das »Selbst« und das »Ganze« des Menschen in Frage stehen, greifen die empirischen Antworten der Humanwissenschaften zu kurz. Dort bedarf es eines umgreifenden Horizonts, in dem auch jene Wissenschaften selbst stehen und auf den sie nicht verzichten können, wenigstens nicht, sobald sie nach sich selbst und nach ihrem eigenen Bezug zum Ganzen fragen. Zum Wesen eines Horizonts aber gehört es, daß er nicht gesetzt wird, sondern daß er schon gesetzt ist, daß er »vorausgesetzt« ist: in einem Horizont finden wir uns immer schon vor. Wie immer wir solche »Voraus-setzungen« nennen mögen, ob »Weltanschauung«, »Ideologie«, »Religion« oder »Glaube« – ohne ein solches nichtempirisches Vorverständnis kommt eine Anthropologie oder ein Humanismus ebensowenig aus wie ohne empirische Tatsachenfeststellungen.

Empirische Tatsachenfeststellungen und nichtempirische Voraussetzungen laufen nicht hintereinander oder nebeneinander her, sondern stehen zueinander im Verhältnis eines dialektischen Beieinanders. Wie die empirischen Methoden, sobald sie über sich selbst und das Ganze nachdenken, auf eine nichtempirische Methodik angewiesen sind, so muß jede nichtempirische Methodik ihrerseits die Ergebnisse der diversen empirischen Methoden berücksichtigen, mehr noch, sie darf ihnen nicht widersprechen. Auch die nichtempirischen Voraussetzungen müssen sich in der Empirie verifizieren lassen, das heißt in der Erfahrung von Wirklichkeit als wahr erweisen. Ihre empirische Verifikation ist jedoch von anderer Art: sie geschieht nicht in der Weise exaktwissenschaftlicher Demonstration, sondern praktisch-existentieller Konkretion. Kurzum: Ob eine Anthropologie richtig ist, entscheidet sich zuletzt daran, ob sie sich leben läßt, und ob ein Humanismus etwas taugt, daran, ob er einem Menschen zum Menschsein verhilft.

Die verschiedenen nichtempirischen Voraussetzungen kommen aus verschiedenen Verstehenstraditionen her. Wenn wir die Frage stellen, wozu das Christentum gut sei, dann haben wir unsererseits die Konsequenzen zu bedenken, die sich aus dem christlichen Glauben für das Menschsein des Menschen ergeben. Hier muß sich der Theozentrismus anthropologisch bewähren. Die Auseinandersetzung zwischen Gottesglaube und Atheismus findet heute in der Anthropologie statt. Recht oder Unrecht des Redens von Gott entscheidet sich am Verständnis des Menschen, daran, was der Glaube an Gott für die Menschlichkeit des Menschen austrägt.

»Christen sind nicht weniger Humanisten als alle Humanisten«, hat der katholische Theologe Hans Küng einmal geäußert.[27] Wie verhält sich dazu das von uns zitierte Wort des russischen Schriftstellers Abram Terz-Sinjawski: »Genug vom Menschen geredet. Es wird Zeit, an Gott zu denken.«? Beide Sätze schließen sich nicht gegenseitig aus, sondern bedingen einander; der zweite begründet den ersten, und der erste bewahrheitet den zweiten. Zwischen beiden Sätzen und damit zwischen Theozentrismus und Anthropozentrismus spannt sich der Bogen unserer gesamten Darlegung, wozu das Christentum gut sei.

Jesus von Nazareth hat den *absoluten Willen Gottes zum Menschen* proklamiert: daß Gott von seinem Geschöpf nicht absehen will, sondern die Absicht hegt, es zu der in seinem Geschöpfsein angelegten gottgewollten Bestimmung zu bringen. Die Menschwerdung Gottes zielt auf die Menschwerdung des Menschen: *Gott wurde Mensch, nicht damit der Mensch Gott werde, sondern damit der Mensch endlich Mensch sein könne.* Jesus von Nazareth hat die Absicht Gottes mit dem Menschen, seine gottgewollte Bestimmung, nicht nur gelehrt, er hat sie mit seiner ganzen Existenz gelebt und verwirklicht. Er »existierte« in der schlechthinnigen Abhängigkeit von Gott: Er hat Gott wirklich seinen Gott sein lassen und damit den Willen Gottes über den Menschen erfüllt. Jesus von Nazareth war nicht »bloßer Mensch«, sondern »wahrer Mensch«, der Mensch des göttlichen Wohlgefallens und darum der Mensch nach Gottes Wohlgefallen.

Indem Jesus durch seinen ungebrochenen Bezug zu Gott – Bibel und Tradition sprechen hier vom »Gehorsam« Jesu – den gottgesetzten Ursprung und das gottgewollte Ziel des Menschen bestätigte, hat er allem Menschsein des Menschen das Maß gegeben: Der Mensch ist von seinem Ursprung her Gottes Geschöpf; daß er es auch in seinem Lebensvollzug werden möchte, ist sein Ziel. Darin besteht die Menschwerdung des Menschen; damit erfüllt sich seine Bestimmung. Und darum hat Ernst Bloch recht, freilich anders, als er es meint, wenn er schreibt, daß es, »rückwärts wie vorwärts«, »mit dem Menschen ganz außerordentlich weit her sei«.[28]

Was immer die Humanwissenschaften über die »Entstehung« und das »Verhalten« des Menschen zu Recht sagen mögen, *in* alledem hat der Mensch seinen »Bestand« nicht durch sich selbst, sondern durch Gott und spielt sich sein »Verhältnis« zu Gott ab. Menschsein heißt daher per definitionem Abhängigsein und In-Bezug-Stehen. Diese Abhängigkeit und Beziehung des

Menschen sind nicht im Sinne des naturwissenschaftlichen Kausalprinzips zu verstehen. Damit würde der Mensch zu einer Funktion Gottes; er wäre nicht sein Partner, sondern sein Knecht und Ding. Der von Jesus verkündigte Gott ist nicht der unbewegte Beweger im Jenseits, sondern der Gott des Auszugs im Diesseits, nicht »prima causa« oder »primus movens«, sondern »primus amans« und »primus loquens«.[29] Damit erweist sich des Menschen Abhängigsein als ein Empfangen und sein In-Bezug-Stehen als ein Dialog. Empfangen und Dialog aber bezeugen Personalität und Freiheit als von Gott gestiftete Wesenselemente des Humanum.

Ein »Humanist« im christlichen Sinne ist demnach ein Mensch, der inmitten seiner mitmenschlichen Beziehungen in Bezug zu Gott steht, der auch anderen Menschen zu diesem Bezug zu verhelfen sucht und auf diese Weise seine »Mitmenschlichkeit« bewährt. Nicht das ist schon falsch, daß der Mensch überhaupt in so vielen Beziehungen lebt und deshalb lauter Rollen spielt – er kann gar nicht anders, als in Beziehungen und Rollen existieren. Sein Leben ist ein einziges dichtes Bezugssystem, ein ganzes Rollenbuch. Der Fehler und damit der Grund für seine Verfehlung des Lebens steckt vielmehr darin, daß den vielen Beziehungen, in denen sich sein Leben abspielt, der einheitliche Bezugspunkt fehlt. Diesen einheitlichen Bezugspunkt alles menschlichen Lebens nennt die Bibel »Gott«. Wenn wir die Frage, wozu das Christentum gut sei, im Hinblick auf unsere gegenwärtige Situation zunächst vorläufig und allgemein mit dem Wort Jesu beantwortet haben: »Was hülfe es dem Menschen, wenn er die ganze Welt gewönne und nähme doch Schaden an seiner Seele?«, so lautet unsere Antwort in Auslegung dieses Wortes jetzt genauer: weil es den Menschen an Gott als den Ursprung und damit den zentralen Bezugspunkt seines Lebens erinnert.

Wo der Mensch in Beziehung zu Gott steht, dort steht er in seinem wahren Bezug, der seinem Ursprung entspricht. Und daraus ergibt sich das Maß, an dem der Mensch zu messen ist. Wenn man so will, ist es immer ein »Übermaß«: *Der Mensch ist mehr, als was er ist,* das heißt als was er in seinen Rollen erscheint. Das macht: inmitten seiner vielen sichtbaren zwischenmenschlichen Beziehungen, in denen sich sein Leben abspielt, steht er immer in dem einen unsichtbaren Bezug zu Gott. Das ist es, was in der Bibel mit dem Wort »Seele« gemeint ist und woran der Mensch keinen Schaden nehmen soll: nicht ein unsterbliches Etwas im Menschen, irgendein spezifisches geistiges Fluidum, das in der Sintflut des Todes dann obenauf schwimmt, wie Kork oder Öl auf den Wogen des Meeres, sondern der in seinem Ursprung begründete und daher nun freilich unzerstörbare göttliche Bezugspunkt seines Lebens.

Daß es sich bei alldem nicht um lebensferne theologische Spekulation handelt, sondern um erlebbare personale Erfahrung, nicht um einen »ewigen« Überbau über unserer »zeitlichen« Existenz, sondern um eine alltäglich erfahrbare Realität, kurzum nicht um Theorie, sondern um Praxis, dafür ein Beispiel: Bei der Vorbereitung einer Operation fühlt man sich immer mehr zum Ding entwürdigt, zum Objekt degradiert – in der Narkose wird man es vorläufig, im Tode würde man es endgültig. Da hat man das Verlangen, den Krankenpflegern, Schwestern und Ärzten, so gut sie es auch mit einem meinen, nicht »restlos« ausgeliefert zu sein, sondern sich noch ein Stück seiner selbst und damit seiner menschlichen Würde zu bewahren. In dieser Situation erfährt man den Bezug zu Gott wie einen Schutz, der

»dazwischensteht« und die zwischenmenschlichen Beziehungen transzendiert, so daß man nicht vollends zum Ding wird, sondern Mensch bleibt.

Wo der Mensch an Gott sein Maß hat, dort ist er vor der Maßlosigkeit bewahrt, nicht nur vor der Maßlosigkeit Gott gegenüber, sondern vor allem auch vor der Maßlosigkeit, in der Menschen mit Menschen umzugehen pflegen. Hier hat auch das »Individuum est ineffabile« – daß das Individuum ein unausschöpfbares, unaussprechliches Wesen sei – seinen tiefsten Grund: Weil der Mensch an Gott sein Maß hat, darum läßt er sich ebensowenig definieren, wie Gott zu definieren ist. Darum darf er auch nicht mit seiner Rolle identifiziert und durch sie definiert werden: »Zöllner«, »Pharisäer«, »Jude«, »Neger«, »Weißer«, »Nazi«, »Kommunist«. Solche Wertungen des Menschen führen fast von selbst zu seiner »Verwertung«, und zwar im doppelten Sinne des Wortes: daß man ihn mißachtet und dann auch alsbald mißbraucht. Weil der Mensch Gottes Geschöpf ist, darum hat jeder Mensch einen einmaligen, unverwechselbaren Wert, und darum darf er von keinem Menschen »verwertet« werden.

Haben wir bei der Kritik der anthropologischen Maßlosigkeit unserer Zeit gesagt: Wer den Menschen zum Maß aller Dinge macht, muß konsequent auch den Tod Gottes behaupten, und umgekehrt, so stellen wir jetzt die gegenteilige Konsequenz fest: Nur wo das Maß des Menschen an Gott genommen wird, behält der Mensch auch sein menschliches Maß. Die Idee des »Übermenschen« ist nichts als die menschliche Perversion der göttlichen Bestimmung des Menschen. Ohne diese wäre jene nicht möglich, wie ohne Gott kein Götze.

Je länger desto mehr erscheint es zweifelhaft, ob Humanität ohne Gott auf die Dauer möglich ist, ob der Mensch zugleich mit Gott nicht auch sein Eigenes, sein Humanum, verliert und also der alte Satz sein Recht behält, daß Humanität ohne Divinität zur Bestialität werde. Die Erprobung der Frage, ob der Mensch ohne Gott menschlich bleiben könne, bildet das universalste Experiment, das gegenwärtig in der Weltgeschichte im Gange ist – weitreichender als alle Mondlandungen und Weltraumfahrten. Das ist auch die wichtigste, die allein wichtige Frage, die in der Auseinandersetzung zwischen Marxismus und Christentum zur Entscheidung steht. Im Vergleich zu ihr erscheinen alle anderen Differenzen als zweitrangig.

Um die *marxistische Religionskritik* zu charakterisieren, reicht die in solchem Falle üblicherweise zitierte Formel von der Religion als dem »Opium des Volks« nicht aus. Dieses gängige Schlagwort mag der Einstellung eines trivialen Vulgärmarxismus entsprechen, Marx' eigene Kritik der Religion greift tiefer und ist differenzierter. In seiner Einleitung ›Zur Kritik der Hegelschen Rechtsphilosophie‹, aus der das Schlagwort vom »Opium des Volks« stammt, hat Marx seine Religionskritik ähnlich präzise gefaßt wie Luther seine Definition des Gottesglaubens in der von uns zitierten Passage aus dem ›Großen Katechismus‹. Hier könnte man mit Bloch auch sagen: Wenn diese beiden Textstellen einmal wechselseitig ein Treffen hätten – dann fiele zwar kein utopisches, wohl aber ein detektivisches Licht auf die Größe und das Elend des Menschen. Dann würde sich zeigen, daß Marxismus und Christentum anthropologisch Antipoden sind, was politische und gesellschaftliche Koexistenz und auch gemeinsame humanistische Aktionen freilich nicht ausschließt.

Marx schreibt an jener Stelle: »Die Kritik der Religion ist die Voraussetzung aller Kritik ... Das Fundament der irreligiösen Kritik ist: *Der Mensch macht die Religion,* die Religion macht nicht den Menschen ... Aber *der Mensch,* das ist kein abstraktes, außerhalb der Welt hockendes Wesen. Der Mensch, das ist *die Welt des Menschen,* Staat, Sozietät. Dieser Staat, diese Sozietät produzieren die Religion, ein *verkehrtes Weltbewußtsein,* weil sie eine *verkehrte Welt* sind. Die Religion ist die allgemeine Theorie dieser Welt ..., ihre Logik in populärer Form, ihre moralische Sanktion, ihr allgemeiner Trost- und Rechtfertigungsgrund. Sie ist die *phantastische Verwirklichung* des menschlichen Wesens, weil das *menschliche Wesen* keine wahre Wirklichkeit besitzt. Der Kampf gegen die Religion ist also mittelbar der Kampf gegen *jene Welt,* deren geistiges *Aroma* die Religion ist.

Das *religiöse* Elend ist in einem der *Ausdruck* des wirklichen Elendes und in einem die *Protestation* gegen das wirkliche Elend. Die Religion ist der Seufzer der bedrängten Kreatur, das Gemüt einer herzlosen Welt, wie sie der Geist geistloser Zustände ist. Sie ist das *Opium* des Volks.

Die Aufhebung der Religion als des *illusorischen* Glücks des Volkes ist die Forderung seines *wirklichen* Glücks. Die Forderung, die Illusionen über seinen Zustand aufzugeben, ist die *Forderung, einen Zustand aufzugeben, der der Illusionen bedarf.* Die Kritik der Religion ist also im *Keim* die *Kritik* des *Jammertales,* dessen *Heiligenschein* die Religion ist.

Die Kritik hat die imaginären Blumen an der Kette zerpflückt, nicht damit der Mensch die phantasielose, trostlose Kette trage, sondern damit er die Kette abwerfe und die lebendige Blume breche. Die Kritik der Religion enttäuscht den Menschen, damit er denke, handle, seine Wirklichkeit gestalte wie ein enttäuschter, zu Verstand gekommener Mensch, damit er sich um sich selbst und damit um seine wirkliche Sonne bewege... Die Kritik des Himmels verwandelt sich damit in die Kritik der Erde, die *Kritik der Religion* in die *Kritik des Rechts*, die *Kritik der Theologie* in die *Kritik der Politik*...

Die Kritik der Religion endet mit der Lehre, daß der *Mensch das höchste Wesen für den Menschen* sei, also mit dem *kategorischen Imperativ, alle Verhältnisse umzuwerfen,* in denen der Mensch ein erniedrigtes, ein geknechtetes, ein verlassenes, ein verächtliches Wesen ist.«[30]

Hier wird von Karl Marx ein Vierfaches über die Religion ausgesagt:

Erstens: Die Religion ist eine Illusion des Menschen. – Dahinter steht die bekannte Projektionstheorie Ludwig Feuerbachs. Dieser erklärt die Religion nicht mehr, wie die Enzyklopädisten der Aufklärung, einfach nur plump als einen Priesterbetrug, sondern tiefer, aus dem Wesen des Menschen, aus seiner Selbstentzweiung. Leidend an seiner Unvollkommenheit und Beschränkung, spaltet der Mensch ein Stück seiner selbst von sich ab und entwirft es, zur Vollkommenheit erhöht, an den Himmel, um das, was er nicht ist, aber zu sein wünscht, von dort als Gott zurückzuempfangen. Diese Wunschtheorie Feuerbachs bildet auch das philosophische Fundament der marxistischen Religionskritik. Klipp und klar erklärt Marx die Religion für eine Schöpfung des Menschen. Sie ist der Ausdruck seiner Selbstentzweiung, darum nicht die wahre, sondern die »phantastische Verwirklichung« des menschlichen Wesens: in ihr tritt dem Menschen sein ihm entfremdetes Selbst als Gott gegenüber.

Zweitens: Die Religion ist der Ausdruck des Elends des Menschen. – Mit diesem Gedanken tut Marx den entscheidenden Schritt über Feuerbach hinaus. Was er an ihm kritisiert, ist, daß er den Menschen als ein allgemeines, gleichbleibendes Individuum auffaßt. Marx dagegen erkennt den Menschen als ein durch und durch gesellschaftliches Wesen: Der Mensch ist nicht ohne seine Welt zu denken; er ist immer so, wie die Welt beschaffen ist, in der er lebt. Erst von nun an wird die Religion historisch mit der Klassengesellschaft in Verbindung gebracht und erhält die Kritik an ihr gesellschaftliche Relevanz und damit ihre kämpferische Wucht. Die Welt, in der der Mensch lebt, ist »verkehrt«, und eben diese »verkehrte Welt« wird durch die Religion sanktioniert, indem sie sie theoretisch, logisch, moralisch und erbaulich rechtfertigt. Damit erweist die Religion sich als ein »verkehrtes Weltbewußtsein«. Staat und Gesellschaft sind um ihrer Selbsterhaltung willen an der Erzeugung und Bewahrung dieses verkehrten Weltbewußtseins aufs höchste interessiert. Durch die Vorspiegelung eines »illusorischen Glücks« suchen sie das Volk sein wirkliches Elend vergessen zu machen, damit es seine Kette um so geduldiger trage. Gar nicht genug Bilder kann Marx häufen, um diesen täuschenden, einschläfernden Charakter der Religion zu beschreiben, und so nennt er sie das »geistige Aroma der Welt«, das »Opium des Volks«, den »Heiligenschein des Jammertales«, die »imaginären Blumen an der Kette«.

Drittens: Die Religion ist zugleich der Protest gegen das Elend des Menschen. – Obwohl die Religion dem Volk nur ein illusorisches Glück verspricht, steckt in dieser Illusion doch immerhin ein Aufbegehren gegen das gegenwärtige Elend und eine Hoffnung auf künftige Befreiung. Darum nennt Marx die Religion nicht nur verächtlich ein Aroma und Opium, sondern bezeichnet sie zugleich als den »Seufzer der bedrängten Kreatur«, als das »Gemüt einer herzlosen Welt«, als den »Geist geistloser Zustände« – wodurch ihr Charakter als eine Täuschung und Illusion jedoch in keiner Weise aufgehoben wird.

Viertens: Die Religion muß um der Wiederherstellung der wahren Menschlichkeit des Menschen willen durch die Aufhebung der verkehrten Verhältnisse, in denen sie gründet, überwunden werden. – Bedeutet die Religion eine Illusion und Täuschung des Menschen, so bedarf es zu ihrer Überwindung der Desillusionierung und Enttäuschung; und ist die Religion das Bewußtsein einer verkehrten Welt und die Vorspiegelung eines illusorischen Glücks, dann verlangt ihre Aufhebung den Kampf gegen diese verkehrte Welt und die Herstellung des wirklichen Glücks für den Menschen. Marx' Religionskritik richtet sich also nur mittelbar gegen die Inhalte der Religion und der Theologie; ihren eigentlichen und unmittelbaren Gegenstand bildet der verkehrte Zustand der Welt, der solche illusionären Inhalte braucht und erzeugt. Damit verwandelt sich für Marx die Kritik des Himmels in die Kritik der Erde, das heißt konkret in eine Kritik des bestehenden Rechts und der herrschenden Politik. Der »kategorische Imperativ« der Marxschen Religionskritik lautet daher: Umsturz aller jener Verhältnisse, die den Menschen zu einem erniedrigten, geknechteten und verachteten Wesen machen.

Durch solche Umwandlung der Verhältnisse wird die Selbstentzweiung des Menschen aufgehoben. Nicht das ist schon falsch, daß der Mensch Wünsche hat und sein

Glück sucht – er soll auch weiterhin sein Glück suchen und seine Wünsche nicht aufgeben, aber er soll sie nicht mehr an einen imaginären, eingebildeten Himmel projizieren und ihre Erfüllung von dem Eingreifen eines nicht vorhandenen Gottes erwarten, sondern er soll sie selber in die Hand nehmen und sie zu handfesten Inhalten seines eigenen Denkens und Handelns, seines menschlichen Planens und Arbeitens machen. Er soll die vorhandene diesseitige Wirklichkeit gestalten, statt einer illusionären jenseitigen nachzuhängen. Wo solches geschieht, dort ist der Mensch für den Menschen das höchste Wesen geworden. Und das bedeutet das Ende der Kritik der Religion, weil es das Ende der Religion selbst, für Marx insonderheit des Christentums bedeutet. Denn mit der Aufhebung der verkehrten Welt und der dadurch ermöglichten Menschwerdung des Menschen ist die Religion »grundlos« geworden und stirbt von selbst ab.

Immer wieder taucht die Frage auf – zumal im Zusammenhang mit dem vor einigen Jahren lebhaft in Gang gekommenen, inzwischen aber anscheinend schon wieder abflauenden Dialog zwischen Christentum und Marxismus –, ob der Atheismus *substantiell* oder *akzidentiell* zum Marxismus gehöre, das heißt, ob er in seinem Wesen grundsätzlich angelegt sei oder ob er nur eine zufällige, historisch bedingte, daher auch historisch revidierbare Begleiterscheinung des Marxismus bilde. Ganz sicher ist Karl Marx in seiner Kritik an der Religion und damit in seinem Atheismus von der damaligen Verschlossenheit der Kirchen gegenüber der Arbeiterklasse mitbestimmt worden. Aber diese herzlose Einstellung der Kirchen zur Arbeiterklasse, mit anderen Worten, ihr Mißbrauch des Christentums zur Stabilisierung ungerechter gesellschaftlicher Verhältnisse, bildet nicht die Ursache, sondern höchstens den Anlaß für Marx' Religionskritik. Der Atheismus ist im Marxismus kein Akzidenz, sondern Prinzip: er gehört zu seinem Wesen von seinem Ursprung her. Ohne Atheismus wäre der Marxismus kein Marxismus mehr.

Der Grund dafür, daß der Atheismus substantiell zum Marxismus gehört, liegt darin, daß der Marxismus sich als radikaler Humanismus versteht. »Radikal« heißt für Marx, daß der Mensch die Wurzel aller Dinge sei. Es geht Marx also primär nicht darum, daß kein Gott sei, sondern daß der Mensch Mensch sei – aber eben damit der Mensch Mensch sein kann, darf kein Gott sein. Der Glaube an Gott ist des Menschen Feind, weil der Mensch durch die Projektion seiner Wünsche an den Himmel daran gehindert wird, sich in seinem vollen Menschsein zu entfalten. Auf diese Weise wird das Ziel aller Geschichte, die Menschwerdung des Menschen, vereitelt, ihr Fortschritt zum Stillstand gebracht. Eben darum erklärt Marx die Kritik der Religion als die »Voraussetzung aller Kritik«, und darum ist der Marxismus als ein »Programm des Menschen« bewußt ein »Programm gegen Gott«.[31]

Unsere Behauptung, daß der Atheismus des Marxismus nicht nur zeitgeschichtlich bedingt sei, sondern seinem Wesen entstamme, wird durch folgende Beobachtung gestützt: Gerade jene Atheisten, die sich heute für einen Dialog mit dem Christentum offen zeigen und dabei ein neues, manchmal überraschendes Verständnis für seine Botschaft aufbringen – wie zum Beispiel Milan Machovec, Vitězslav Gardavský, Leszek Kolakowski, Roger Garaudy –, denken nicht daran, ihren Atheismus aufzugeben. Sie möchten ihn nicht eliminieren, sondern höchstens modifizieren. Das heißt: Gerade durch seine Vertiefung und Reinigung – im Vergleich etwa zur banalen Gottlosenbewegung des Vulgärmarxismus – suchen sie das größere Recht des Atheismus und damit die tiefere Wahrheit des Marxismus gegenüber dem Christentum zu erweisen.

Die geschichtliche Entwicklung hat Karl Marx nicht recht gegeben: sie hat seine Religionskritik eher widerlegt als bestätigt (auch wenn man berücksichtigt, daß im derzeitigen Sozialismus die Aufhebung der Entfremdung des Menschen, wie Marx sie verstand, noch nicht erreicht ist). Bis jetzt wenigstens hat der Tod Gottes die Menschen noch nicht menschlicher gemacht. Höchstens wird man sagen können, daß die Erprobung der Frage, ob der Mensch ohne Gott menschlich bleiben könne, noch im Gange sei. Auch hat die Aufhebung der »verkehrten Welt« dort, wo sie mit Macht versucht worden ist, nicht, wie Marx prophezeit hatte, zum Absterben der Religion geführt. Diese unerwartete Tatsache ist es, die die Gottlosenpropaganda in den sozialistischen Ländern so sehr irritiert und sie ständig ihre Methoden revidieren läßt. Umgekehrt herrscht in den kapitalistischen Ländern – dort also, wo nach Marx noch eine »verkehrte Welt« besteht – heute in praxi kaum ein geringerer Atheismus als in den Ländern mit einer sozialistischen Gesellschaftsordnung. Das zeigt zum mindesten, daß die Religion und ihre Auflösung nicht allein eine Folge der jeweiligen gesellschaftlichen Verhältnisse sind.

Damit soll nicht bestritten werden, daß zwischen Religion und Gesellschaft eine Wechselbeziehung besteht. Aber muß diese Wechselbeziehung, wie Marx behauptet, unbedingt immer eine negative sein? Kann sie sich nicht auch positiv auswirken? Wenn es so steht, wie wir eben festgestellt haben: daß dort, wo die gesellschaftlichen Verhältnisse nach dem Willen von Marx verändert worden sind, die Religion dennoch nicht abgestorben ist, und umgekehrt dort, wo im Sinne von Marx noch eine verkehrte Welt besteht, die Religion trotzdem zu erliegen droht – warum kann es sich dann nicht auch so verhalten, daß die Überwindung der verkehrten Welt und ihrer falschen Gesellschaft die Religion nicht aufhebt, sondern für sie gerade Zeit und Raum schafft? Wie die Entscheidung über die Wahrheit der Religion nicht im psychologischen Zirkel fällt, so auch nicht im ökonomisch-soziologischen. Immerhin rechnet doch auch Ernst Bloch damit, daß gerade, wenn der Sozialismus sein Ziel erreicht hat und alle Gäste sich an den Tisch gesetzt haben, der Mensch erst wirklich mit der Welt und ihren Geheimnissen konfrontiert wird. Und in Schleiermachers Reden ›Über die Religion‹ gibt es eine erstaunliche Stelle, die in ihrer perspektivischen Zusammenschau von Religion und Gesellschaft – abgesehen vom Stil – heute geschrieben sein könnte. Fast ist es eine prophetische Vision, die Jeremia wiederholt und Karl Marx vorwegnimmt. Schleiermacher schildert darin eine ferne, glückliche Zukunft, in der die Menschen, durch Wissenschaft und Technik befreit von der Selbstentfremdung durch die mechanische, körperliche Arbeit, die sie jetzt zu Sklaven macht, zu sich selbst kommen werden und alle miteinander Muße und Freiheit haben, Gott und die Welt zu bedenken, ohne alle kirchlich-priesterliche Vermittlung: »Jetzt seufzen Millionen von Menschen beider Geschlechter und aller Stände unter dem Druck mechanischer und unwürdiger Arbeiten ... Es gibt kein größeres Hindernis der Religion als dieses, daß wir unsere eignen Sklaven sein müssen; denn ein Sklave ist jeder, der etwas verrichten muß, was durch tote Kräfte sollte bewirkt werden können. Das hoffen wir von der Vollendung der Wissenschaften und Künste, daß sie uns diese toten Kräfte werden dienstbar machen ... Dann erst wird jeder Mensch ein Freigeborner sein, dann ist jedes Leben praktisch und beschaulich zugleich, über keinem hebt sich der Stecken des Treibers, und jeder hat Ruhe und Muße, in sich die Welt zu betrachten ... In der glücklichen Zeit, wenn jeder seinen Sinn frei üben und brauchen kann, wird ... jeder der Religion teilhaftig, der ihrer fähig ist; alle einseitige Mitteilung hört dann auf.«[32]

4. Zusatzfrage: Hat das Christentum versagt?

Wir haben behauptet, daß die Welt – entgegen der Prophezeiung von Karl Marx – nach dem »Tode Gottes«, bislang wenigstens, nicht menschlicher geworden sei. Aber ist sie es vorher denn durch den Glauben an Gott geworden? Hat die Geschichte etwa die Wahrheit des Christentums bestätigt? Jeder kennt die Frage, was durch das Christentum in zweitausend Jahren in der Welt eigentlich besser geworden sei, und auch die Antwort darauf, daß das Christentum in der Geschichte der Menschheit versagt habe. Wir können uns mit dieser Frage hier nicht ausführlich auseinandersetzen, aber wir müssen sie doch wenigstens kurz thesenartig zu beantworten suchen.

Erstens: Das Christentum hat die Welt verändert: es hat sie zum Bessern gewandelt. – Historisch kann man auf eine ganze Reihe von positiven Wirkungen des Christentums in der Geschichte der Menschheit hinweisen. Ohne den christlichen Glauben sähe die Welt heute nicht besser, auch nicht gleich gut oder gleich schlecht, sondern schlechter als vor zweitausend Jahren aus. Als Beispiel dafür, freilich sogleich als ein Kernstück, nennen wir die Verbindung des Gedankens der Emanzipation des Menschen mit der gleichzeitigen Versicherung der unbedingten Annahme jedwedes Menschen. Der die Geschichte Europas vorantreibende Impuls zur Emanzipation des Menschen von allen knechtenden Mächten und aus allen egalisierenden Kollektiven geht vom christlichen Glauben aus – jeder Vergleich mit Asien beweist es. Zugleich aber wird dieser Impuls zur Befreiung aller Menschen verbunden mit dem Willen zur Annahme jedes Menschen, insonderheit der Elenden, der Schwachen, der Kinder, der Erniedrigten und Entrechteten, und auch dieser Wille war eine Frucht des christlichen Glaubens – jeder Vergleich mit der Antike bezeugt dies. Emanzipation und Annahme des Menschen, zumal in ihrer gleichzeitigen Verbindung, wurzeln im »christlichen Humanismus«, das heißt in Jesu Ansage der Absicht Gottes mit der Menschheit: daß der Mensch in seiner Herkunft und Zukunft Gottes Geschöpf sei und bleiben, richtiger, es erst werden solle.

Zweitens: Das Christentum hat die Welt nicht tief genug verändert: es hat sie nicht zum Guten gewendet. – Die Zahl seiner Wohltaten deckt nicht die Menge seiner Sünden. Darum muß die Antwort der Christenheit auf die Frage, ob das Christentum versagt habe, als erstes stets ein Schuldbekenntnis sein, aber nicht ein routinemäßig geübtes, sondern ein erschrockenes, ehrlich betroffenes. Mit Schuldbekenntnissen sind die Christen heute verdächtig flink bei der Hand. Damit es dabei nicht zu geschwind und zu pauschal zugehe, müssen die Versäumnisse und Verschuldungen der Christen konkret bei Namen genannt werden. Dabei kann die Kirchengeschichte im Verein mit der Soziologie einen wichtigen »Erkennungsdienst« leisten. Als Beispiel und damit wiederum sogleich als Kernstück können wir hier auf denselben Sachverhalt verweisen, den wir eben als Positivum für das Christentum gebucht haben, jetzt aber als Negativum: in seiner bis zur Unkenntlichkeit verzerrten Entstellung. Die Kirche hat die Menschen nicht nur befreit, sie hat auch den Unterdrückern den Nacken gesteift, ja sie hat selber Menschen nach Kräften unterdrückt und für sich vereinnahmt; und sie hat die Erniedrigten und Entrechteten oft nicht nur nicht angenommen, sondern sie auch noch ihrerseits ausgestoßen und so das Verdammungsurteil der Gesellschaft über sie in Ewigkeit bestätigt. Damit hat die Kirche sich der Welt angeglichen; statt sie zu verwandeln, hat sie sich ihr anverwandelt. Dies alles geht bis in unsere Tage hinein. Es ist kaum glaublich, was die Gläubigen an Unmenschlichkeiten in der Welt angerichtet haben. Die Christenheit ist an ihrer eigenen Botschaft von der Menschlichkeit Gottes gescheitert: ihre Unmenschlichkeiten haben die Menschlichkeit Gottes für die Menschen verdeckt. Aber ist die Botschaft selbst damit widerlegt?

Drittens: Die Unwürdigkeit der Christen hebt die Würde des Christentums nicht auf. – Hinter dieser These steht, auf die Geschichte des Christentums angewandt, das bekannte Gesetz aller Geschichte, daß die Realisierung und Praktizierung einer Idee immer minder ausfällt als die Idee selbst und darum im Vergleich zu dieser stets als ein Verlust und Abfall wirkt. Doch abgesehen davon, daß man dieses Gesetz gerechterweise auch dem Marxismus zugute halten muß, sind wir heute gegenüber solchen Rechtfertigungen und Entschuldigungen empfindlich geworden. Seit Karl Marx den Idealismus vom Kopf auf die Füße gestellt hat, können wir nicht mehr so unbefangen wie vorher zwischen Theorie und Praxis unterscheiden und eine schlechte Praxis mit dem Hinweis auf die Qualität ihrer Theorie entschuldigen. Für uns hängt die Güte einer Theorie entscheidend mit davon ab, ob und wie sie sich in die Praxis hinein vermittelt. Darum erwecken Kreuzzüge, Inquisition, Hexenprozesse und Ketzerverbrennungen ebenso Bedenken gegen die Güte des Christentums wie die Liquidierungen, Schauprozesse und Arbeitslager in der Sowjetunion gegen den Wert des Marxismus-Leninismus. Und da wiegt zur Entschuldigung aller Übel die Berufung auf Konstantin als den Verderber des reinen Ursprungs ebenso viel oder wenig wie die Bezichtigung Stalins als des Stifters allen Unheils.

Aber ist dieser Maßstab der Beurteilung gar so neu, wie er sich heute gibt? Hat christlicher Glaube nicht immer zur Bestätigung seiner Wahrheit nach »Erweisen des Geistes und der Kraft« verlangt? (1. Korinther 2,4) Hat das Christentum sein Gutes nicht stets – wenn auch nicht stets erfolgreich – dadurch zu erweisen versucht, daß es zeigte, wozu es gut sei? Ist dies nicht auch der Sinn der berühmten Ringparabel in Lessings ›Nathan der Weise‹? (III. Akt, 7. Szene) Es geht in ihr um dieselbe Frage, die auch uns hier beschäftigt: ob und inwieweit man an den Wirkungen einer Religion – daran, wie es ihr gelingt, »vor Gott und Menschen angenehm zu machen« – eine Bestätigung für ihre Wahrheit ablesen könne. Lessing beantwortet diese Frage nicht, wie man seine Parabel oft fälschlich gedeutet hat, mit einer müden Toleranz: »Der echte Ring vermutlich ging verloren« – mit anderen Worten: Nichts Genaues weiß man nicht –, sondern er fordert, genau umgekehrt, zu einem leidenschaftlichen Wettstreit auf: »Wohlan! / Es eifre jeder seiner unbestochnen / Von Vorurteilen freien Liebe nach! / Es strebe von euch jeder um die Wette, / Die Kraft des Steins in seinem Ring' an Tag / zu legen!« Ohne Gleichnis und Bild ausgedrückt, heißt dies, daß sich die Richtigkeit einer Theorie daran erweisen muß, ob und in welcher Weise sie sich in die Praxis vermittelt.

Mehr noch als zu Lessings Zeiten gilt dies heute für den Wettstreit zwischen den Weltreligionen. Nachdem in den Beziehungen des Christentums zu den anderen Religionen die lange Phase des einseitigen Monologs durch die neue Epoche eines vielseitigen Dialogs abgelöst worden ist, ist die religionsgeschichtliche Situation offen. Christentum, Judentum, Buddhismus, Hinduismus, Islam und alle anderen Religionen haben heute – nicht anders als Atheismus, Marxismus, Maoismus und Faschismus – die Beweise je *ihres* Geistes und *ihrer* Kraft zu erbringen. Sie stehen gleichsam alle mitsammen wie Ärzte um das Krankenbett des Menschen und müssen zeigen, wer von ihnen über die beste Diagnose und Therapie verfügt. Auch wenn die Christen überzeugt sind, daß in ihrem Glauben die Religionsgeschichte zur Erfüllung gelangt sei und sie dem Menschen deshalb die beste Arznei anzubieten hätten, so müssen doch auch sie eben diesen Anspruch in der Praxis bewähren. Und der Bereich dieser Praxis ist heute die Welt: er reicht von Europa bis Südamerika, von Afrika über den Nahen bis zum Fernen Osten, von Nordamerika bis nach Australien.

Freilich hat christlicher Glaube auch immer schon gewußt, daß die von den Christen erbrachten Erweise stets hinter der Wahrheit ihres Glaubens zurückbleiben, daß ihre Taten wie schwere Steine wiegen, die einen bergauf fahrenden Lastwagen unwiderstehlich den Berg wieder hinabziehen. Den tiefsten Grund für sein angebliches Scheitern nennt das Christentum selbst, wenn seine Botschaft lautet, daß der Mensch sich von Grund auf ändern müsse. Das Wort »Wiedergeburt«, das die Bibel für diese Änderung des Menschen gebraucht, zeigt, daß es hier keinen »Erbgang« gibt, sondern daß jede Generation immer neu von vorne anfangen muß. Wenn sich schon nicht einmal – trotz zweihundertjähriger Schulpflicht – die Fähigkeit des Lesens, Schreibens und Rechnens vererbt, wieviel weniger tut es dann der Glaube! Die Wirklichkeit, die die Theologie mit dem Symbol der »gefallenen Schöpfung« bezeichnet, läßt keine Vererbung des Glaubens zu, sondern verlangt von jeder Generation, von jedem einzelnen eine »neue Schöpfung«. Damit aber ist zugleich eine notwendige Differenz zwischen Theorie und Praxis statuiert, die es nun doch nicht erlaubt, die Qualität einer Theorie allein an ihrer Verwirklichung in der Praxis zu messen. Diese Feststellung samt der in ihr enthaltenen Entschuldigung und Hoffnung kommt jedoch wiederum nicht allein dem Christentum, sondern jedweder weltverändernden Theorie zugute.

Der Verweis auf die Unwürdigkeit der Christenheit bei gleichzeitig unverletzter Würde des Christentums darf nicht zu einer trickreichen Ausrede werden. Gerade wo Menschen »neu geboren« werden, erkennen sie, was die Christen in der Geschichte der Menschheit versäumt und angerichtet haben, und können nur darum bitten, es trotzdem noch einmal mit ihnen zu versuchen.

5. Unter Gott – über der Welt – mit dem Menschen

Ob die Welt geozentrisch oder heliozentrisch, ptolemäisch oder kopernikanisch vorgestellt wird, ist für die Orientierung des Menschen im Kosmos wichtig, für seine Menschlichkeit jedoch fast ohne Belang. Darum hat Friedrich Dürrenmatt recht, wenn er auftrumpft: »Ich bleibe Ptolemäer!« Auf jeden Fall gehört für den

Menschen der Mensch in den Mittelpunkt der Schöpfung. Dorthin rückt ihn auch das Evangelium, und diesen Anthropozentrismus vermag keine Wissenschaft zu widerlegen – und denkt auch keine im Ernst daran.

Freilich muß man zwischen richtigem und falschem Anthropozentrismus unterscheiden. Richtig ist der Anthropozentrismus, wo der Mensch den Mitmenschen in den Mittelpunkt der Schöpfung rückt, falsch, wo er sich selber dorthin stellt. Wahrer Anthropozentrismus setzt mithin »Exzentrizität« voraus: da hört der Mensch auf, sich auf sich selbst zu »konzentrieren«, das heißt um sich selbst als um das Zentrum seiner Existenz zu kreisen, und gibt den Platz in der Mitte seines Lebens für einen anderen frei. Für wen?

Das Christentum antwortet: für Gott und eben damit für den Menschen: »Du sollst lieben Gott, deinen Herrn, von ganzem Herzen und deinen Nächsten wie dich selbst.« Damit ist zugleich die Ermöglichung der Exzentrizität des Menschen und die Begründung des wahren Anthropozentrismus angedeutet. Theozentrismus und Anthropozentrismus schließen sich nach christlicher Auffassung nicht gegenseitig aus, sondern ein.

Jesus von Nazareth war radikaler Theozentriker und als solcher radikaler Anthropozentriker. Er trat mit der Botschaft auf: »Kehret um, denn das Himmelreich ist nahe herbeigekommen!« (Matthäus 4,17) »Umkehr« bedeutet hier dasselbe, was wir mit »Exzentrizität« bezeichnet haben: der Mensch soll aufhören, sich auf sich selbst zu beziehen und so um sich selbst zu kreisen. Begründet wird diese Aufforderung mit der Ankündigung eines Ereignisses: »Denn das Himmelreich ist nahe herbeigekommen.« Damit ist derselbe Vorgang gemeint, den wir als den Auszug Gottes zum Menschen beschrieben haben: Jesu revolutionäres Gottesverständnis, dessen Pointe sich uns in dem Bild ausgedrückt hat: Der Himmel ist unten. Wenn, im Bilde gesprochen, der Himmel unten ist, dann bedeutet dies, der Sache nach, das Ende der Überforderung des Menschen und den Beginn seiner wahren Humanität. Dann braucht sich der Mensch nicht mehr idealistisch – sittlich oder religiös, metaphysisch oder gesellschaftlich – in einer für ihn unzumutbaren Anstrengung »nach oben« oder »nach vorn« zu entwerfen, sondern dann kann er den Mut haben, dort, wo er ist, wirklich der zu sein, der er in Wahrheit ist: ein Mensch, Gottes Geschöpf. Die Menschwerdung Gottes ist kein Ereignis, über das der Mensch verfügt, aber sie macht ihm seine eigene Menschwerdung verfügbar.

Theozentrismus und Anthropozentrismus schließen sich also nicht nur nicht gegenseitig aus, sondern der Theozentrismus begründet und ermöglicht den wahren Anthropozentrismus. Das »Heil« des Menschen, wortwörtlich sein Werden zum ganzen Menschen, hängt davon ab, ob das Ziel aller Geschichte »Gott alles in allem« oder »der Mensch alles in allem« heißt. Das »Gott alles in allem« braucht nicht auf Kosten des Menschen zu gehen; wohl aber geht das »der Mensch alles in allem« bestimmt immer auf Kosten des Menschen. Die christlichen und nichtchristlichen Atheisten, die sich heute darum sorgen, daß etwas auf Kosten des Menschen gehen könne, haben mit ihrer Sorge völlig recht – nur sollten sie ihren Verdacht in dieser Hinsicht nicht gegen Gott, sondern gegen den Menschen hegen. Nicht den Theozentrismus sollten sie darum fürchten, sondern den falschen Anthropozentrismus, durch den der Mensch für den Menschen nicht zum höchsten Wesen, sondern zum Wolf wird: homo homini lupus.

»Atheistischer Humanismus« ist im Grunde ein Widerspruch in sich selbst. Jeder Humanismus hat – wenigstens anonym – einen theistischen oder, sagen wir allgemeiner, theologischen Hinter- oder Untergrund. Ohne eine solche Begründung ist der vom Humanismus behauptete unendliche Wert des Menschen sinnvoll nicht zu erklären. Der Humanismus bezeugt eine Würde des Menschen, die sich wissenschaftlich-positivistisch nicht beweisen läßt, und verkündet eine Humanität, die rein zweckhaft-rational nicht einsehbar ist. Darauf hat in den letzten Jahren mit zunehmender Betonung Max Horkheimer hingewiesen – zum Erstaunen, ja zur Enttäuschung seiner meisten Schüler und aller orthodoxen Marxisten. Horkheimers diesbezügliche, häufig wiederholte These lautet, daß, rein logisch-wissenschaftlich betrachtet, Haß, Grausamkeit und Infamie nicht schlechter zu bewerten seien als Liebe, Güte und Ehrlichkeit, falls sich der Mensch durch sie keine gesellschaftlichen Nachteile zuziehe. Wörtlich sagt er in seinem vielzitierten ›Spiegel‹- und Fernsehgespräch[33]: »Der Positivismus findet keine die Menschen transzendierende Instanz, die zwischen Hilfsbereitschaft und Profitgier, Güte und Grausamkeit, Habgier und Selbsthingabe unterschiede. Auch die Logik bleibt stumm, sie erkennt der moralischen Gesinnung keinen Vorrang zu. Alle Versuche, die Moral anstatt durch den Hinblick auf ein Jenseits auf irdische Klugheit zu begründen – selbst Kant hat dieser Neigung nicht immer widerstanden –, beruhen auf harmonistischen Illusionen. Alles, was mit Moral zusammenhängt, geht letzten Endes auf Theologie zurück, alle Moral, zumindest in den westlichen Ländern, gründet in der Theologie.«

Damit Theologen und andere Gläubige nicht zu früh über die unerwartete »Bekehrung« eines einstmals »Ungläubigen« frohlocken: Horkheimer versteht unter

Theologie ausdrücklich nicht die »Wissenschaft vom Göttlichen« oder gar die »Wissenschaft von Gott«; Theologie bedeutet vielmehr für ihn »die Hoffnung, daß es bei diesem Unrecht, durch das die Welt gekennzeichnet ist, nicht bleibe, daß das Unrecht nicht das letzte Wort sein möge«, den »Ausdruck einer Sehnsucht danach, daß der Mörder nicht über das unschuldige Opfer triumphieren möge«. Aber eben die Vereitlung solch letzten Triumphes des Unrechts in der Welt erscheint Horkheimer, falls überhaupt, nur möglich, wenn es »Theologie« gibt, das heißt das Bewußtsein von einer Transzendenz, die Sehnsucht nach einem ganz anderen, wofür in der bisherigen Tradition der Begriff »Gott« steht.

Auch der christlichen Theologie geht es heute – wie in allen weltanschaulichen, philosophischen und politischen Systemen – um den Menschen. In diesem Sinne ist die gegenwärtige Theologie, wenigstens zu ihrem größten Teil, anthropozentrische Theologie. Auf der Frage, was der Mensch sei und wie er es bleiben respektive werden könne, liegt eindeutig der Akzent. Diese Frage ist nicht falsch. Wir müssen an sie anknüpfen, wir dürfen bei ihr aber nicht stehen bleiben, sondern müssen von ihr weiterschreiten zur Frage nach Gott. Gerade eine Theologie, in deren Mitte die Sorge um den Menschen steht, darf nicht eine Theologie ohne Gott sein. Es genügt nicht einmal, daß sie nur eine Theologie mit Gott ist, das heißt, daß in ihr unter anderem irgendwo und irgendwann auch einmal Gott vorkommt. Vielmehr muß Gott in ihrem Zentrum stehen, wenn die Sorge um den Menschen wirklich ihr Zentrum sein und bleiben soll. Nur eine theozentrische Theologie kann zugleich eine anthropozentrische sein.

Wenn es wahr ist, daß heute innerhalb, aber mehr

noch außerhalb der Kirche wieder neu »Religion« wächst und daß auch die Theologie im Begriff steht, die Religion für sich wiederzuentdecken, dann darf auch diese neue oder wiederentdeckte Religion nicht einfach identisch mit »Humanität« sein. Zur wesentlichen Erfahrung aller Religion gehört es gerade, daß der Mensch sich nicht in sich selbst erschöpft, sondern in und aus dem Bezug zu einer außerhalb seiner selbst befindlichen Macht lebt. Darum darf die Religion, auch wenn es ihr künftig mehr als bisher um den Menschen geht, nicht in einem allgemeinen Humanismus aufgehen. Vielmehr muß sie, gerade wenn sie sich mehr als bisher für den Menschen öffnen will, offen bleiben für die Erfahrung Gottes. Sonst haben Religion und Humanismus mitsammen keine Zukunft mehr.

In einer an der Harvard-University gehaltenen Gastvorlesung berichtet der tschechische Theologe Jan Milič Lochman, bei einem Rundgang durch den Campus der Universität habe er zu seiner Verwunderung an einem Gebäude die Inschrift gefunden: »Was ist der Mensch, daß du sein gedenkst?« Als er nach dem Grund fragte, warum dieses Psalmwort an einem Universitätsgebäude stehe, erzählte man ihm, daß zunächst eine andere Inschrift vorgeschlagen gewesen sei, nämlich das griechische Wort: »Der Mensch ist das Maß aller Dinge.« Dieses Wort aber sei damals einigen Leuten zu heidnisch erschienen, und darum habe man statt dessen jenes Psalmwort gewählt. Jan Milič Lochmann erinnert in diesem Zusammenhang daran, daß sein großer Landsmann, der Theologe und Pädagoge Jan Amos Comenius – zu seiner Zeit übrigens als einer der ersten europäischen Gelehrten nach Harvard eingeladen –, Schulen und Universitäten gern »officinae humanitatis«, Werkstätten der Menschlichkeit, genannt habe.[34]

Die erwähnte Inschrift an jenem Gebäude stammt aus dem 8. Psalm. In ihm stellt der Psalmist angesichts der Größe und Erhabenheit des Kosmos – gleichsam »den bestirnten Himmel über sich« – die Frage: Was ist der Mensch? Er stellt diese Frage nicht neutral und distanziert, sondern, von der Herrlichkeit und Ordnung der sichtbaren Schöpfung ergriffen, im Angesicht des unsichtbaren Schöpfers. Der Anlaß zu dieser Fragestellung mag uns fremd geworden sein; uns stellt sich die Frage nach dem Menschen heute nicht so sehr im Anblick der Natur als vielmehr in Anbetracht der Geschichte. Die Frage selbst aber ist nach wie vor auch unsere Frage, sie ist es sogar mehr denn je.

Die Antwort auf seine Frage, was der Mensch sei, empfängt der Psalmist dadurch, daß er sie an Gott richtet. Im Licht der Offenbarung Gottes gewinnt er die richtigen Proportionen für den Menschen und die Welt. Gottesglaube, Selbstverständnis und Weltanschauung des Menschen hängen für ihn aufs engste zusammen, richtiger, die Art, wie ein Mensch sich selbst in der Welt versteht, hängt für ihn davon ab, ob und wie er sich auf Gott bezieht. Allein an Gott gewinnt der Mensch sein rechtes Maß, und so lautet – im Sinne des Psalmisten – der dem Menschen »gemäße« Standort: Unter Gott – über der Welt – mit dem Menschen.

Unter Gott: Die Frage des Psalmisten nach dem Menschen ist ein Ausdruck seines »Kreaturgefühls«. Er fragt eigentlich nicht: Was ist der Mensch?, nicht einmal: Was ist der Mensch im Angesicht Gottes?, sondern er fragt: Wie kann der Mensch angesichts Gottes überhaupt »sein«?. Es erscheint ihm schier unbegreiflich, daß ein so großer Gott einen so kleinen Menschen

»bestehen« läßt. Aber auch sein Erstaunen hierüber ist noch nicht der eigentliche Grund seiner Frage; es wird vielmehr überstiegen von dem noch größeren darüber, daß der große Gott den kleinen Menschen nicht nur bestehen läßt, sondern daß er trotz seiner eigenen Größe und inmitten der Unermeßlichkeit der Welt sogar an ihn denkt und sich seiner annimmt. Die Frage lautet ja nicht einfach: Was ist der Mensch?, sondern: »Was ist der Mensch, daß du seiner *gedenkst?*« und geht weiter: »– und des Menschen Kind, daß du dich seiner *annimmst?*« Die Erfahrung der eigenen Nichtigkeit des Menschen ist umschlossen, ja wird übertroffen von der Erfahrung der Gnade Gottes. Allein durch Gottes Gnade ist der Mensch, was er ist. Das ist die erste Antwort auf die Frage des Psalmisten nach dem Menschen: Mensch sein heißt, sich selbst aus Gottes Hand empfangen. Wer sich selbst aus Gottes Hand empfangen hat, kann sich »Selbstbewußtsein« leisten. Dieses Selbstbewußtsein bestimmt das Verhältnis des Menschen zur Welt.

Über der Welt: Obwohl selbst Kreatur, steht der Mensch doch über aller anderen Kreatur; er ist die »gekrönte« Kreatur. Demut paart sich mit Herrschaft. Unter Gott – über der Welt: das heißt zwischen Gott und der Welt. Im Auftrag Gottes ist der Mensch Herr und Verwalter der Welt; er soll »die Welt gewinnen«. Der Psalm geht weiter: »Du hast ihn wenig niedriger gemacht als Gott, / mit Ehre und Herrlichkeit hast du ihn gekrönt. / Du hast ihn zum Herrn gemacht über deiner Hände Werk, / alles hast du unter seine Füße getan.« Diese Verse erinnern an das bekannte Chorlied in Sophokles' ›Antigone‹: »Vieles Gewaltige lebt, / Doch nichts ist gewaltiger als der Mensch ...« Dasselbe könnte der Psalmist auch gesagt haben, und er sagt es auch, er sagt es aber anders. Er sagt: »Du hast ihn wenig niedriger gemacht als Gott.« Damit mißt er den Menschen an der Größe Gottes, während man das Chorlied des Sophokles als eine großartige Paraphrase nehmen kann auf das Wort: »Der Mensch ist das Maß aller Dinge.« Beide Lieder beschreiben die Größe des Menschen; auch Sophokles nennt ihn »Krone der Schöpfung, Herr der Welt«. Aber das ist nun die Frage: Wann ist der Mensch größer, wenn er an Gott gemessen und um »wenig niedriger als Gott« befunden wird, oder wenn alle Dinge der Welt am Menschen gemessen werden und er selbst als »das Maß aller Dinge« gilt?

Mit dem Menschen: Von der »Mitmenschlichkeit« ist im 8. Psalm zwar nicht ausdrücklich die Rede, aber sie ist, wenn auch unausgesprochen, mitgedacht. Wie der Mensch ohne Gott nicht Mensch ist, so ist er auch Mensch nicht ohne den Menschen. Wenn der Mensch unter Gott und über der Welt steht, dann schließt dies eine »zwischenmenschliche« Beziehung ein, die mit der Standortbestimmung »auf gleicher Ebene« nicht tief genug erfaßt ist. Dann genügt es nicht zu sagen, der Mensch stehe *neben* dem Menschen, sondern dann muß es heißen: Der Mensch ist Mensch nur *mit* dem Menschen. Diese »Mitmenschlichkeit« ergibt sich einmal aus der Gottesbeziehung jedes Menschen: auch der andere ist Gottes Geschöpf, Gottes »gekröntes« Geschöpf; zum anderen ist sie die Folge der gemeinsamen Weltverantwortung aller Menschen: keiner kann ohne den anderen und jeder muß für den anderen die Welt verantwortlich verwalten.

Der Psalm schwingt am Ende zum Anfang zurück; er schließt, wie er begonnen hat, mit einem Lobpreis Gottes: »Herr, unser Herrscher, / wie herrlich ist dein Name in allen Landen!« Am Anfang Gott, am Ende

Gott und dazwischen der Mensch – das heißt »theo-zentrischer Humanismus«. Das zeigt noch einmal, daß das »Gott alles in allem« nicht zu Lasten, sondern zu Ehren des Menschen geht. Freilich läßt sich nicht leugnen, daß es häufig genug zu Lasten des Menschen gegangen ist. Gerade Christen haben manchmal eine merkwürdige Lust gezeigt, den Menschen nicht nur ein »wenig niedriger«, wie es im Psalm heißt, sondern sehr viel niedriger als Gott zu machen. Zur höheren Ehre Gottes haben sie den Menschen erniedrigt, theoretisch wie praktisch, geistig wie physisch, kirchlich wie sozial. Aber das war dann kein »christlicher Humanismus«. Christlicher Humanismus mißt zwar den Menschen an Gott, aber nicht, um ihn an Hand dieses Maßes zu erniedrigen, sondern um ihn an ihm zu erhöhen.

Solcher theozentrischer Humanismus hat Konsequenzen für die Vorstellungen von der Providenz Gottes, für die Lehre von der göttlichen Vorsehung. Der Name »Auschwitz« ist in unseren Tagen zu einem Symbol für den »Tod Gottes« geworden. Daß solche Unmenschlichkeiten von Menschen an Menschen geschehen konnten, scheint die Annahme eines allmächtigen, gütigen Gottes, ja den Glauben an Gott überhaupt ein für allemal widerlegt zu haben – und Christen sollten es sich mit ihren Widerlegungen dieser Widerlegung Gottes nicht zu leicht machen! Aber Auschwitz hat nicht nur Gott, sondern auch den Menschen widerlegt. Nicht nur theistische Theologie, sondern auch atheistischer Humanismus ist dadurch aus der Façon gebracht worden. Was Menschen in Auschwitz Menschen angetan haben, bedeutet nicht nur das Vernichtungsurteil über einen zu optimistischen Humanismus, sondern nötigt jedweden Humanismus zu Revisionen.

Die Korrektur des christlichen Humanismus hat darin

zu bestehen, daß er die Vorsehung Gottes künftig stärker mit der Weltverantwortung des Menschen zusammendenkt, göttliche Providenz mit menschlicher Aktion. Wenn im 8. Psalm der Mensch als der Herr der Welt bezeichnet wird, dann übt zwar Gott durch ihn seine Herrschaft über die Welt aus, aber er tut es nicht unmittelbar, nicht »senkrecht von oben«, sondern mittelbar, indem er sich den Menschen zum Mitarbeiter und Partner wählt. Und wenn es im 8. Psalm heißt, daß Gott sich des Menschen annehme, dann geschieht auch dies nicht direkt und also magisch, sondern indirekt und also geschichtlich, nämlich so, daß Menschen sich ihrer Mitmenschen annehmen. Im Christentum wird nicht gezaubert, sondern da geht es mit rechten Dingen zu.

»Vorsehung Gottes« sieht also keine übernatürlichen Eingriffe Gottes in die Welt vor; wohl aber besagt sie, daß in aller Verantwortung des Menschen für sich und seine Welt »Theologie« mit im Spiel ist, mindestens so, wie Horkheimer »Theologie« versteht: als »das Bewußtsein davon, daß die Welt Erscheinung ist, daß sie nicht die absolute Wahrheit, das Letzte ist«[35]. Das weist über die Welt hinaus, das deutet auf Transzendenz hin. Damit wird zwar die immanent geschlossene Welt nicht aufgehoben, aber sie wird geöffnet und transzendiert auf jenes Ganze, Universale, Umgreifende, Sinngebende hin, für das in der Religionsgeschichte der Begriff »Gott« steht und das sich für den christlichen Glauben in dem Namen Jesus repäsentiert. Die Welt ist nicht genug. Darum wird sie auch nur dort recht bestanden, wo man sich bewußt ist, daß sie nicht in sich selbst besteht.

6. Die Welt ist nicht genug

In den ›Prolegomena zu einer jeden künftigen Metaphysik‹ schreibt Kant: »Daß der Geist des Menschen metaphysische Untersuchungen einmal gänzlich aufgeben werde, ist eben so wenig zu erwarten, als daß wir, um nicht immer unreine Luft zu schöpfen, das Atemholen einmal lieber ganz und gar einstellen würden.«[36] Wohl selten hat sich eine Voraussage so wenig erfüllt wie diese Annahme Kants hinsichtlich der Zukunft der Metaphysik. Fast ist man versucht zu sagen, daß Kants Voraussicht gleich zweifach widerlegt worden sei, einmal in ihrer sachlichen Aussage, zum anderen in ihrem bildhaften Ausdruck. Wir haben heute sozusagen doppelte Atembeschwerden: Physisch atmen wir eine für Kant noch unvorstellbare Menge unreiner Luft ein, metaphysisch aber haben wir, entgegen Kants Erwartung, das Atmen fast gänzlich eingestellt. Die Metaphysik hat heute eine Atempause. Die Skepsis gegen sie ist so groß, daß man fast schon von einem Horror vor der Metaphysik in unserer Zeit sprechen kann. Diese Abneigung richtet sich nicht nur gegen das für uns in der Tat »undenkbar« gewordene statisch-dualistische Denken der griechischen Metaphysik, die mit ihrer Entgegensetzung von »oben« und »unten«, »geistig« und »leiblich«, »göttlich« und »irdisch« die philosophische und theologische Tradition des Abendlandes fast zwei Jahrtausende lang bestimmt hat, sondern sie wendet sich gegen jede Art von Metaphysik überhaupt.

Das angebliche Ende der Metaphysik gehört zu den negativen Folgen einer Aufklärung, die sich selber mißverstanden hat und mit ihren eigenen Erfolgen nicht fertig wird. Schlagwortartig können wir diesen Vorgang in den Satz fassen: Die Säkularisierung ist in Säkularismus umgeschlagen. »Säkularisierung« heißt, daß die Welt alles göttlichen Charakters entkleidet worden ist, so daß sie fortan nichts anderes mehr ist als eben »Welt« – dem Menschen anvertraut, daß er sie verantworte als den Bereich seiner Herrschaft. An dieser Verweltlichung der Welt infolge ihrer Entgötterung hat der christliche Glaube kräftig mitgewirkt. »Säkularismus« hingegen heißt, daß nicht nur die Welt entgöttert worden ist, sondern daß zugleich mit der Welt auch Gott selbst seiner Göttlichkeit entkleidet wurde. Der Säkularismus verkündet eine totale Immanenz: da wird die Welt nicht nur weltlich, sondern da wird sie zu einem in sich geschlossenen, selbstgenügsamen System, ohne jede Höhe oder Tiefe, ohne jede Angewiesenheit auf irgendeine Transzendenz. Damit verfälscht der Säkularismus die Säkularisierung zu einer Weltanschauung und macht sie dadurch im Grunde rückgängig. Wenn Ludwig Wittgenstein sagt: »An einen Gott glauben, heißt sehen, daß es mit den Tatsachen der Welt noch nicht abgetan ist«[37], dann lautet für den Säkularismus die Konsequenz aus seinem atheistischen Ansatz folgerichtig: An keinen Gott glauben, heißt sehen, daß es mit den Tatsachen der Welt getan ist.

Der Säkularismus begegnet uns in der Denkform des logischen Positivismus. Sein Kennzeichen ist, daß er den methodischen Atheismus, der seit der Säkularisierung alles wissenschaftliche Arbeiten bestimmt, in einen weltanschaulichen verkehrt. Da regiert dann nicht die Vernunft, kritisch auch gegen sich selbst, sondern da waltet entweder nur der jeweilige fachliche Sachverstand, der sich mit der empirischen Erforschung des einzelnen begnügt, oder aber es herrscht ein dogmatischer Rationalismus, der den Anspruch einer universalen Theorie erhebt. Ihm gilt nur, was den fünf Sinnen des Menschen zugänglich, mithin beobachtbar, berechenbar und kontrollierbar ist, also das analytische Verfahren der »exakten Wissenschaften«, im Grunde nur der Naturwissenschaft, als einzige Methode des Erkennens von Wirklichkeit. Was sich auf diese Weise nicht verifizieren läßt, wird pauschal als »Leerformel« abgetan. Die höchste und universale Leerformel aber ist der Begriff »Gott«. Es geht mit ihr wie mit dem Grund- oder Schlußstein eines Gebäudes. Nimmt man »Gott« heraus, verliert alles seinen Grund und Halt, seinen Zusammenhang im Ganzen, und zerfällt in lauter einzelne Stücke, deren Zusammengehörigkeit nicht mehr erkennbar ist, in lauter einzelne Richtigkeiten, die aber keinen einheitlichen Sinn mehr ergeben.

Wo Gott als der Bezugspunkt des Ganzen geleugnet wird, dort droht auch die Orientierung im Ganzen verloren zu gehen; wo nicht mehr um Gott, sei es für oder gegen ihn, gestritten wird, dort ermattet leicht auch der Streit um die Wahrheit insgesamt, oder er wird nur noch unter dem Gesichtspunkt des nächsten Nutzens und Zwecks ausgetragen; wo nicht mehr nach Gott gefragt wird, dort wird bald auch nicht mehr nach dem Sinn der Welt gefragt. Auf den Menschen bezogen, bedeutet dieser Vorgang: Wo der Mensch nur noch ein Geschöpf mit Sinnen und nicht mehr das Geschöpf des Sinnes ist, auch wenn er den Sinn nur mit Hilfe seiner Sinne wahrzunehmen vermag, dort droht er sein Eigenes, sein Humanum, zu verlieren. Dort kann er dann wissenschaftlich in seinem Verhalten wie ein Haustier beobachtet und gesellschaftlich in seiner Funktion wie eine Nutzpflanze behandelt werden.

Nun läßt sich nicht leugnen, daß durch die Überwindung der Mangelwirtschaft und die Eindämmung vieler Übel als wohltätige Folgen des wissenschaftlich-technischen Fortschritts die Sinnfrage eingeengt und begrenzt worden ist. Vieles, was den Menschen früher sinnlos erschien und in ihnen das Fragen nach dem Sinn erweckte, dünkt sie heute nicht mehr sinnlos, weil sie seiner Herr geworden sind. Gleichzeitig aber hat dieselbe Entwicklung die Sinnfrage nicht nur verändert, sondern sogar verschärft. Angesichts des Überflusses an Lebensgütern, den die Überwindung der Mangelwirtschaft durch die Wissenschaft und Technik gewährt, angesichts aber zugleich auch der wachsenden Bedrängnis und Entmenschlichung des Lebens durch dieselbe wissenschaftlich-technische Entwicklung hat sich die Frage, wie sinnvolles menschliches Leben in einer so beschaffenen Welt noch möglich sei, aufs Neue zugespitzt. Es ist, wie wenn sich ein Fluß, den man in seinem Bett einengt, nur tiefer ins Erdreich hineinsägt. In der Tat scheint es leichter zu sein, den Menschen zu ernähren als ihn zu erlösen!

Die Resignation gegenüber der Sinn- und Wahrheitsfrage hat zu einem allgemeinen »Pragmatismus« geführt. Müde geworden des ständigen Streites um Worte und Begriffe und enttäuscht von einer am Ende scheinbar doch erfolglosen Suche nach einer allgemeingültigen Wahrheit und einem letzten, unbedingten Sinn, drängt man auf »Praxis«. Nun wird man zunächst ehrlicherweise feststellen müssen, daß gerade für die Deutschen und die Christen insgemein nach so viel Innerlichkeit, Eigentlichkeit, Idealismus, Supranaturalismus und Transzendentalismus die Hinwendung zur Praxis geradezu eine geistige Hygiene bedeuten kann. Aber der Ruf nach der Praxis wird gefährlich, wo er zu einem kurzschlüssigen Handeln ohne Glauben und Überzeugung, manchmal sogar ohne Denken wird. Und es gibt heute – nach dem Verlust Gottes –, zumal in den jüngeren Generationen, viel verzweifelte »besinnungslose«

Flucht in die Aktion. Da spricht man zwar nicht: »Lasset uns essen und trinken, denn morgen sind wir tot!«, aber da sagen die Wissenschaftler: Lasset uns forschen und veröffentlichen!, die Wirtschaftler: Lasset uns planen und verteilen!, die Techniker: Lasset uns berechnen und durchführen! Nachdem Gott abgetan ist, ist es mit den Tatsachen der Welt getan – und so hat ein jeglicher nur noch sein Tun.

Wie immer man »Metaphysik« näher bestimmen mag, auf jeden Fall geht es in ihr um die konstanten Strukturen in den variablen Einzelheiten unserer Erfahrungen von Wirklichkeit: um das Sein im Handeln, um den Sinn in den Zwecken, um die Gerechtigkeit im Recht, um die Liebe in der Wohltat, um die Schuld im Versagen, um das Böse in der Verschuldung, um das Leid in den Leiden, um das Vertrauen im Planen, um die Gewißheit in allen Sicherungen, um die Vergänglichkeit im Scheitern, um den Tod im Sterben. Wo derartige »metaphysische« Fragen nicht mehr gestellt werden, wo die universalen Aspekte – zwar nicht hinter, wohl aber in den konkreten Erscheinungen – nicht mehr ins Auge gefaßt werden, dort kommt es zu gefährlichen »Ausfallserscheinungen«. Dort erleidet der Mensch gleichzeitig eine Verletzung seiner Würde und einen Verlust an Wirklichkeit.

Alle Versuche, die Welt zu einem geschlossenen, immanenten System zu machen und eine »totale Weltlichkeit« zu etablieren, gelingen immer nur durch unerlaubte Auslassungen und Vereinfachungen, durch eine ideologische Reduktion der Wirklichkeit, durch eine leichtfertige Entproblematisierung des Daseins – und dies ausgerechnet zu einem Zeitpunkt, an dem das Dasein immer problematischer und komplizierter wird. Viele moderne Menschen gleichen kleinen Kindern: Sie gucken einfach weg, wenn ihnen etwas unangenehm ist. Sie blenden ganze Sektoren der Wirklichkeit aus und werden dadurch verblendet, oder richtiger, weil sie verblendet sind, blenden sie ganze Sektoren der Wirklichkeit aus. Als ob immer nur die Sonne schiene, verbannen sie die sogenannten »Nachtseiten des Lebens« fast völlig aus ihrem Bewußtsein: das Böse, das Leid, die Schuld, die Sinnlosigkeit, die Vergänglichkeit, den Tod.

Diese »Auslassungen« führen zu »Ausgelassenheit«. Hinter der rationalen Fassade unserer von Wissenschaft und Technik geprägten Welt herrscht ein ungezügelter irrationaler Vitalismus, der das Leben verherrlicht, freilich nur das junge, blühende, das sich noch ohne Hüllen zeigen kann. Wir verwechseln das Glück mit der Lust und die Schuld mit der Unlust. Als gut gilt, was uns Lust verschafft, als schlecht, was uns Unlust bereitet. Glück aber ist mehr als das Empfinden von Lust und Schuld mehr als das Verspüren von Unlust.

Wo der Glaube an Gott verdämmert – wo keine »Theologie« mehr ist, wie Horkheimer sagen würde –, dort verlieren nicht nur Liebe und Güte ihre Motivation, dort wird auch die gegenteilige Wirklichkeit vergessen, die die Bibel »das Böse« oder die »Sünde« nennt und die die Theologie seit alters in dem mythologischen Bild von der »gefallenen Schöpfung« beschreibt. Mögen uns diese christlichen Vokabeln und Begriffe auch altmodisch und fremd anmuten oder vielleicht sogar tatsächlich vergangen sein, so bezeichnen sie doch eine Wirklichkeit, die es nach wie vor gibt. Und diese Wirklichkeit ist mitten unter uns, es ist unser aller eigene Wirklichkeit.

Es geht um die ganz schlichte, fast simple Frage, wie der Mensch mit sich selber fertig werden kann. Diese individuelle Frage aber hat politische und gesellschaftliche

Relevanz im Weltformat. Bestand das Problem früher darin, wie der Mensch dazu gebracht werden kann, daß er tut, was er soll, so besteht es heute mehr und mehr darin, wie der Mensch dazu gebracht werden kann, daß er nicht mehr alles tut, was er kann. Die Mittel sind berechenbar, der Mensch aber ist es nicht. Die berechenbaren Mittel in der Hand von unberechenbaren Menschen – das ist unser weltpolitisches Problem! Wir erfassen seine weltpolitische Relevanz aber nur, wenn wir es in seiner anthropologischen Tiefe erkennen, gleichgültig, ob wir diese nun »metaphysisch«, »theologisch« oder »religiös« ausdeuten. Auf jeden Fall lösen wir das Problem nicht dadurch, daß wir es auslassen, indem wir über uns hinwegsehen. Hier könnte die Auslassung über die Ausgelassenheit zur Auslöschung führen.

Gewiß soll man die Menschen nicht mit den sogenannten »Grenzfragen des Lebens« in die Enge treiben und Gott dann als »Problemlöser« oder »Lückenbüßer« aus dem Jenseits auftreten lassen. Gegen dieses Verfahren gelten nach wie vor alle Einwände, die Dietrich Bonhoeffer dagegen erhoben hat. Aber das darf uns nicht die Augen davor verschließen, daß es »Lücken« in der Welt gibt. Wo diese Lücken übersehen werden, geschieht es immer auf Kosten des Menschen und der Welt in einem. Die »Lückenlosigkeit« aller geschlossenen Systeme, seien sie sozialistisch, faschistisch, atheistisch oder auch christlich, ist das deutlichste Zeichen für ihre Unmenschlichkeit.

Inwieweit die Welt sich selbst genug ist und inwieweit nicht, spiegelt die Unterscheidung zwischen »*Rätsel*« und »*Geheimnis*« wider.

Rätsel und Geheimnis sind zweierlei. Zum Beispiel: In einem Kriminalfall kann von einem »rätselhaften

Mord« die Rede sein. Sobald der Mord aber aufgeklärt ist, erscheint er nicht mehr als ein Rätsel. Das Geheimnis des Bösen und des Todes, das in diesem Mord enthalten ist, bleibt jedoch auch nach seiner Aufklärung bestehen. Oder: Die Entstehung des Lebens ist ein Rätsel, das zu lösen die biologische Forschung gerade im Begriff ist; aber auch nach der Enträtselung seiner Entstehung wird das Leben weiterhin ein Geheimnis bleiben. Zu einem »Rätsel« gehört es mithin, daß es aufgelöst werden kann und daß es mit seiner Auflösung erledigt ist. Ein »Geheimnis« dagegen bleibt; es hört niemals auf zu bestehen – wenn es wirklich ein Geheimnis ist. Freilich gibt es auch Geheimnisse, die sich enthüllen lassen, zum Beispiel wenn die Geheimnummer eines Prominenten durchsickert oder wenn ein Staatsgeheimnis von einem Spion ausgespäht wird. Aber das sind künstliche, von Menschen hergestellte und daher auch von ihnen auflösbare Geheimnisse, mithin im Grunde eigentlich gar keine Geheimnisse, sondern Rätsel.

Zum Geheimnis gehört dreierlei:

1. Ein Geheimnis ist einfach da. Es wird nicht vom Menschen geschaffen, sondern es begegnet dem Menschen, es widerfährt ihm. Nicht der Mensch geht das Geheimnis an, sondern das Geheimnis dringt auf den Menschen ein. Der Mensch entdeckt zwar das Geheimnis, aber er deckt es nicht auf.

2. Ein Geheimnis kann sprechen. Auch wenn es sich nicht enthüllt, so bleibt es dennoch nicht stumm, sondern teilt sich dem Menschen mit. Aber auch durch seine Mitteilung löst es sich nicht auf, sondern bleibt weiter bestehen.

3. Um der Mitteilung eines Geheimnisses teilhaftig zu werden, muß der Mensch sich auf das Geheimnis einlassen; er muß sich ihm anvertrauen. Tut er es, dann wird

er zwar das Geheimnis nicht erfahren, aber er wird mit dem Geheimnis Erfahrungen machen. Mit einem Rätsel kann man, wenn man nicht stumpfen Geistes ist, im Grunde nicht leben; es stört und reizt einen ständig zur Lösung. Mit einem Geheimnis hingegen läßt sich leben; zwar beschäftigt es einen auch unentwegt, ja es kann einen sogar mächtig bedrängen und beirren. Aber wer ihm nicht ausweicht, sondern es annimmt und mit ihm lebt, der wird dadurch in seinem Leben bereichert. Dann ist das Geheimnis wie eine dunkle Wolke, aus der es mit einemmal zu regnen anfängt.

Alle einzelnen Unterschiede zwischen »Rätsel« und »Geheimnis« schießen zuletzt in dem einen wesentlichen zusammen: daß das Rätsel verfügbar ist, das Geheimnis hingegen unverfügbar bleibt. Indem das Rätsel verfügbar ist, weist es auf das dem Menschen Verfügbare in der Welt hin. Die Rätsel der Welt zu lösen, ist die Aufgabe der Wissenschaft – von der Entschlüsselung eines historischen Textes bis zur Erklärung eines bis dahin unerklärlichen Naturvorgangs. Auf diese Weise hat die moderne Wissenschaft die Welt zum Teil enträtselt, aber ihre Geheimnisse hat sie nicht gelöst.

Das Geheimnis bleibt unverfügbar, und indem es unverfügbar bleibt, weist es auf das dem Menschen Unverfügbare in der Welt hin. Die Aufgabe des christlichen Glaubens ist es weder, die Rätsel der Welt zu bewahren, noch, sie zu lösen. Der Glaube hat es nicht mit den Rätseln, sondern mit den Geheimnissen der Welt zu tun. Er soll die Menschen auf sie hinweisen, nicht um sie zu erschrecken, sondern um ihnen Mut zu machen, sich auf sie einzulassen und mit ihnen zu leben, damit sie mit ihnen Erfahrungen machen und auf diese Weise die Welt und ihr eigenes Leben in ihr tiefer erfahren. Solche tiefere Welt- und Lebenserfahrung heißen wir »Religion«.

Im Grunde gibt es nur ein einziges Geheimnis in der Welt, das sich in allen einzelnen Geheimnissen entfaltet. Es betrifft den Grund und das Ziel alles Lebens in der Welt: daß der Mensch sich nicht selber setzt, sondern sich empfängt, daß die Welt nicht in sich besteht, sondern »gehalten« wird, daß das Leben mithin mehr ist als nur dieses Leben und das Ganze der Welt mehr als nur die Summe ihrer Teile. In alldem spiegelt sich dieselbe Voraussetzung wider; sie läßt sich mit Ausdrücken beschreiben, die alle in die Richtung der gleichen Erfahrung weisen: Unverfügbarkeit, Angewiesenheit, Abhängigkeit, Widerfahrnis. Und darin deutet sich das eine, das einzige Geheimnis der Welt an. Wir nennen es »Gott«.

In seinem Festvortrag zum 25jährigen Bestehen der Evangelischen Akademie Bad Boll berichtete Carl Friedrich von Weizsäcker von einem Gespräch, das er als junger Physiker mit Karl Barth geführt hatte.[38] Darin hatte er Barth die Frage gestellt, ob er weiter Physik treiben dürfe – trotz seiner Einsicht, daß die Atombombe nicht nur ein Mißverständnis, sondern eine faktisch unausweichliche Folge der Physik sei. Barth hatte ihm darauf geantwortet: »Herr von Weizsäcker, wenn Sie das glauben, was alle Christen bekennen und fast keiner wirklich glaubt, nämlich daß Christus wiederkommt, dann dürfen und sollen Sie weiter Physik machen; sonst nicht.« Carl Friedrich von Weizsäcker gesteht, daß ihm diese Antwort »in die Knochen ging«, auch wenn das mythologische Bild von der Wiederkunft Christi für ihn befremdlich gewesen sei: »Aber daß hier ein Nerv unseres Verhältnisses zur Geschichte getroffen war, das verstand ich sofort.«

Der von Weizsäcker in Boll gehaltene Vortrag hatte zum Thema ›Die Aufgabe der Kirche in der kommenden

Weltgesellschaft‹. Er schließt mit dem Fazit: »Eines läßt sich sagen: Nur wer auf etwas anderes wartet als auf eine verständige Weltregierung, wird das sehen, was die Weltgesellschaft nötig hat.« Mit diesem Satz zieht Carl Friedrich von Weizsäcker, nach mehr als zwanzig Jahren, die Konsequenz aus Barths dermaligem Hinweis auf die Wiederkunft Christi und gibt seinerseits eine Antwort auf die Frage, wozu das Christentum gut sei. In der Tat könnte die mythologische Vorstellung von der Wiederkunft Christi in der von Weizsäcker angedeuteten Weise für uns heute neue Bedeutung gewinnen: als ein Hinweis darauf, daß die Welt nicht genug ist, daß ihre »Ganzheit« noch aussteht und daß nur, wer um dieses »Ungenügen« der Welt weiß und auf ihre »volle Genüge« hofft, die Verantwortung für ihre Zukunft in der Gegenwart in der richtigen Weise wahrnimmt. »Was hülfe es dem Menschen, wenn er die ganze Welt gewönne und nähme doch Schaden an seiner Seele?« – das darf nicht nur innerlich-individualistisch, das muß auch weltlich-universal verstanden werden: Die Welt gewinnt nur, wem die Welt nicht genug ist. Nur wer das nach Meinung der Welt für sie Nicht-Notwendige im Auge hat, sieht, was der Welt nottut.

SECHSTES KAPITEL

DER GRUND: DAS LEBEN IST UMSONST – ABER ES IST NICHT BILLIG

(Die Bewahrheitung des christlichen Glaubens in der Existenz des Einzelnen)

1. Der Mensch möchte »wer« sein – die Identitätskrise und ihre Überwindung

Der konkrete Erlebniskern der heute überall auf uns eindringenden Sinnfrage und der in ihr enthaltenen Sehnsucht nach einem erfüllten, gelingenden und damit nach dem »richtigen« Leben ist die Sorge um unsere Identität. Und die Sorge um unsere Identität ist es zugleich wiederum, die uns unsere Identität verlieren zu lassen droht und uns der Furcht anheimgibt, daß uns das Leben mißlingen könne, ja vielleicht sogar schon mißlungen sei. Zur Beschreibung und gleichzeitig zur Erklärung dieses Zustandes pflegen wir den aus der Psychoanalyse stammenden, heute fast schon zu einem Schlagwort gewordenen Begriff *»Identitätskrise«* zu verwenden.

Identität ist die Antwort auf die Frage: Wer bin ich? Diese Frage kommt nicht nur aus der Neugier des Menschen; sie ist auch mehr als nur eine Frage; aus ihr spricht eine Sehnsucht, ein Wunsch. Ob wir in unserer Alltagssprache von jemandem sagen, er möchte »wer« sein, oder ob es in der philosophischen Reflexion heißt, jeder Mensch strebe danach, sich selbst zu verwirklichen – beidemale ist im Grunde dasselbe gemeint. Was beide Wendungen, nur auf verschiedenem Niveau, ausdrükken, ist das Verlangen des Menschen, zu sich selbst zu kommen, wirklich der sein zu dürfen, der er ist. Wer aber zu sich selbst gekommen ist, wer so sein darf, wie er ist, der ist frei. Und wer frei ist, der verdient den Namen »Person«; denn zum Personsein gehört Freiheit. So ist die Identität des Menschen im Sinne seiner Selbstverwirklichung gleichbedeutend mit seiner *Freiheit* und sein Streben nach Identität ein Ausdruck seines Verlangens, frei zu sein.

Demnach besteht die *Krise* der Identität darin, daß der Mensch seine Freiheit verloren hat beziehungsweise daß er noch gar nicht zu ihr gelangt ist. Eine der entscheidenden Ursachen dafür bildet die erzwungene oder freiwillige Teilnahme am Rollenspiel der Leistungs- und Konsumgesellschaft, durch die der einzelne sich selbst, seine Identität, und mit der Identität seine Identifikation als Mensch, sein Humanum, zu verlieren droht. Diese Bedrohung deutet sich in der veränderten Art an, wie der Mensch nach sich selbst fragt, eigentlich nur in dem Wechsel des Fragepronomens. Wir fragen heute meistens nicht: Wer bin ich?, sondern: *Was* bin ich?; und wenn uns jemand vorgestellt oder gezeigt wird, fragen wir nach einem kurzen: Wer ist das? sofort: *Was* ist er? und: *Was* macht er? Indem wir in dieser Weise nach den anderen fragen, verraten wir unbeabsichtigt, woher wir unsere eigene Identität beziehen: von unserem Beruf, von unserer sozialen Stellung, von der Leistung, die wir erbringen, von dem Ansehen, das wir bei anderen genießen. Und das macht unser Leben »diffus«: weil wir lauter Rollen spielen und uns mit ihnen identifizieren, verlieren wir darüber unsere Identität. »Identitätsdiffusion« nennt der amerikanische Psychoanalytiker und -therapeut Erik H. Erikson diesen Zustand.

Die Rollen, die wir spielen beziehungsweise zu spielen haben, wechseln und vergehen und wir mit ihnen, weil wir uns mit ihnen identifizieren. Aber tun wir es nicht, erfüllen wir nicht die Rollenerwartungen der anderen, geben wir uns nicht »bis zum Letzten« an unsere Rolle hin, dann drohen wir unsere »Position« zu verlieren, dann werden wir womöglich fallen gelassen und weggeworfen wie irgendein Material im Produktions- und Konsumprozess, das sich abgenutzt hat und nicht mehr zu gebrauchen ist. Der Kampf um die Rolle aus Angst vor dem Verlust der Identität spielt sich heute überall ab, in den Ehen zwischen Mann und Frau, in den Familien zwischen Eltern und Kindern, im Beruf zwischen Alten und Jungen, in der Gesellschaft zwischen Statthaltern und Revolutionären, in Universitäten, Verbänden und Redaktionen. Weil jeder um seine Rolle bangt, versucht einer den anderen zu überrollen. Und könnte es nicht auch sein, daß sich in der eingangs beklagten Identitätsdiffusion der Kirche samt entsprechender Machtpolitik der einzelnen Gruppen und Richtungen in ihr etwas von unserer eigenen Identitätskrise widerspiegelt, indem wir unsere persönlichen Rollenerwartungen, nachdem wir uns in ihnen enttäuscht sehen, auf die Kirche übertragen und sie in ihr institutionalisieren?

Was hinter unserer »Identitätsdiffusion« steht, was diesen Zustand erzeugt und was er seinerseits wieder hervorruft, das ist Angst – Lebensangst. Fragen wir nach dem konkreten Grund und Gegenstand dieser Angst, so bleiben wir ohne genaue Antwort. Es ist, wie wir zu sagen pflegen, eine »namenlose Angst«. Aber eben diese »Namenlosigkeit« deutet nun doch auf ihren Grund hin. Der Name ist es, der einen Menschen »kennzeichnet« und ihn von anderen Personen unterscheidet. Eine Person gilt dann als »identifiziert«, wenn sie mit dem Namen und dem Gesicht auf ihrer »Kennkarte«

(Identity Card!) übereinstimmt. Wir aber tragen heute viele Namen und wechselnde Gesichter. Darum fürchten wir uns, »namenlos« zu werden und unser »Gesicht zu verlieren«. Was aber bedeutet dies anderes als die Angst vor dem Verlust unserer Identität?

Die Folgen sind *Selbstentfremdung* und *Unfreiheit*. Wenn der Mensch, der zu sich selbst gekommen ist und nun der sein kann, der er ist, seine Identität als Freiheit erfährt, dann erlebt der, der durch den Zwang zum Rollenspiel sich selbst entfremdet ist, seinen Zustand zwangsläufig als Unfreiheit. Er hat das Empfinden, daß er nicht eigentlich selbst lebt, mithin nicht so, wie es ihm entspricht, sondern daß er gelebt *wird*, mithin so, wie andere es von ihm erwarten, daß er nach fremder Leute Pfeife tanzen muß – und nicht nur nach einer! Dabei können die anderen, die Fremden, die ihn sich selbst entfremden, ebensogut fremde Menschen wie fremde Verhältnisse sein.

In dieser Situation bieten sich zwei entgegengesetzte Möglichkeiten an, die Identität und damit die Freiheit zu gewinnen: die Selbstverweigerung oder die Selbstbehauptung. Aber beide bedeuten keinen Ausweg, weil sie beide keine Freiheit begründen.

Zunächst die *Selbstverweigerung*: Wenn die Identität beziehungsweise Freiheit des Menschen darin besteht, daß er, zu sich selbst gekommen, der sein kann, der er ist, dann gehört dazu auch, daß er sich selbst annimmt. Das hat nicht nur ein falscher christlicher, sondern auch ein allgemein moralischer Rigorismus oft vergessen; daran ist die Theologie in unseren Tagen nicht zuletzt von der Psychoanalyse wieder erinnert worden. Wer sich weigert, sich selbst anzunehmen, der ist zutiefst unfrei und bleibt eine »Un-Person«. Seine Selbstverweigerung kommt auch, so altruistisch sie vielleicht erscheint, seinen Mitmenschen nicht zugute, weil er trotz seiner Weigerung, ja gerade wegen seiner Weigerung, sich selbst anzunehmen, ständig mit sich selbst beschäftigt ist und um sich selbst kreist.

Ebensowenig führt die *Selbstbehauptung* den Menschen aus der Selbstentfremdung und der Unfreiheit heraus. Wer seine Identität dadurch zu gewinnen trachtet, daß er sich selbst gegen die anderen behauptet, wendet ihnen gegenüber nur dasselbe Verfahren an, durch das auch er unterdrückt und sich selbst entfremdet wird. Er erniedrigt den Mitmenschen zum Stoff, zur Materie, die er wie irgendein anderes Konsumgut in sich hineinschlingt, um sein Selbst dadurch aufzubauen und zu stärken. Aber auf Kosten der Identität seiner Mitmenschen hat noch niemals ein Mensch seine Identität erreicht – wie sollte er auch durch die Vereinnahmung fremder Selbste zu einem eigenen Selbst gelangen? Auch noch so viele andere Selbste machen noch kein eigenes Selbst. Da nimmt sich der Mensch womöglich so lange von anderen das Leben, bis er keinen Weg mehr sieht, als sich selbst das Leben zu nehmen. Es gibt eine Sucht, ja eine Jagd nach Identität, die den Menschen sich selbst gerade verfehlen läßt. Da wird die Selbstsuche zur Selbstsucht. Wer in allem, was er leistet und was ihm widerfährt, nur seine Identität zu finden trachtet, findet weder sich selbst noch überhaupt etwas.

Wenn weder Selbstverweigerung noch Selbstbehauptung aus der Selbstentfremdung zur Identität, aus der Unfreiheit zur Freiheit führen – wie kann der Mensch dann seine Identität und Freiheit gewinnen? Wie kommt er dann zu sich selbst? Wie kann er der werden, der er sein soll, der er im Grunde immer schon ist? Kurzum: wie kann er frei werden und eine Person sein?

In seiner Schrift ›Das Glück und die Theologie‹ erzählt Heinrich Buhr folgendes Erlebnis: »Der Sohn meines väterlichen Freundes F. war in der Zeit seines Examens in einen Leistungswahn gefallen, er schloß sich von den anderen ab und arbeitete eisern. Der Vater sah es und wollte, daß er wieder zu reiten anfangen solle. Das könne er nicht [erwiderte der Sohn], dann müsse er es täglich tun, um wieder in Form zu kommen. Statt dessen betrieb er für sich Kraftsport, um noch ein paar Kilo und noch ein paar mehr zu heben. ›Zufällig‹, bei einem Gang in den Schönbuch, traf er nun auf jemanden, der vom Pferde gestürzt war – und er machte sich, es war schon Abend, auf die Suche nach dem Pferd. Lange vergeblich. Es war inzwischen Nacht geworden. Da kam ihm, als er schon aufgeben wollte, das Pferd auf einem schmalen Pfad entgegen. Er griff es, saß auf und fühlte den Augenblick als ein Geschenk. Und nun trainierte er nicht auf Leistung auf einem Pferde, sondern er ritt.«[39]

Diese Geschichte wird uns zum Gleichnis – als solches könnte sie fast im Neuen Testament stehen. Wir heben aus ihr vier Punkte heraus, die wir thesenartig formulieren.

Erste These: Durch Leistung ist die Identität der Person und damit die Freiheit nicht zu erlangen.

Das ist der Irrtum, dem der junge Mann in jener Geschichte am Anfang erlegen ist, daß er sein ganzes Leben unter dem Gesichtspunkt der Leistung sieht und daß er entsprechend auch die Bestätigung seines Ichs und damit den Sinn seiner Existenz von seiner eigenen Leistung erwartet. Eben darum arbeitet er nicht nur eisern auf das Examen hin, sondern sucht selbst seiner Freizeit noch durch einen eisernen Kraftsport Sinn zu geben. Auf diese Weise wird sein Leben zu einer einzigen großen Anstrengung: alles in ihm muß seine Tüchtigkeit erweisen. Aus dieser Selbstzucht aber spricht eine verborgene Selbstsucht. Wer so lebt, lebt im Grunde nur für sich selbst. Trotzdem ist er nicht frei. Er steht unter dem Gesetz der Leistung. Zwar hat er sich dieses Gesetz selbst auferlegt, aber in demselben Augenblick, in dem er es »verabschiedet« hat, wird es für ihn zu einer eigenständigen Größe und zu einem fremden Zwang. Gewiß verdient der junge Mann unseren Respekt, aber mehr noch als unseren Respekt unsere Teilnahme. Denn im Grunde lebt er mit all seinem Leisten am Leben vorbei.

Zweite These: Der Mensch kommt nur zu sich selbst, indem er von sich selbst loskommt.

In unserer Geschichte geschieht dies in dem Augenblick, als der junge Mann im Wald den gestürzten Reiter findet und sich bis in die Nacht hinein auf die Suche nach dem Pferd macht. Auch dabei leistet er etwas, sicherlich ebensoviel wie bei seiner Arbeit zum Examen und bei seinem Kraftsport. Doch er denkt dabei nicht an sich selbst und an das, was er leistet, sondern nur an die anderen, an den Reiter und an das Pferd, daß ihnen geholfen werde. Aber gerade indem er so völlig selbstvergessen nach einem anderen sucht, ist er ganz bei sich selbst. Um sich selbst finden zu können, muß der Mensch sich selbst loslassen. Selbstverwirklichung gibt es nur durch Selbstverwandlung. Wie aber kommt es dazu?

Dritte These: Seine Identität und Freiheit kann der Mensch nicht durch Leistung erringen, sondern nur als Geschenk empfangen.

Die ganze von uns als Gleichnis gedeutete Erzählung zielt auf den letzten Satz hin, in dem es von dem jungen Mann heißt: »Und nun trainierte er nicht auf Leistung auf einem Pferde, sondern er ritt.« Das steht im genauen Gegensatz zu seinem Verhalten am Anfang. Damals beurteilte er auch das Reiten allein unter dem Gesichtspunkt der Leistung und maß es entsprechend an der Norm der eigenen Tüchtigkeit. Er sah im Reiten nur ein auswechselbares Mittel, um durch eigene Leistung sich selbst zu bestätigen. Aber eben damit verfehlte er beides: sowohl den Sinn des Reitens als auch die Verwirklichung seiner selbst.

Jetzt, am Ende, heißt es von ihm einfach: *er ritt.* In diesem Augenblick bejaht der junge Mann das Leben, er freut sich seines Daseins. Das macht: Er hat sich selbst gefunden; er ist in seinem Tun eins mit sich selbst. Dabei ist das Tun nicht die Leistung, welche das Selbstsein begründet. Sicher ist Reiten eine anstrengende Leistung, aber ausdrücklich heißt es: »Er fühlte den Augenblick als ein *Geschenk.*« Das bedeutet, daß allem Handeln ein Empfangen vorangeht, richtiger, daß alles Handeln in einem Empfangen gründet, noch genauer, daß alles Handeln im Augenblick seines Vollzugs zugleich ein Empfangen ist. Auch jede Leistung erweist sich damit als Gnade. Wo aber ein Mensch sein Leben in dieser Weise empfängt, dort kommt er von sich selbst los, und wo einer von sich selbst loskommt, dort kommt er zu sich selbst. Was aber heißt dies anderes, als daß er *Mensch* wird und also seine Identität gewinnt? Jetzt kann er sein, der er ist, und so, wie er ist. Und damit ist er frei.

Vierte These: Glück entsteht nicht dadurch, daß der Mensch es will und herstellt, sondern daß es sich ungewollt einstellt.

Über dem ersten Teil der Erzählung, der vom »Leistungswahn«, aber auch von den tatsächlichen Leistungen des jungen Mannes handelt, hängt unausgesprochen ein Hauch von Traurigkeit, über dem zweiten Teil hingegen, in dem zwar auch von den Leistungen des jungen Mannes, aber nicht mehr von seinem Leistungswahn die

Rede ist, liegt ein deutlicher Schimmer der Freude. »Er fühlt den Augenblick als ein Geschenk . . . er ritt« – aus diesen wenigen Worten spricht eine tiefe Glückserfahrung. Wie ist es zu ihr gekommen? Nicht dadurch, daß der junge Mann das Glück gesucht hätte – gesucht hat er das Pferd. Aber indem er es suchte und fand, stellte sich für ihn das Glück ungesucht ein.

Der Mensch kann das Glück nie als direktes Ziel seines Lebens angehen; er kann nicht den Beschluß fassen: Ich will glücklich werden! Vielmehr kann er nur sagen: Ich will das und das tun – und wenn ihm dies dann gelingt, dann *ist* er glücklich. Glück gibt es immer nur im Gefolge, besser noch, im Vollzug eines Tuns und Seins, als Nebenprodukt oder Begleiterscheinung. Der Mensch ist nicht seines Glückes Schmied, sondern »das Glück läuft hinterher« – freilich anders, als Bert Brecht es in dem bekannten Song der ›Dreigroschenoper‹ gemeint hat, nämlich nicht so, daß es hinter dem Menschen herliefe, ohne ihn je einzuholen, sondern so, daß es sich ungewollt, nur als Folge von etwas anderem Gewollten hinterher von selbst einstellt.

Damit gerät »Glück« in die Nähe von Identität und Freiheit. Glück bedeutet nicht dieses oder jenes einzelne Widerfahrnis, das mich glücklich macht, sondern es bezeichnet eine Grundstimmung, objektiver, eine Grundbefindlichkeit des Menschen, die sich dann freilich in diesem oder jenem einzelnen Ereignis manifestiert. Glück ist die Wirkung der Selbstverwirklichung des Menschen. Wer zu sich selbst gekommen ist, wer wirklich der sein kann, der er ist, ist nicht nur frei; er ist, weil eins mit sich selbst, auch glücklich. Solches Glück ist nicht auf die sogenannten »frohen Stunden im Leben« beschränkt, sondern es ist jederzeit möglich, in »Freud und Leid«, in »Glück und Unglück«.

2. Das verdankte Dasein

(1) Welche Freiheit meinen wir?

Die Einsichten, die wir an dem als Gleichnis verwendeten Einzelerlebnis gewonnen und thesenartig formuliert haben, müssen wir jetzt im Blick auf das Ganze des menschlichen Lebens ausziehen und auf diese Weise ein Stück »Existenzerhellung« treiben. Wir tun dies unter den vier Stichworten »Freiheit«, »Vertrauen«, »Empfangen« und »Spiel«. Diese vier Begriffe bezeichnen einen einheitlichen Erfahrungszusammenhang, der sich bei näherem Zusehen als eine zeitgemäße Auslegung der biblischen Rechtfertigungslehre erweist.

Der junge Mann in dem zitierten Beispiel erscheint fast wie eine Symbolfigur unserer Zeit, deren Denkweise »Nutzen«, deren Ziel »Erfolg«, deren Maßstab »Leistung« und deren Tugend daher »Tüchtigkeit« heißt. Die Tüchtigen sind die Pharisäer der modernen Leistungsgesellschaft, die durch ihre Werke die Seligkeit zu erlangen trachten, zwar nicht mehr eine himmlische, aber doch eine irdische. Sie sind die Starken, die des Arztes nicht zu bedürfen meinen, wobei sie sich freilich gleichzeitig um nichts so sehr sorgen wie um ihre Gesundheit, um »fit« zu bleiben für neue Leistungen.

Durch seine Leistungen aber ist noch niemals jemand zu einer endgültigen Bestätigung seines Ichs, zu einer dauerhaften Stärkung seines Selbstwertes gelangt. Was einer durch Tüchtigkeit erreicht, ist immer nur eine Wertschätzung der von seiner Person ablösbaren Leistungen, nie aber eine Anerkennung seiner Person um ihrer selbst willen – und das hieße doch seiner »Identität«. In seinen Leistungen aber ist jeder jederzeit ersetzbar. Und was geschieht, wenn einer keine Leistungen mehr vorzuzeigen hat, wenn er sich nur Verfehlungen »geleistet« hat, wenn er sich für eine falsche Idee eingesetzt hat, wenn er gescheitert ist, wenn seine Kräfte nachlassen, kurzum, wenn er niemandes Nutzen und Zweck mehr ist? Hat er dann seine Identität und mit der Identität sein Humanum eingebüßt? Hat sein Ich dann keinen Wert und sein Leben keinen Sinn mehr? Und wann hat einer je genug getan? Wann hat er »getan, was an ihm ist«? Damit sind wir unwillkürlich in die Terminologie der mittelalterlichen Rechtfertigungslehre hineingeglitten. Das zeigt, daß wir es heute mit einer Werkgerechtigkeit in neuer Gestalt zu tun haben.

Hinter ihr steht nach wie vor das Schema desselben *Leistungsdenkens,* nur nicht mehr in »religiöser«, sondern in »weltlicher« Form. Ein Mensch gilt jeweils so viel, wie er leistet: »Kannst du was, so bist du was« – früher vor dem Richterstuhl Gottes, heute vor dem Forum der menschlichen Gesellschaft. Damit ist der Sinn eines Menschenlebens auf seinen Nutzen und Zweck reduziert. »Sinnvoll«, »zweckmäßig«, »nützlich« und »erfolgreich« werden zu austauschbaren Synonymen. Und das hat Konsequenzen: Wenn ein Menschenleben jeweils nur so viel Sinn hat, wie es der Gesellschaft Nutzen bringt, dann muß jeder Mensch zusehen, daß er der Gesellschaft möglichst viel Nutzen bringt, um seinem Leben möglichst viel Sinn zu geben. Sinngebung des Lebens und der Welt durch den Menschen – damit scheint der Mensch wirklich zu sich selbst zu kommen. In Wahrheit aber ist er dadurch gerade von sich abgekommen und heruntergekommen: Der Herr über die Welt ist zu einem Werkzeug für alle Welt geworden; der, der sich selber produziert, wird von seinesgleichen auch konsumiert. Das ist im westlichen Gesellschaftssystem nicht anders als im östlichen. Aufs letzte gesehen, das heißt in unserem Fall auf den Menschen geblickt, ist der Unterschied zwischen Kapitalismus und Sozialismus nicht so groß, wie ihre Vertreter ihn beschwören. Hier wie dort wird der Mensch an seinen Leistungen gemessen und damit sich selbst entfremdet; hier wie dort droht ihm darum dieselbe »Identitätskrise« mit den gleichen Verlusten an Freiheit und Menschlichkeit.

Das theologische Urteil über die Identitätskrise lautet, daß gerade der Mensch, der nur sich selbst sucht, sich selbst verfehlt – in der Sprache Jesu heißt dies: »Wer sein Leben erhalten will, der wird es verlieren« (Matthäus 16,25; Lukas, 9,24). Hier wird die von uns getroffene Unterscheidung zwischen »richtigem« und »falschem Anthropozentrismus« im Hinblick auf die Freiheit und Unfreiheit des Menschen wirksam. Falscher Anthropozentrismus bedeutet, daß der Mensch das Maß aller Dinge bildet und damit auch sich selbst zum Maß dient. Die Folge ist, daß er um sich selbst kreist und auch die Welt sich um sich drehen läßt, wobei dieses »sich« bezeichnenderweise sowohl den Menschen als auch die Welt einschließt – Geozentrismus gibt es immer nur in der Form von Anthropozentrismus. Aber die totale Autonomie, seine Selbstverwirklichung durch Selbstbefreiung, ob idealistisch oder materialistisch begründet, garantiert dem Menschen noch nicht die erstrebte Freiheit. Da wird er zwar nicht mehr von einem anderen unterdrückt, dafür aber jagt er jetzt sich selbst, Jäger und Wild in einem. Und meistens dauert es nicht lange, bis er sich wieder einem fremden Gesetz unterwirft und seine Autonomie damit neu in Heteronomie umschlägt. Seine freiwillige oder erzwungene Teilnahme am Rollenspiel der Leistungs- und Konsumgesellschaft bildet dafür ein anschauliches Beispiel.

Der Irrtum des falschen Anthropozentrismus besteht

darin, daß er die Selbstverwirklichung des Menschen auf dem Wege seiner totalen Autonomie zu erreichen trachtet und auf diese Weise Freiheit mit Unabhängigkeit und Bindungslosigkeit verwechselt. *Freiheit* aber ist nicht gleichbedeutend mit Unabhängigkeit und Bindungslosigkeit, sondern meint eine bestimmte Art der Abhängigkeit und Bindung. Abhängig und gebunden ist in irgendeiner Weise jeder Mensch; es kommt nur darauf an, *an wen oder was einer gebunden ist*, von wem oder was er abhängt. Die Freiheit oder Unfreiheit des Menschen hängt von der Qualität des Subjekts ab, an das er gebunden ist. Mithin hat die *Unfreiheit* des Menschen ihren Grund darin, daß er in einer *falschen* Abhängigkeit und Bindung lebt. Folglich kann die Freiheit des Menschen nur auf die Weise hergestellt werden, daß er in die rechte, in die ihm *gemäße* Abhängigkeit und Bindung gelangt. Hier setzt ein, was wir als »richtigen Anthropozentrismus« bezeichnet haben. Hier tritt in Kraft, was wir über Gott als den wahren Ursprung und bleibenden Bezugspunkt und damit als das gültige Maß des Menschen gesagt haben. Hier muß sich der Theozentrismus anthropologisch bewahrheiten.

Dies erscheint zunächst als eine schwere Zumutung für den Menschen. Jesus formuliert diese Zumutung – in Fortführung seines oben zitierten Wortes – so: »Wer aber sein Leben verliert um meinetwillen, der wird's finden« (Matthäus 16,25). Bildlich ausgedrückt, heißt dies, daß der Mensch aus seiner bisherigen falschen Kreisbahn in eine neue, in die richtige, gebracht werden muß. Da er bisher um sich selbst gekreist ist, verlangt dies von ihm, daß er sich selbst losläßt. Wie aber ist das möglich? Denn niemand möchte ins Bodenlose stürzen.

Hier deutet Jesu Wort, so schroff es auch im ersten Augenblick klingt, eine Möglichkeit für den Menschen und damit die Ermöglichung seiner Selbstverwirklichung und Freiheit an. Wenn Jesus sagt: »Wer sein Leben verliert um *meinetwillen* ...«, dann weist er damit auf seine Botschaft und Person hin. Jesu Person und Botschaft haben wir als den »Auszug Gottes zum Menschen« beschrieben. Ohne Bild heißt dies: Jesus eröffnet die Absicht Gottes mit der Menschheit, daß Gott, obwohl der Mensch ständig von ihm absieht, seinerseits vom Menschen nicht absehen, sondern ihn zur Erfüllung seiner Bestimmung bringen will. Die Bestimmung des Menschen aber liegt darin, daß er Gottes Geschöpf ist. Den Menschen zur Erfüllung seiner Bestimmung bringen heißt mithin, ihm eine neue Beziehung zu Gott eröffnen. Indem der Mensch aber wieder Zugang zu Gott erhält, wird er in seine wahre, in die ihm gemäße Bindung gebracht; indem der Mensch zu Gott kommt, kommt er zu sich selbst – und damit ist er frei. Er kann jetzt der sein, der er nach Gottes Schöpferwillen sein soll: *Sohn des Vaters und Herr über die Welt.* Und damit ist er *als Mensch »identifiziert«.*

Der Mensch hat seine Identität und Freiheit also dann gewonnen, wenn er sich als *Gottes Geschöpf* versteht. Fortan hat er sein Leben nicht mehr so, daß er es sich selber schafft, sondern daß er es jeden Augenblick, gerade auch in seinen größten Anstrengungen und höchsten Leistungen, von Gott empfängt. Die Identifizierung des Menschen schließt mithin in einem und demselben Akt einen zwiefachen Vorgang ein: seine Selbstenteignung und seine Übereignung an Gott. Wir können diesen zwiefachen Vorgang auch mit dem einen Wort »Verlassen« ausdrücken: der Mensch verläßt sich auf Gott – das heißt: er läßt sich selbst los und auf Gott ein.

Das alles ist abstrakt leicht gesagt – wie aber ist es

konkret getan? Anders gefragt: Wie findet der Vorgang, den wir gleichzeitig als die Selbstenteignung des Menschen und als seine Übereignung an Gott bezeichnet haben, in der Wirklichkeit unseres Lebens statt? Er realisiert sich darin, daß der Mensch *vertraut.* Die Bewahrheitung des christlichen Glaubens hat in diesem Falle dadurch zu geschehen, daß wir den Akt des Vertrauens entfalten und seine religiöse Dimension erschließen.

(2) Begründetes Vertrauen

Entfalten wir, was der Akt des Vertrauens in sich schließt, so ergeben sich folgende einzelne Wesensmerkmale:

1. Alles menschliche Leben beruht auf einem untergründigen, dem Menschen weithin unbewußten Vertrauen. – Franz Kafka notiert einmal: »Daß es uns an Glauben fehle, kann man nicht sagen. Allein die einfache Tatsache unseres Lebens ist in ihrem Glaubenswert gar nicht auszuschöpfen. ›Hier wäre ein Glaubenswert? Man kann doch nicht nicht-leben.‹ Eben in diesem ›kann doch nicht‹ steckt die wahnsinnige Kraft des Glaubens; in dieser Verneinung bekommt sie Gestalt.«[40] Kafka statuiert hier Glauben und Vertrauen als die stille, weithin unbewußte, aber unumgängliche Voraussetzung jedes menschlichen Lebens, als die Kraft, aus der es sich untergründig nährt. Dieses Vertrauen kann auf ein Minimum zusammenschrumpfen; wo es gänzlich aufhört, ist die Identität des Menschen aufs höchste gefährdet – bis hin zu Schizophrenie und Selbstmord.

2. Vertrauen richtet sich nicht nur auf einzelnes, sondern geht auf das Ganze. – Vertrauen ist der Ausdruck der Erfahrung eines umfassenden Sinnes des Lebens und

der Welt, mindestens aber der Frage danach. Freilich drückt sich dieses universale Vertrauen jeweils in dem partiellen Zutrauen zu einzelnen Personen, Dingen und Situationen aus, wie auch die Erfahrung eines umfassenden Sinns der Welt sich im Fragen nach dem Sinn ihrer einzelnen Teile bekundet.

3. Vertrauen entsteht nicht dadurch, daß *wir* auf etwas wirken, sondern daß etwas auf *uns* wirkt. – Vertrauen ist in erster Linie keine Leistung, sondern ein Widerfahrnis. Es wird in uns »hervorgerufen«; es kommt durch die Wirkung eines Gegenübers auf uns zustande. Natürlich müssen wir uns auch zum Vertrauen entschließen; aber wir können es doch immer erst, wenn ein Gegenüber eine entsprechende Wirkung auf uns ausgeübt hat, wenn uns dazu von außen ein »Anlaß« gegeben ist.

4. Vertrauen setzt immer ein Doppeltes voraus: einmal, daß es einen außerhalb unser selbst liegenden Grund hat, zum anderen, daß dieser außerhalb unser selbst liegende Grund zu uns in einer Beziehung steht. – Damit weist das Vertrauen des Menschen auf eine Wirklichkeit hin, die vom Menschen unterschieden ist, die anders ist als er, die er jedoch zu erfahren und wahrzunehmen fähig ist.

5. Alle religiösen Behauptungen basieren auf dem von Menschen erfahrenen Grundvertrauen. – Sie können nur deshalb Gewißheit geben, weil sie »Re-präsentationen« jenes noch tieferen, ursprünglichen Vertrauens sind, das ihnen selbst immer schon vorangeht. Dieses untergründige Vertrauen bildet die Grundlage aller Religionen. Die Funktion der Vokabel »Gott« ist es, auf den in der Wirklichkeit selbst liegenden objektiven Grund des für den Menschen unumgänglichen Vertrauens hinzuweisen. Der amerikanische Theologe Schu-

bert M. Ogden hat dies so formuliert: »Das Wort ›Gott‹ ist die Bezeichnung dessen, was in diesem von uns erfahrenen Ganzen unser ursprüngliches und unausweichliches Vertrauen hervorruft und rechtfertigt.«[41] Der Mensch ist fähig, diesen Grund des Ganzen, der in ihm Vertrauen erweckt, zu reflektieren. Sicher geht dieses Reflektieren nicht ohne Projektionen ab, aber es ist nie nur Projektion; in unseren Projektionen vollzieht sich immer auch eine Reflexion jenes Grundes selbst.

Was wir als Wesensmerkmale des Vertrauens, hinzielend auf seine religiöse Dimension, aufgezeigt haben, wird heute wissenschaftlich einerseits fundiert, andererseits in Frage gestellt durch die psychoanalytische Forschung. Hier ist vor allem auf die Erkenntnisse von *Erik H. Erikson* und auf den von ihm geprägten Begriff des *»Grundvertrauens«* (basic trust) hinzuweisen, der in deutscher Übersetzung gern als »Urvertrauen« wiedergegeben wird.[42]

Erikson hält die Religion, im Gegensatz zu Sigmund Freud, nicht einfach für eine Illusion des Menschen, die dieser, endlich erwachsen geworden, durchschauen und aufgeben muß. Zwar erklärt auch er den Ursprung und die Aufgabe der Religion psychologisch, aber deshalb bedeutet sie für ihn noch keineswegs eine Illusion, die abzutun wäre. Vielmehr übt sie im Leben des Menschen eine wichtige stabilisierende Funktion aus, um derentwillen sie erhalten bleiben muß. Diese Lebenshilfe, die die Religion gewährt, hängt mit ihrer Herkunft zusammen. Die Religion nährt sich aus jenem »Urvertrauen«, zu dem in den ersten Kindheitstagen, während der sogenannten »oralen Phase«, durch die wechselseitige (bipolare) Mutter-Kind-Beziehung der Grund gelegt ist.

Das Phänomen des Grundvertrauens und seine Entstehung werden von Erikson folgendermaßen beschrieben: » ›Mutter‹ ist der Mensch (oder die Menschen), der die überzeugende Fähigkeit besitzt, die Bedürfnisse des Kindes zu stillen und es schützend abzuschirmen: auf des Kindes suchenden Mund, seine suchende Haut und seine suchenden Sinne antwortet sie mit Nahrung, Wärme und Anregung. Sorgsam prüft sie Güte und Menge dessen, was sie ihm gibt, um ein Zuviel ebenso wie ein Zuwenig zu vermeiden. Das neue Menschenwesen erlebt sein Begehren und seine Abneigungen daher zusammen mit der persönlichen Fürsorge (im Sinne von Versorgen und Achtsamkeit), die man ihm zuwendet ... Während des ersten Lebensjahres hebt sich so aus dem mütterlichen Urgrund allmählich die Wirklichkeit der Betreuerin als zusammenhängendes Erlebnis ab, als sicher bestätigte Tatsache und Einsatzmöglichkeit für Liebe und tiefes Vertrauen – und das Kind ist weit genug entwickelt, um zusammenhängend zu erleben, einigermaßen sichere Feststellungen zu treffen und mutig den Einsatz zu wagen ... ›Grundvertrauen‹ habe ich diesen kostbaren frühen Schatz genannt. Es ist der erste psychologische Zug und das Fundament aller weiteren. Das Grundvertrauen in eine Gegenseitigkeit ist jener ›Uroptimismus‹, jene Annahme, daß ›jemand da ist‹, ohne den wir nicht leben können.«

Aus dem Grundvertrauen und seiner von Anfang an möglichen Anfechtung ergibt sich für Erikson die Funktion und Bedeutung der *Religion.* Ihre Aufgabe ist es, jene »allererste Beziehung des Menschen wiederherzustellen« – »jenes früheste Gefühl, einem zugewandt zu sein, der Fürsorge und Vorsorge trifft«. Geradezu sichtbar wird der Zusammenhang zwischen dem ursprünglichen, in der Mutter-Kind-Beziehung gestifteten Vertrauen und seiner Wiederaufnahme in der Religion in den Worten des »Segens«, der in jedem jüdisch-christlichen Gottesdienst gesprochen wird: »Der Herr lasse sein Angesicht leuchten über dir und sei dir gnädig; der Herr erhebe sein Antlitz über dich und gebe dir Frieden« (4. Mose 6,25 f.). Aber auch sonst gibt es in der Bibel genügend Bilder, die sich aus den Erfahrungen der Mutter-Kind-Beziehung nähren, etwa wenn es von Gott heißt: »Ich will euch trösten, wie einen seine Mutter tröstet« (Jesaja 66,13), oder wenn Gott fragt: »Kann auch ein Weib ihres Kindleins vergessen, daß sie sich nicht erbarme über den Sohn ihres Leibes?« (Jesaja 49,15) Und dazu kommt natürlich die durchgehende Bezeichnung Gottes als »Vater« in der Bibel.

Die Religion bildet also die institutionelle und organisierte Sicherung und Fortsetzung des in der Kindheit gelegten Grundvertrauens. Unter allen ideologischen Systemen vermag allein sie diese Aufgabe der Bewahrung zu erfüllen. Ob sie dies tut und wie sie dies tut – daran entscheidet sich nach Erikson ihre Aktualität.

Übrigens ist die Annahme eines Zusammenhangs zwischen dem Gottvertrauen des erwachsenen Menschen und dem frühen Vertrauen des Kindes zu seiner Mutter gar nicht so erstmalig, wie es uns heute auf Grund der modernen psychoanalytischen Forschung vielleicht erscheint. Bereits bei Pestalozzi findet sich im Jahre 1801 eine erstaunliche Analogie zu Eriksons Beobachtungen. Pestalozzi fragt an der betreffenden Stelle: »Wie kommt es, daß ich an einen Gott glaube, daß ich mich in seine Arme werfe und mich selig fühle, wenn ich ihn liebe, wenn ich ihm vertraue, wenn ich ihm danke, wenn ich ihm folge?« Und er gibt darauf die Antwort: »Das sehe ich bald, die Gefühle der Liebe, des Vertrauens, des Dankes, und die Fertigkeiten des Gehorsams müssen in mir entwickelt sein, ehe ich sie auf Gott anwenden kann. Ich muß Menschen lieben, ich muß Menschen trauen, ich muß Menschen danken, ich muß Menschen gehorsamen, ehe ich mich dahin erheben kann, Gott zu lieben, Gott zu danken, Gott zu vertrauen und Gott zu gehorsamen.« Pestalozzi fragt dann weiter: »Wie kommen die Gefühle, auf denen Menschenliebe, Menschendank und Menschenvertrauen wesentlich ruhen, und die Fertigkeiten, durch welche sich der menschliche Gehorsam bildet, in meine Natur?« Und jetzt antwortet er darauf in noch detaillierterer Übereinstimmung mit Erikson: »Ich finde: daß sie hauptsächlich von dem Verhältnis ausgehen, das zwischen dem unmündigen Kinde und seiner Mutter statt hat.«[43]

Was Pestalozzi intuitiv vermutet, das hat Erikson durch Forschung wissenschaftlich begründet. Er erklärt die Herkunft der Religion psychogenetisch und sieht ihre Aufgabe und Bedeutung gleichfalls psychologisch. Über die Frage nach der Wahrheit der Religion fällt er, im Unterschied zu Freud, kein Urteil, sondern bleibt mit seinen Aussagen im Bereich der psychoanalytischen Forschung. Das befreit uns aber nicht von der Auseinandersetzung mit der theologischen Problematik, die Eriksons psychologische Beobachtungen und Erkenntnisse uns aufgeben.

Wie steht es mit dem Verhältnis zwischen dem in der Kindheit gelegten Grundvertrauen und dem Gottesglauben des Menschen? Handelt es sich bei dem Glauben an Gott nur um die Fortsetzung einer in der frühesten Kindheit eingeübten Verhaltensweise, um das Festhalten an einer Gewöhnung, von der man nicht lassen mag, wie es auch andere, gute oder schlechte, Gewohnheiten gibt, die ein Mensch nur ungern ablegt? Anders gefragt: Produziert die gelungene Eltern-Kind-Beziehung erst das Urvertrauen im Kinde, oder erweckt sie nur etwas in der Anlage immer schon Vorhandenes und schützt es so lange, bis es selbst fähig ist, trotz bedrohlicher Widerfahrnisse im Leben unerschütterlich zu bleiben? Kurzum: Wird das Urvertrauen in der Kindheit vom Menschen erworben, oder wird es in ihm erweckt?

Wir antworten auf diese Fragen unsererseits mit einigen Gegenfragen: Was ist, wenn jemand eine schlechte Mutter gehabt hat oder sonst in einer lieblosen Umgebung, etwa in einem Militärwaisenhaus, aufgewachsen ist? Fraglos hat es ein solches Kind später im Leben mit dem Vertrauen im allgemeinen und mit dem Glauben an Gott im besonderen schwerer. Aber auch ein solches Kind kann im Laufe seines Lebens doch noch Vertrauen gewinnen und zum Glauben an Gott gelangen. Und gibt es nicht umgekehrt auch dies, daß sich jemand von seinen Eltern gerade losreißen muß, um selbst vertrauen zu lernen und damit seine Freiheit und Identität zu gewinnen? Schließlich: Was geschieht, wenn das in der Kindheit gelegte Urvertrauen später angefochten und widerlegt wird? Genügt dann die bloße Erinnerung an die einstige Geborgenheit in der Liebe der Mutter, um das Vertrauen »dennoch« durchzuhalten? Oder bedarf es dazu nicht eines Grundes, der außerhalb der Mutter-Kind-Beziehung liegt und der diese übersteigt, weil er sie erst begründet?

Wo immer die Bibel vom Vertrauen auf Gott redet, meint sie diesen außerhalb des Menschen liegenden Grund, und darum ist im Gottvertrauen immer ein »Trotzdem« und »Dennoch« enthalten: »*Dennoch* bleibe ich stets an dir« (Psalm 73,23). Selbst wo die Bibel vom Glauben an Gott in Bildern spricht, die fraglos aus den Erfahrungen der Mutter-Kind-Beziehung stammen, hält sie den Unterschied zwischen der Mutter-Kind-Beziehung und der Beziehung Gottes zum Menschen fest. Vorhin haben wir zitiert: »Kann auch ein Weib ihres Kindleins vergessen, daß sie sich nicht erbarme über den Sohn ihres Leibes?« Dieses Wort geht bezeichnenderweise weiter: »Und ob sie seiner vergäße, so will ich [Gott] doch deiner nicht vergessen« (Jesaja 49,16). Damit ist ausgesprochen, daß die Gottesbeziehung des Menschen nicht allein in der Mutter-Kind-Beziehung gründet; darum kann sie auch dann noch fortbestehen, wenn die Mutter-Kind-Beziehung oder jedes andere zwischenmenschliche Verhältnis aufhört. Ihren bündigsten Ausdruck hat diese Differenz zwischen Mutter-Kind-Beziehung und Gottesbeziehung und damit zwischen Grundvertrauen und Gottvertrauen in der Aussage des Psalmisten gefunden: »Mein Vater und meine Mutter verlassen mich, aber der Herr nimmt mich auf« (Psalm 27,10).

Mit diesen Gegenfragen soll nicht bestritten werden, daß zwischen dem in der Mutter-Kind-Beziehung gelegten Grundvertrauen und dem in der Religion sich ausdrückenden Gottvertrauen ein Zusammenhang besteht. Sonst schwebte der Gottesglaube ja in der Luft und hätte keinerlei Anhalt an der von uns erfahrbaren Wirklichkeit. Im Grunde stehen wir hier nur vor einem besonders eindrücklichen Beispiel der von uns schon mehrfach festgestellten Tatsache, daß die »Mitmenschlichkeit« zwar den Ort und die Art der Gottesbegegnung bezeichnet, daß diese aber über sie hinaus-, freilich nicht über sie hinwegweist. Indem der Mitmensch mit Gott zwar nicht identisch, wohl aber für ihn transparent wird, ist gleichzeitig die Präsenz Gottes in der Welt und seine Transzendenz ihr gegenüber festgehalten. Auf die Mutter-Kind-Beziehung und das in ihr angelegte Grundvertrauen angewandt, heißt dies, daß zwischen

Grundvertrauen und Gottvertrauen zwar ein Erlebnis- und Erfahrungszusammenhang besteht, daß das Grundvertrauen aber das Gottvertrauen nicht begründet, daß vielmehr der Mensch primär auf das Urvertrauen angelegt ist und es nicht erst sekundär erwirbt, daß mithin die Wirklichkeit der Welt auf einem Grund beruht, der Anlaß zu solchem Vertrauen gibt, der es begründet, besser noch, der es bewirkt.

Unter den »Zeichen der Transzendenz«, nach denen Peter L. Berger innerhalb der vom Menschen erfahrbaren Wirklichkeit Ausschau hält, um neue Anknüpfungsmöglichkeiten für den christlichen Glauben in der säkular gewordenen Welt zu entdecken, findet sich auch das »fundamentale Wirklichkeitsvertrauen« des Menschen, der Glaube, »daß die Wirklichkeit letztlich ›in Ordnung‹ ist«.[44] Als Erweis für dieses fundamentale Wirklichkeitsvertrauen führt Berger ein Beispiel an, dem man anmerkt, daß bei ihm das Eriksonsche »Urvertrauen« Pate gestanden hat. Er argumentiert folgendermaßen: Wenn eine Mutter nachts ihr ängstliches Kind aufnimmt und es mit den Worten tröstet: »Hab keine Angst; alles ist in Ordnung; alles ist wieder gut« – belügt diese Mutter dann ihr Kind? Die Antwort auf diese Frage kann nach Bergers Meinung nur dann »aus vollem Herzen« Nein lauten, wenn die Worte der Mutter durch eine entsprechende Wirklichkeit gedeckt sind, über die die Mutter selbst nicht verfügt. Berger ist überzeugt, daß die Mutter nicht lügt – »weil der Trost, den sie gibt, über sie und ihr Kind, über die Zufälligkeit der Personen und der Situation hinausreicht und eine Behauptung über die Wirklichkeit als solche enthält«. Verhielte es sich nicht so, dann wäre der Trost der Mutter eine Täuschung, denn in dieser Welt ist nun einmal nicht alles in Ordnung und wird nicht alles wieder gut – es ist immerhin die Welt, in der beide, die Mutter und das Kind, sterben werden. Darum reicht die Versicherung der Mutter, daß *alles* in Ordnung sei und wieder gut werde, für Berger unmittelbar in die religiöse Dimension; er erkennt in ihr eine »Chiffre der Transzendenz«.

Was sich in dem von Berger angeführten Beispiel ausdrückt, ist genau jenes Phänomen, das Erikson als Grund- oder Urvertrauen bezeichnet, nun aber nicht allein begründet in der liebenden Fürsorge der Mutter, sondern in einer Wirklichkeit, die der zwischenmenschlichen Beziehung zwischen der Mutter und ihrem Kind vorangeht, die auch diese erst begründet und darum den Grund zu einem Vertrauen gibt, das man eigentlich jetzt erst mit vollem Recht als »Grundvertrauen« oder »Urvertrauen« bezeichnen kann.

(3) Was hast du, das du nicht empfangen hast?

Aus dem Vertrauen ergibt sich als Grundform allen menschlichen Lebens das *Empfangen*. Wenn der Apostel Paulus fragt: »Was hast du, das du nicht empfangen hast?« (1. Korinther, 4,7), dann stellt er damit nicht nur den Korinthern eine katechetische Frage, sondern dann stellt er damit für alle Zeiten eine Grundbefindlichkeit der menschlichen Existenz fest. Was Paulus vor zweitausend Jahren niedergeschrieben hat, das wird heute von der anthropologischen Forschung bestätigt: »Angewiesenheit« und damit »Offenheit« gehören zur Struktur des Menschen; sie machen gleichsam seine Verfassung als Mensch aus.

Wer erkannt hat, daß Empfangen vor Handeln geht, und wer sein Leben entsprechend führt: so, daß er es in jedem Augenblick, fast wie eine Überraschung, empfängt – der lebt tiefer und intensiver als einer, der allein mit seiner Leistung rechnet und dem sein Leben daher zu einem berechenbaren Unternehmen, fast zu einem Rechenexempel wird, in dem es keine Überraschungen, höchstens noch Pannen gibt. Er allein lebt »richtig«, denn für ihn kann sich sein Leben in jedem gelebten Augenblick erfüllen.

Wenn im Leben Empfangen vor Handeln geht und wenn diese Rangfolge die Voraussetzung jedes richtigen und das Kennzeichen jedes gelungenen Lebens bildet, dann erweist sich als die Grundform aller menschlichen Existenz nicht die Aktivität, sondern die *Passivität.* Die deutlichsten Zeichen dafür sind Geburt und Tod, unser Eintritt in das Leben und unser Austritt aus ihm: völlig passiv müssen wir sie erleiden. Aber fast noch mehr gilt dies für die Zeitspanne zwischen Geburt und Tod. Was wir im Leben sind, das sind wir dadurch geworden, daß wir von anderen geliebt wurden – Geliebtwerden aber ist ein passiver Vorgang. Dasselbe trifft auf jeden schöpferischen Akt zu: der eigenen Produktion geht immer die Inspiration und eine Zeit der Inkubation voran. Was heißt dies alles zusammen aber anderes, als daß alles menschliche Leben auf seinem Grunde Empfangen ist und daß auch die höchste Aktivität sich aus einer Passivität nährt? Wo einem Menschen dies aufgeht: daß er sich nicht selbst gesetzt hat, sondern daß er sich mit allem, was er ist und hat, *verdankt,* dort erst beginnt er das Leben richtig zu begreifen, dort fängt er überhaupt erst wirklich zu leben an – dann mag er ansonsten so tüchtig sein, wie er will.

Freilich will das Wort »Passivität« recht verstanden sein: es gibt schöpferische und unschöpferische Passivität. Das Unterscheidungsmerkmal zwischen beiden liegt darin, ob durch die Passivität das Leben zu einer »Passion« wird, und zwar zu einer Passion im doppelten Sinn des Wortes: einmal, daß der Mensch wirklich leidenschaftlich lebt, zum anderen, daß ihm ein solches Leben ganz von selbst Leiden schafft, aber wohlgemerkt ihm, nicht anderen. Wo wir der Passion ausweichen, dort verfallen wir der falschen, unschöpferischen, der mit Recht verdächtigen Passivität.

Dies ist die Weisheit in der Torheit des Kreuzes. Die Passion bildet den Identitätspunkt zwischen der Existenz Jesu und der unsrigen. Wer den Tod Jesu *magisch* als Opfertod deutet, begnügt sich damit, daß ein anderer für ihn ans Kreuz gegangen ist, und bleibt auf diese Weise selber unverwandelt. Wer den Tod Jesu hingegen *geschichtlich* als Opfertod deutet, läßt sich selbst ans Kreuz der Wirklichkeit schlagen und wird eben dadurch verwandelt. Wo die Christen sich solchem »Mitleiden« mit Jesus entziehen, verfallen sie der falschen, unschöpferischen Passivität. Albrecht Dürer hat sein eigenes Gesicht in das Antlitz des Gekreuzigten hineingezeichnet und so die knappste und anschaulichste Deutung von Jesu Tod und Luthers Kreuzestheologie gegeben.

(4) Leben wie im Spiel

Für die Existenzweise des Empfangens kennen wir keinen besseren Ausdruck als das Wort »*Spiel*«. Menschsein und Spiel werden von Schiller zusammengeschlossen, wenn er im 15. Brief ›Über die ästhetische Erziehung des Menschen‹ schreibt: »Der Mensch spielt nur, wo er in voller Bedeutung des Wortes Mensch ist, und *er ist nur da ganz Mensch, wo er spielt.*«[45]

Mit »Spiel« sind nicht nur einzelne »Spielwiesen« im Leben gemeint – zur Entlastung und Entspannung des

Menschen, um ihn wieder fit zu machen für neue Anforderungen der Leistungsgesellschaft. Natürlich hat das Spielen in der Freizeit auch eine Entlastungsfunktion und dient damit indirekt wieder der Erhaltung der Leistungsgesellschaft und der Stabilisierung des »Establishments«. »Brot und Spiele« sind eh und je ein geschickt eingesetztes Mittel aller Herrschenden gewesen, um sich an der Herrschaft zu halten. Dennoch sollte man nicht, wie es heute modisch ist, alles Spielen in der Freizeit nur als eine Entlastungsfunktion zugunsten der Leistungsgesellschaft und ihres Establishments verdächtigen. Hier urteilen Ärzte nachsichtiger und verständiger als manche Soziologen und Theologen. Im übrigen kommt es immer darauf an, *wie* einer spielt.

Was Spiel heißt, können wir von den Kindern lernen. Nicht zufällig werden daher die Kinder im Neuen Testament immer wieder als Vorbild genannt. Wenn Jesus ein Kind in den Kreis seiner Jünger stellt und sagt: »Wenn ihr nicht umkehrt und werdet wie die Kinder, so werdet ihr nicht ins Himmelreich kommen« (Matthäus 18,2 f.), dann will er damit weder auf die angebliche Unschuld der Kinder anspielen noch uns zu kindischem Verhalten ermuntern. Vielmehr wird das Kind von ihm als ein Vorbild jener richtigen Lebenshaltung hingestellt, in der der Mensch sich sein Leben nicht mit Leistung, Krampf und Raffinement verdient, sondern es als Geschenk im Vertrauen empfängt. Und eben zu dieser Lebenshaltung können wir sagen: »wie im Spiel«.

Sicher leistet der Mensch auch im Spiel etwas; er kann sich dabei unter Umständen sogar mächtig anstrengen müssen. Das Kennzeichen des Spiels jedoch ist es, daß der Mensch sich selbst in ihm völlig vergißt und ganz bei der Sache ist, daß er aber gerade, indem er so völlig selbstvergessen bei der Sache ist, ganz und gar bei sich selbst ist. Darum erfährt er sein Leben in diesem Augenblick – trotz aller Anstrengung – auch nicht als eine Leistung, die er zu erbringen hat, sondern als ein Geschenk, das ihm wie von selbst »zufällt«. Wenn aber ein Mensch in solcher Weise ganz und gar bei sich selbst ist, dann bedeutet dies, daß er Mensch ist. Und darum ist das Spiel ein Ausdruck der Identität und Freiheit des Menschen.

Ganz gewiß werden die Menschen, wenn sie »die Welt gewinnen« wollen beziehungsweise gewinnen müssen, das heißt wenn sie die Welt in der rechten Weise bestehen wollen, dafür ständig gewaltige Anstrengungen machen und große Leistungen erbringen müssen. Zumal die »Unterhaltspflicht« des höchst komplizierten und genau ausbalancierten Systems unserer Industriegesellschaft erlaubt in keinem Augenblick auch nur das leiseste Nachlassen unserer Wachsamkeit. Wahrscheinlich werden wir sogar, wenn die Rede von der Bedrohung der Menschheit heute nicht nur ein Gerede sein soll, sondern wirklich ernst gemeint, mithin auf Rettung bedacht ist, künftig noch neue, schwerere Aufgaben gestellt bekommen als bisher – gemäß dem bekannten Gesetz der Geschichte, daß die Bewältigung der Herausforderung auf eine Ebene immer sogleich eine neue, schwierigere auf der nächsten nach sich zieht (Toynbee). Die Aufforderung, das Leben »wie im Spiel« zu bestehen, will nicht den Ernst unserer Verantwortung mindern, wohl aber will es uns dazu bewegen, diese Verantwortung mit mehr Freiheit und Gelassenheit wahrzunehmen, indem es uns daran erinnert, daß nicht wir es sind, die alles machen müssen, sondern daß es in der Geschichte jenes Moment der Unverfügbarkeit gibt, das die Bibel »Gnade« nennt, ja, daß bei Licht besehen, das heißt im Licht des christlichen Glaubens, alles Gnade ist, auch unsere eigene Leistung.

Leben wie im Spiel – das bedeutet nicht Dispens vom Rollenspiel der Leistungsgesellschaft, aber es bedeutet Lockerung und Entkrampfung, Teilnahme mit Distanz. Es bietet Schutz vor beidem, sowohl vor dem Leistungswahn, in dem einer meint, daß er es sei, der alles machen müsse, als auch vor der Resignation, in der einer, eben weil er alles machen zu müssen meint, aus dem Gefühl der Überforderung nun gar nichts mehr macht. Wenn der Apostel Paulus sagt, daß wir alle Dinge des Lebens so haben sollten, »als hätten wir sie nicht« (1.Korinther 7,29–31), dann meint er damit dasselbe wie wir mit unserem Ausdruck »Leben wie im Spiel«. Er begründet es nur anders, nämlich negativ aus der Vergänglichkeit der Welt, daß die Zeit kurz sei und es sich daher nicht mehr lohne, wir hingegen positiv aus der Geschöpflichkeit der Welt, daß das Leben Gnade sei und sich daher trotz allem lohne.

Aber vielleicht möchte jemand jetzt einwenden: Und wo bleibt Gott – angeblich doch der wahre Ursprung und bleibende Bezugspunkt des Menschen – in alledem? Im Zusammenhang mit der Darlegung der Identitätskrise und ihrer Überwindung war von ihm kaum die Rede und in der als Gleichnis zitierten Erzählung überhaupt nicht.

Wir müssen gestehen, daß uns dieser Einwand wenig plagt, ja daß er uns im Gegenteil fast erfreut. Denn er verrät immerhin, daß sich die von uns vorgeschlagene Methode der Bewahrheitung des christlichen Glaubens augenscheinlich bewährt hat, nämlich unsere Aussagen über Gott so zu machen, daß sie sich in unserer Erfahrung der Wirklichkeit der Welt als wahr erweisen und Gott damit als die alles bestimmende Wirklichkeit erkennbar wird. Jetzt bleibt uns nur noch zu zeigen, daß die von uns gemachten *indirekten* Aussagen über Gott auch tatsächlich Aussagen über *Gott* sind. Und das erscheint uns nicht schwer.

Einmal rücken schon die Worte »Vertrauen« und »Empfangen« alles, was wir über die Identität des Menschen und seine Freiheit gesagt haben, in die Reichweite des christlichen Glaubens. Denn Vertrauen und Empfangen machen geradezu das Wesen dieses Glaubens aus. Wer begriffen hat, daß alles Leben nicht aus der eigenen Leistung, sondern aus einem Empfangen kommt, der hat das Evangelium begriffen. Denn das Evangelium will den Menschen zur Erfüllung seiner Bestimmung bringen. Die Bestimmung des Menschen liegt in seinem Ursprung als Gottes Geschöpf. Was aber heißt dies anderes, als daß er sein Leben sich nicht selber durch seine eigene Leistung schafft, sondern es als Geschenk aus Gottes Hand empfängt, daß er sich nicht selbst gesetzt hat, sondern sich einem anderen verdankt?

Zum anderen weist die Passivität als Grundform des menschlichen Daseins auf Gottes Aktivität zurück, was freilich wiederum menschliche Aktivität nicht ausschließt. Hier bewährt sich aufs neue unser Satz, daß Gott dem Menschen durch den Mitmenschen begegne. Unübertroffen hat das Miteinander, ja Ineinander von göttlicher Passivität Martin Luther in seiner Schrift ›Vom unfreien Willen‹ ausgedrückt: »Ehe der Mensch als Mensch geschaffen wird, tut oder versucht er nichts dazu, um ein Geschöpf zu werden; dann, wenn er gemacht und geschaffen ist, tut und versucht er nichts dazu, wodurch er als Geschöpf Bestand habe, sondern beides geschieht allein durch den Willen der allmächtigen

Kraft und Güte Gottes, die uns ohne uns schafft und erhält, die aber nicht ohne uns in uns wirkt. Denn er hat uns dazu geschaffen und gerettet, daß er in uns wirke und wir mit ihm zusammen wirken.«[46]

3. Alles umsonst

Was wir unter den vier Begriffen »Freiheit«, »Vertrauen«, »Empfangen« und »Spiel« abgehandelt haben, bildete nur die Entfaltung eines einheitlichen Erfahrungszusammenhanges nach seinen verschiedenen Seiten. Zusammengenommen ergibt sich daraus der Versuch einer zeitgemäßen Deutung der paulinisch-lutherischen Rechtfertigungslehre.

In der Frage nach der Identität des Menschen geht es um die *Rechtfertigung* seines Lebens: wie ihm sein Leben gelingen könne, wie er aus aller Selbstentfremdung und Verfehlung seiner Bestimmung zu einem erfüllten und ganzen Leben gelange, zu seinem »Heil«. Die Antwort auf diese Frage läßt sich in dem einen Wort zusammenfassen: *Umsonst.* Dieses Wort hat einen doppelten Sinn. Wenn wir sagen: »Alles ist umsonst«, so kann dies heißen: »Es ist alles vergeblich«; es kann aber genauso bedeuten: »Es ist alles Gnade«. Recht verstanden, schließen sich beide Aussagen gegenseitig nicht aus, sondern ein. Miteinander machen sie jenen Vorgang aus, der nach alter theologischer Sprachtradition als die »Rechtfertigung des Menschen vor Gott allein aus Glauben« bezeichnet wird. Dabei überwiegt aber das Bekenntnis: »Es ist alles Gnade« die Klage: »Es ist alles vergeblich« genau um jenes Maß, als die Liebe Gottes größer ist als alle Bemühung und Verfehlung des Menschen – also unendlich. Eben diese Zusage macht das

Zentrum des christlichen Glaubens aus. In der jeweils zeitbedingten theologischen Form ihrer Mitteilung und Aneignung besteht die Rechtfertigungs*lehre*.

Es ist alles vergeblich – darin faßt sich zusammen, was wir über die Teilnahme des Menschen am Rollenspiel der Gesellschaft, über seine Identitätsdiffusion, über seine Selbstverfehlung durch Selbstbehauptung oder Selbstverweigerung, über sein Leisten-Wollen und Leisten-Müssen, über seine Angst, Selbstentfremdung und Unfreiheit gesagt haben. Dies alles verdichtet sich zur Erfahrung der Vergeblichkeit des Lebens: Es ist umsonst.

Es ist alles Gnade – darin faßt sich zusammen, was wir über die Selbstverwirklichung des Menschen gesagt haben: daß er aus dem Vertrauen lebt, daß er sich sein Leben nicht durch seine eigene Leistung schafft, sondern es als Geschenk empfängt, daß ihm dies seine Identität und Freiheit ermöglicht und ihn so sein Leben gelingen läßt. Dies alles verdichtet sich zur Erfahrung der Begnadung: Es ist umsonst.

Damit gewinnt der unserer Zeit veraltet scheinende Ausdruck »Gnade« einen neuen aktuellen Zeitbezug. Wie häufig, so tritt auch hier der positive Gehalt eines biblischen Begriffs erst auf dem Hintergrund gegenteiliger negativer menschlicher Erfahrung richtig ins Licht. In diesem Falle lautet die negative Erfahrung: Menschen gehen miteinander gnadenlos um; sie gebrauchen sich gegenseitig als nützliche Werkzeuge. Darum darf keiner so sein, wie er ist und sein möchte, sondern jeder muß so sein, wie der andere es von ihm erwartet und verlangt. Gnade hingegen läßt den anderen bedingungslos gelten; sie nimmt ihn so an, wie er ist; sie bejaht ihn, obwohl er so ist, wie er ist und wie er selbst gar nicht sein möchte – und jeder von uns weiß ja, wie er ist.

Nur wo Gnade waltet, eröffnet sich dem Menschen die Möglichkeit zur Freiheit und Identität. Ohne die bedingungslose Annahme »allein aus Gnade« wird der Mensch höchstens als ein nützliches Werkzeug geachtet und bleibt damit sich selbst entfremdet. Gnade gibt es daher nur, wo ich mit Gott rechne. Das ist – positiv und negativ – der Inhalt der christlichen Rechtfertigungslehre. Sollte sie nicht gerade unserer Zeit neu verständlich sein und damit dem Christentum jene »Aktualität« verleihen, die nach Erikson den Prüfstein jeder Religion bildet?

Die alte, für die religionsgeschichtliche Forschung sogar veraltete Unterscheidung zwischen »Leistungsreligion« und »Gnadenreligion« behält theologisch ihr Recht, ja sie gewinnt heute sogar neue Bedeutung. Das Christentum ist eine »Gnadenreligion«. Das muß klar sein, ja noch klarer werden, wenn klar bleiben soll, wozu das Christentum gut ist. Gewiß gibt es eine »billige Gnade«, gewiß ist ein Glaube ohne Werke tot, gewiß steht im Neuen Testament neben Paulus, der betont, daß der Mensch nicht durch Werke gerecht werde, sondern allein aus Glauben, auch der Jakobusbrief, in dem es heißt, »daß der Mensch durch Werke gerecht wird, nicht durch Glauben allein« (2,24). Aber ist es heute wirklich an der Zeit, an Werke zu erinnern, die Gnade noch teurer zu verkaufen und Paulus mit Jakobus zu widerlegen? Verdirbt man nicht innerkirchlich sogar schon den Glauben zu einem intellektuellen Opfer oder einem politischen Werk und außerkirchlich die Arbeit zur Ausbeutung, die Freizeit zu einer Leistung, Sport und Spiel zu einer harten Profession?

Rückblickend von der »Rechtfertigung des Menschen allein aus Glauben« gewinnt der Ausdruck »Spiel«, den wir zur Beschreibung des »richtig« verstandenen und ge-

führten Menschenlebens gebraucht haben, noch einmal
neue, vertiefte Bedeutung: Gott treibt mit uns sein
Spiel. In diesem Spiel Gottes mit uns sind wir unbedingt
die Verlierer. Aber in diesem Spiel sind die Verlierer es,
die gewinnen. Was wir dabei gewinnen, ist unser Leben.
Denn noch einmal: Das Leben ist umsonst – aber darum
ist es noch nicht billig.

4. Humanismus ohne Gott? (II)

Den Gegenpol zur christlichen Rechtfertigungslehre bildet präzise der von *Karl Marx* angebotene Erlösungs-
weg. Die entscheidende Streitfrage zwischen beiden
Konzeptionen betrifft die Selbstverwirklichung und damit die Freiheit des Menschen. Das Problem, das dabei
zwischen Gottesglaube und Atheismus steht, lautet: Begründet die Wirklichkeit Gottes, also eine die menschliche Existenz bestimmende und sie transzendierende
Wirklichkeit, die Freiheit des Menschen, oder raubt sie
sie ihm gerade? Überspitzt gefragt: *Muß* ein Gott sein,
damit der Mensch frei sein kann, oder *darf* gerade kein
Gott sein, damit der Mensch frei werde?

Als Karl Marx von seiner Tochter einmal gefragt
wurde, wer sein größtes Vorbild sei, nannte er ohne Zögern *Prometheus*. Schon im Vorwort zu seiner philosophischen Doktordissertation hatte er Prometheus als
den »vornehmsten Heiligen und Märtyrer im philosophischen Kalender« bezeichnet. Prometheus gilt ihm als
der Prototyp des arbeitenden und des sich durch seine
Arbeit verwirklichenden Menschen. Als solcher wird er
zum Inbegriff der Marxschen Anthropologie und erweist diese damit als anthropozentrisch.

Aus seinem Anthropozentrismus ergibt sich die zentrale Stellung, die die Arbeit des Menschen für Karl Marx in der Geschichte der Menschheit einnimmt. Man kann seine Philosophie daher geradezu eine »Philosophie der Arbeit«, vielleicht sogar eine »Religion der Arbeit« nennen. Die Arbeit des Menschen bildet die Konstante, die sich, wenn auch selbst nicht unverändert, durch alle Veränderungen der Geschichte hindurchzieht. Deutlich wird dies an einem Vergleich mit der traditionellen christlichen Heilslehre. Schöpfung, Sündenfall, und Erlösung – alle drei Begriffe, die im Denkschema der christlichen Heilsgeschichte ehemals die drei entscheidenden Stadien markiert haben, sind auch noch in Karl Marx' Geschichtsdeutung zu erkennen, und zwar bezeichnen sie bei ihm jeweils eine Stufe in der Geschichte des Menschen als der »arbeitenden Kreatur«.

Daß der Mensch im Unterschied zum Tier fähig ist zur Arbeit, das macht sein Menschsein aus; darin liegt sein Humanum. Damit aber ist der Mensch von vornherein als autonom bestimmt. Den »anschaulichen, unwiderstehlichen Beweis« dafür sieht Marx bereits in der Geburt des Menschen, in seinem eigenen Entstehungsprozeß: der Mensch entsteht durch die Begattung zweier Menschen, also durch einen *Gattungs*akt – mithin durch *Selbst*erschaffung. »Daß der Mensch auch physisch sein Dasein dem Menschen verdankt«, wird Marx zum Beweis dafür, daß der Mensch nach rückwärts und vorwärts immer und allein das Subjekt der Geschichte bildet. Die »ganze sogenannte Weltgeschichte« ist »nichts anderes als die Erzeugung des Menschen durch die menschliche Arbeit, als das Werden der Natur für den Menschen«[47]. Daß die gesellschaftlich-ökonomischen Verhältnisse eine so beherrschende Rolle in der Geschichte spielen – hemmend durch das Vorhandensein von falschen, befreiend durch ihre Veränderung zu guten Verhältnissen –, hängt an dem Wert, den Marx der Arbeit des Menschen zumißt. Mit seiner Arbeit schafft der Mensch »Ökonomie« und legt damit die Basis aller Geschichte.

Auch das Verderben in der Geschichte, gleichsam der »Sündenfall« in ihr, betrifft die Arbeit des Menschen: In der Klassengesellschaft, in der das Privateigentum gilt, wird der Mensch infolge der Entfremdung seiner Arbeit – dadurch, daß er sie für die herrschenden Unterdrücker leisten muß – sich selbst entfremdet. Folgerichtig besteht auch die Befreiung des Menschen, die Herstellung seiner endgültigen Humanität, in einer Verwandlung seiner Arbeit durch die Aufhebung der Unterdrückung. Wo die Emanzipation des Menschen gelungen ist, dort verwandelt sich seine Arbeit aus einem Tun für Fremde, durch das er sich selbst entfremdet wird, in eigene schöpferische Tätigkeit, durch die er sich selbst verwirklicht.

An dieser Stelle nun hat auch Marx' Kampf gegen die Religion ihren Ort; auch sie hängt unmittelbar mit der in seinem Anthropozentrismus wurzelnden Deutung des Menschen als der »arbeitenden Kreatur« zusammen. Die Religion steht der Selbstverwirklichung des Menschen im Wege. Sie übt innerhalb der vorhandenen falschen gesellschaftlichen Verhältnisse eine Entlastungsfunktion aus, indem sie, wenn auch nur durch eine Illusion, den Leidensdruck« mindert und damit die Aufmerksamkeit des Menschen von der wahren Ursache seiner Unterdrückung ablenkt. Die Folge ist, daß alle Arbeit, die der Mensch verrichtet, statt daß sie zu seiner Selbstverwirklichung führt, weiterhin seiner Selbstentfremdung dient.

Der Mensch als die arbeitende Kreatur, als das die Weltgeschichte durch seine Arbeit erzeugende Wesen, als das alle Verhältnisse produzierende Individuum –

diese *Position des Menschen* hat die *Negation Gottes* zur Folge, genauer, nicht erst zur Folge, sondern schon zur Voraussetzung. Dieser Humanismus hat den »Atheismus« bereits hinter sich. Jetzt kommt es nur noch darauf an – dieses »nur noch« birgt freilich Marx' ganze revolutionäre Kraft in sich –, die bestehenden Verhältnisse so zu verändern, daß der Mensch in ihnen wirklich als Mensch frei leben kann. Die Veränderung der Verhältnisse und damit die Herstellung der Identität und Freiheit des Menschen ist dem Menschen in die Hand gegeben und daher ein Gegenstand seiner Arbeit. Und so gehören für Marx, wurzelnd in seinem Anthropozentrismus, Arbeit und Freiheit zusammen. Dafür steht ihm Prometheus als Symbol.

So verstellt – nach der Meinung von Karl Marx und des sich ihm anschließenden modernen Atheismus samt der ihm folgenden atheistischen Theologie – der Gottesglaube dem Menschen den Zugang zum Bewußtsein seiner Freiheit. Aber ob es sich in Wahrheit so verhält, das genau ist die Streitfrage zwischen Gottesglauben und Atheismus, zwischen Marxismus und Christentum. Wir erheben gegen Marx' Behauptungen vier Einsprüche – in Konsequenz dessen, was wir über die Identitätskrise des Menschen und ihre Überwindung im Sinne des christlichen Rechtfertigungsbekenntnisses gesagt haben.

Erster Einspruch: Der Marxismus bleibt im Bann desselben Produktionsdenkens, dem auch der Kapitalismus verhaftet ist. Ob er den Menschen als die »arbeitende Kreatur« deutet, ob er ihn als durch Selbsterschaffung entstanden erklärt, ob er ihn zum Schöpfer aller Verhältnisse, der falschen sowie der richtigen, und selbst zum Erfinder des Gottesgedankens macht – es ist alles im gleichen Schema von Produktion wie Leistung gedacht. Wo aber der Mensch zum Produzenten seiner selbst und seiner Verhältnisse erklärt wird, dort legt sich ein übermächtiger Leistungsdruck auf ihn. Dort wird auch seine Selbstverwirklichung, die Herstellung seiner Humanität – ihre »Produktion«! – zu einer ungeheuren Daueranstrengung, die den Menschen ständig im Zwang hält, statt ihn zu befreien, und die sein Menschsein eher noch mehr beschädigt, als daß sie es heilte. Wenn wir das Christentum als eine »Gnadenreligion« bezeichnet haben, dann verkörpert der Marxismus im Gegensatz dazu den Typ der »Leistungsreligion«. Mit Luther gesprochen, bedeutet er eine einzige große »Werkerei«. Zu einem Leben »wie im Spiel« bleibt da kein Raum, nicht einmal zum Spielen.

Ehrlicherweise müssen wir auch hier wieder hinzufügen, daß im kapitalistischen Gesellschaftssystem die gleiche Leistungsreligion herrscht. Vielleicht zeigt sich die beklagte »Entchristlichung des Abendlandes« in nichts anderem so sehr wie darin, daß wir auch im Westen immer weniger zum zweckfreien, selbstvergessenen Spiel fähig sind. Aber eben das kommt dabei heraus, wenn es nicht mehr das ganz und gar Nicht-Notwendige im Leben des Menschen gibt; dann bleibt am Ende nur das unbedingt Notwendige für ihn übrig.

Zweiter Einspruch: Ganz gewiß hat das Christentum unter Beihilfe der Kirchen, häufig genug zugunsten der herrschenden Klasse, eine Entlastungsfunktion im negativen Sinne ausgeübt und dadurch zur Stützung einer vorhandenen ungerechten Gesellschaftsordnung beigetragen. Muß man das Wort »Entlastungsfunktion« aber ausschließlich im negativen Sinne verstehen? Entlastung durch Religion kann zweifellos doch auch etwas Positives bedeuten, indem ein Mensch, durch die Religion von Schuld, Sorge, Angst und Leidensdruck entlastet, über-

haupt erst Freiheit und Kraft gewinnt, um Mitverantwortung für die Gesellschaft zu übernehmen und an ihrer Veränderung mitzuwirken.

Dritter Einspruch: Ohne Freiheitsbewußtsein könnte
der Marxismus keine Freiheit fordern. Die Entstehung
und Entwicklung des menschlichen Freiheitsbewußtseins
aber ist religionsgeschichtlich bedingt. Es bildet eine
Gabe bestimmter Religionen, insbesondere des Christentums, an die Menschheit. Auf dieses Argument hat vor
allem Wolfhart Pannenberg zu Recht hingewiesen. Er
stellt fest, daß »erst von der jeweiligen Erfahrung göttlicher Wirklichkeit her Freiheit gegenüber dem Vorhandenen und die entsprechende Stufe der Verwirklichung
menschlicher Personalität gewonnen wurde«, und zieht
aus dieser geschichtlichen Feststellung die Konsequenz,
daß göttliche Wirklichkeit und menschliche Freiheit sich
nicht so gegensätzlich zueinander verhalten, wie der moderne Atheismus behauptet.[48]

Vierter Einspruch: Wo der Mensch einseitig als »Produzent« aufgefaßt wird, dort ist die »Angewiesenheit« als einer seiner entscheidenden Wesenszüge übersehen. Die Angewiesenheit des Menschen entspricht
nicht nur einer bestimmten Stufe seiner biologischen und
gesellschaftlichen Entwicklung, sondern gehört unablös-
bar zu seinem Humanum. Bis jetzt wenigstens hat die
Geschichte es nicht widerlegt, daß die Angewiesenheit
des Menschen unaufhebbar ist und nicht ein Zeichen seiner Niedrigkeit, sondern seiner besonderen Würde bildet. Es handelt sich hier, wie die jüngste Geschichte, positiv und negativ, gezeigt hat und die moderne Anthropologie bestätigt, um einen »Grundzug« der menschlichen Existenz, der nicht an bestimmte patriarchalische
Gesellschaftsordnungen mit entsprechenden Vaterbil-
dern gebunden ist und daher auch nicht durch Soziologie

und Sozialismus samt entsprechender Ideologiekritik widerlegt werden kann. Hier steht das Christentum mit seiner Deutung des Menschen als eines »Empfangenden« den Erkenntnissen der heutigen Humanwissenschaften näher als die marxistische Anthropologie.

Es stellt sich die Frage, ob Prometheus heute nicht auch in den theologischen Kalender, in den christlichen Heiligen- und Märtyrerkalender aufgenommen werden könnte. Die Antwort auf diese Frage hängt davon ab, wie man seine Gestalt deutet. In der Deutung von Karl Marx geht es bestimmt nicht, vielleicht aber dann, wenn man den Akzent darauf legt, daß er den Menschen das Feuer gebracht habe. Dann nämlich gehört Prometheus in die Genesis, in die Schöpfungsgeschichte, hinein; dann steht er für alle jene, die den Auftrag Gottes an die Menschen erfüllt haben, daß sie sich die Erde untertan machen sollen. Aber steht Prometheus in der abendländischen Geistestradition wirklich als ein Symbol hierfür?

Wenn wir so stark betonen, daß der Mensch in erster Linie nicht Produzent sei, daß vor allem er selbst nicht das Produkt seiner eigenen Leistung bilde, daß er vielmehr sein Leben empfangen habe und daß auch all sein Leisten in einem Empfangen gründe, dann tun wir dies nicht, um die Arbeit in ihrem Wert und ihrer Bedeutung für die Geschichte des Menschen und der menschlichen Gesellschaft zu mindern, sondern um sie an den ihr gebührenden Platz zu stellen, und der ist nun einmal nicht der erste, sondern der zweite. Am einfachsten und klarsten hat der heilige Benedikt die richtige Reihenfolge ausgedrückt, wenn er in der Regel seines Ordens bestimmt hat: »Ora et labora.« Dabei wird es bleiben müssen – falls die Menschen Menschen bleiben wollen.

Wir können nicht von der Identität des Menschen, von ihrer Krise und deren Überwindung sprechen, ohne uns der Tatsache zu stellen, daß der Mensch sterben muß. Denn bedeutet der *Tod* nicht die *totale* Krise der Identität des Menschen, ihre endgültige »Diffusion«?

Wenn wir an dieser Stelle an den Tod des Menschen erinnern, dann ist dies nicht im Sinne des üblichen Bangemachens mit dem Tode gemeint: »Aber am Ende kommt doch der Tod! Sterben muß noch immer jedermann! Den Tod schafft keiner aus der Welt, aber der Tod hat bisher noch jeden aus der Welt geschafft!« – wie oft bekommt man dieses Argument zu hören, keineswegs nur in religiösen und theologischen Gesprächen, sondern durchaus auch in philosophischen und kulturkritischen Diskussionen! Es ist fast wie beim Kartenspiel. Die einzelnen Trümpfe sind gefallen, bald von dieser, bald von jener Seite. Da knallt einer die letzte, höchste Trumpfkarte auf den Tisch. Sie sticht alle anderen.

In dieser Drohung mit dem Tode sind sich »rechtsgläubige« Christen und konservative Kulturkritiker merkwürdig einig. Was sie miteinander verbindet, ist nicht der gemeinsame Glaube an Gott, sondern ihre übereinstimmende pessimistische Ansicht von der Welt und dem Menschen. Mitsammen mißvergnügt über den Fortschritt der modernen Gesellschaft und auch ein wenig mißgünstig auf die anderen, die jetzt statt ihrer an der Reihe sind und an der Spitze stehen, mißbrauchen sie das »Memento mori« als letzten Trumpf gegen die Aufklärung: Mag die Gesellschaft durch wissenschaftliche Forschung und technische Planung in der Beherrschung der Welt auch noch so mächtig geworden sein –

die Macht des Todes hat sie nicht gebrochen. Der Tod bleibt unbesiegbar und beweist damit auf Dauer die Ohnmacht des Menschen. Er bildet die Konstante inmitten aller gesellschaftlichen Veränderungen.

Natürlich stimmt dies alles, es ist sogar wahr. Dennoch sollten sich Christen, wenn sie wirklich recht gläubig und nicht nur rechtgläubig oder gar nur »rechtsgläubig« sein wollen, an solchem Triumph des Todes nicht beteiligen. Das sollten sie den konservativen Kulturkritikern überlassen. Wenn Christen wirklich glauben, was in der Bibel steht, dann besteht für sie kein Anlaß und kein Recht, dem Tode solche göttliche Macht und Ehre zu erweisen und ihn als letzte Garantie für die Ohnmacht des Menschen ins Feld zu führen.

In der Bibel ist zwar vom Tod sehr viel und stets mit großem Ernst die Rede. Dennoch ist die Bibel kein Todes-, sondern ein Lebensbuch und der christliche Glaube entsprechend eine Lebens- und keine Sterbekunst. Weil in der Bibel Gott der Geber des Lebens und der Freund des Menschen ist, darum gilt der Tod sowohl als Gottes als auch des Menschen Feind. Und darum dürfen Christen sich den Tod, das heißt den Feind des Menschen, auch nicht zum Bundesgenossen wählen, wenn sie den Menschen für den Glauben an Gott, das heißt an den Geber des Lebens und den Freund des Menschen, gewinnen wollen.

Von hier aus aber stellt sich die Frage nach dem »Verbleib« der Identität des Menschen angesichts der Tatsache seines Todes noch einmal neu. Jetzt lautet sie: Ist die Identität des Menschen als eine von Gott durch seine Schöpfung begründete und durch seine Offenbarung in Jesus von Nazareth neu bestätigte und zur endgültigen Erfüllung bestimmte wirklich ernst genommen, wenn der Tod sie zu zerstören vermag? Kann man also davon reden, wozu das Christentum gut sei, ohne vom »ewigen Leben« zu sprechen?

Hier muß sich wieder erweisen, wie weit es uns mit dem Theozentrismus wirklich ernst ist. Daran, ob einer an das ewige Leben glaubt, läßt sich erkennen, ob er wahrhaft an Gott glaubt. Der Glaube an das ewige Leben bildet keinen selbständigen Glaubensartikel, sondern ist nur die durch die Unendlichkeit Gottes bedingte Perspektive des christlichen Glaubens: auf seiten Gottes der von ihm durchgehaltene Bezug zum Menschen bis in den Tod hinein, auf seiten des Menschen sein Vertrauen auf Gott und damit die Bereitschaft zum Empfangen bis in den Tod hinein. Der Glaube an das ewige Leben führt mithin kein theologisches Sonderdasein, sondern er folgt mit innerer Logik aus dem christlichen Glauben an Gott. Martin Luther hat diesen Zusammenhang einmal so ausgedrückt: »Wo also und mit wem Gott redet, es sei im Zorn oder in Gnade, der ist gewiß unsterblich. Die Person Gottes, der da redet, und das Wort zeigen an, daß wir solche Kreaturen sind, mit denen Gott bis in die Ewigkeit und unsterblicherweise reden will.«[49]

Wir können dieselbe Antwort auch mit einem Bild der Bibel geben: »Der Herr wird vor euch herziehen und der Gott Israels euren Zug beschließen« (Jesaja 52, 12). Mehr vermag christlicher Glaube über den Tod und das ewige Leben nicht zu sagen. Christlicher Glaube beschwört nicht den Tod, sondern bezeugt Gott und redet darum vom ewigen Leben. Hier wird der Theozentrismus auf seine Ernsthaftigkeit geprüft. Alles Gewicht hat auf der Verheißung zu liegen, daß *Gott* alles in allem sein wird. Das ewige Leben des Einzelnen bedeutet nur eine Teilhabe an dieser Universalität der göttlichen Liebe. Wer mehr anbietet als Gemeinschaft mit Gott, betreibt einen religiösen Kramladen.

Das schließt ein, daß wir auch das, was »danach« kommt, nun wirklich allein Gottes Sache sein lassen. Das bedeutet die Probe der biblischen Rechtfertigungslehre auf den Ernstfall. Hier hat sich das »sola fide«, das »Allein aus Glauben«, endgültig zu bewähren: Die »Werke«, die wir in diesem Falle fahren zu lassen haben, sind alle unsere menschlichen Vorstellungen von einem ewigen Leben in einer jenseitigen Welt. Hier ist der Glaube ohne jede Stütze und Information, auch ohne Erfahrung und Kommunikation. Hier kann die Theologie, weil es sich nicht um die Bewahrheitung des christlichen Glaubens an irgendwelcher Welterfahrung handelt, nicht einmal mehr indirekte Aussagen machen. Vielleicht muß sich die mittelalterliche Lehre von der »resignatio ad infernum« – von dem Verbundenbleiben des Glaubenden mit Gott selbst bis in die Hölle hinein – heute darin erweisen, daß wir an ein ewiges Leben ohne Bilder und Begriffe, Himmel und Hölle glauben.

Alles in allem: Was den Ort und die Art des »Danach« betrifft, so kann hier nur der hamburgische Rat gelten: »Gar nich um kümmern« – aber nun nicht als Ausdruck hanseatischen Gleichmuts, sondern als Bewährung christlichen Glaubens an Gott, als Folge jener Gelassenheit, die sich allein auf Gott verläßt. Wer in dieser Weise »unbekümmert« und »gelassen« lebt, der lebt richtig: Er verharmlost den Tod nicht, aber er verherrlicht ihn auch nicht. Er tut dafür etwas anderes: Statt sein Leben mit geschlossenen Händen als Leistung ängstlich an sich zu reißen und deshalb auch Angst vor dem Tod, dem schlechthin Unverfügbaren, zu haben, empfängt er es mit offenen Händen als Geschenk aus Gottes Hand. Darum kann ihm das Leben – trotz allem – bisweilen gelingen. Wem aber das Leben bisweilen gelungen ist, der kann »das Zeitliche segnen«.

SIEBENTES KAPITEL

DIE FOLGEN: WIE POLITISCH DARF DAS CHRISTENTUM SEIN?

(Die Bedeutung des christlichen Glaubens für Politik und Gesellschaft)

1. Die Umsetzung des christlichen Humanum in säkulare Humanität

Die Kritik am christlichen Gottesglauben hat in den letzten Jahren mehr und mehr gesellschaftlich-politische Färbung angenommen. Gegen ihn wird der Verdacht erhoben, daß er die Menschen demütig und ergeben mache und sie auf diese Weise zur politischen Passivität verführe: Statt durch eine Veränderung der politischen und gesellschaftlichen Verhältnisse das Los der Menschen zu bessern, haben die Christen sich ihrem himmlischen Herrn in Demut befohlen und ihren irdischen Herren in Gehorsam empfohlen. Und so kam nichts mehr in der Welt voran.

Auch in der innertheologischen Auseinandersetzung ist der Vorwurf der Verführung zu politischer Passivität mehr und mehr zum Hauptargument gegen den »Theismus« geworden – bis hin zu der polemischen These: »Praktischer Theismus ist Rechtfertigung der bestehenden Verhältnisse; christliches Handeln heißt heute praktisch atheistisch handeln.«[50] Mit dieser politischen Kritik am herkömmlichen Theismus haben wir uns auseinanderzusetzen. Wir tun es, indem wir unsererseits den von uns für notwendig gehaltenen neuen »Theozentrismus« gesellschaftspolitisch zu bewahrheiten suchen.

Hier beginnt sich der Kreis unserer Überlegungen zu schließen. Denn mit dem Versuch, unsere Antwort auf die Frage, wozu das Christentum gut sei, im Hinblick auf die Gesellschaft zu konkretisieren und durch solche Konkretion zu verifizieren, geraten wir mitten hinein in die »Identitätsdiffusion« der Kirche, die wir eingangs beschrieben haben. Vornehmlich über der Frage nach den gesellschaftlich-politischen Konsequenzen des christlichen Glaubens und dem entsprechenden Engagement der Christenheit ist es zu der gegenwärtigen kirchlich-theologisch diffusen Situation gekommen. Darüber haben sich in der Kirche jene zwei Fronten gebildet, die sich gegenseitig zu polarisieren drohen. Die Frage, an der sich die Geister scheiden, lautet, ob das Evangelium unmittelbare oder nur mittelbare gesellschaftlich-politische Relevanz besitze.

Daß der christliche Glaube sich nicht nur in der individuellen Ich-Du-Beziehung, in dem Verhältnis des Einzelnen zu seinem Nächsten, sondern auch in den überindividuellen Lebensbereichen, in den »Verhältnissen«, zu bewähren hat, daß er mithin, wenn er sich selber ernstnimmt, immer auch gesellschaftliche und politische Konsequenzen nach sich zieht, das steht außer jeder Frage. Daher müssen wir, bevor wir zu einer Antikritik ansetzen, der politischen Kritik am traditionellen christlichen Theismus recht geben. In der Tat hat sich die Christenheit in ihrer überwiegenden Mehrheit lange Zeit – teilweise sogar bis auf diesen Tag – durch ihren Glauben an Gott, »unseren Vater im Himmel«, zu einer falschen Passivität auf Erden und damit auch zu politischer Apathie verführen lassen. Einseitig an der »persönlichen Existenz« des Einzelnen interessiert, hat sie die gesellschaftlich-politische Dimension des Evangeliums fast völlig aus dem Auge gelassen.

Ein bezeichnendes Beispiel dafür bietet die Art und Weise, wie man die Bibel auslegt, und zwar keineswegs nur die orthodox-biblizistische Exegese, sondern ebenso auch die ausdrücklich so genannte »moderne«, historisch-kritische. Man übt radikale Kritik: an der überlieferten Form des Bibeltextes, an seinen zeitbedingten weltanschaulichen Voraussetzungen, selbst an seinen theologischen Aussagen; man entmagisiert und entmythologisiert – nur die gesellschaftlichen Bedingungen und Folgen läßt man weithin aus dem Spiel.

Zur Begründung ihrer – angeblichen – politischen Enthaltsamkeit berufen sich politisch konservative Christen mit Vorliebe auf das Wort Jesu von Nazareth: »Mein Reich ist nicht von dieser Welt« (Johannes 18, 36). Es gibt heute keine Diskussion über die politische Relevanz des Evangeliums und die gesellschaftliche Mitverantwortung der Kirche, in der dieses Bibelwort nicht wie ein Schlachtruf ertönte. Man wartet jedesmal schon förmlich darauf. Dabei geschieht die Zitation stets mit der gleichen Absicht: man möchte mit diesem Wort den jenseitigen Ursprung und damit den total unpolitischen Charakter der Predigt Jesu beweisen. »Mein Reich ist nicht von dieser Welt« heißt dann: »Die Kirche soll sich nicht in die Politik einmischen!« Und so bildet dieses Wort Jesu an Pilatus das christliche Feigenblatt aller politischen Reaktion. Kaum mit einem anderen Bibelwort ist politisch so viel Schindluder getrieben worden wie mit diesem.

Jesu Wort aber lautet: »Mein Reich ist nicht *von* dieser Welt«; es heißt nicht: »Mein Reich ist nicht *in* dieser Welt.« Das Reich, von dem es heißt, daß es nicht von dieser Welt sei, ist dasselbe, von dem Jesus an anderer Stelle sagt, daß es sich schon mitten unter uns befinde (Lukas 17,21). Mehr noch, alle Predigt Jesu vom Reiche

Gottes besteht in der Ansage seines *Kommens:* daß es sich schon in Bewegung befinde, daß es bereits unterwegs sei – wohin aber sonst als eben in diese Welt hinein? Anders wäre jenes Ereignis, das wir unter dem Bilde des »Auszugs Gottes zum Menschen« beschrieben haben – Jesu revolutionäres Gottesverständnis – überhaupt nicht zu verstehen.

Rudolf Bultmanns bekannte These, man könne von Gott nur reden, indem man zugleich vom Menschen rede, müssen wir heute zu dem Grundsatz ausweiten: Wir können von Gott nur reden, indem wir zugleich von der Gesellschaft beziehungsweise vom Menschen in der Gesellschaft sprechen. Zu allen Zeiten ist das Reden von Gott nicht nur anthropomorph, sondern auch soziomorph gewesen. »Wandlung Gottes« und Veränderung der Gesellschaft hängen zusammen: der Gott der Nomaden ist ein Wandergott, der Gott der Ackerbürger ein seßhafter Gott. Dabei besteht zwischen christlicher Botschaft und gesellschaftlicher Situation stets ein *wechselseitiges* Abhängigkeitsverhältnis: Die Botschaft ist nicht nur in die Situation hinein auszulegen, sondern die Situation legt jeweils auch die Botschaft aus. Wie könnte es auch anders sein, wenn wir Gottes Handeln in der Geschichte nicht mit dem Abschluß des biblischen Kanons beendet sein lassen wollen?

Uns ist damit die Aufgabe gestellt, den von uns für notwendig erachteten neuen »Theozentrismus« im Hinblick auf die gegenwärtige gesellschaftliche Situation zu bewahrheiten. Wir müssen aus dem, was wir über das »Maß« des Menschen gesagt haben: daß Gott sein wahrer Ursprung und bleibender Bezugspunkt sei, die situationsbedingten gesellschaftspolitischen Konsequenzen ziehen, um durch solche Konkretionen darzutun, wozu das Christentum gut ist.

Zum Wesen der christlichen Botschaft gehört es, daß sie – dem »Auszug Gottes zum Menschen« entsprechend – »weltlich« und daher »öffentlich« ist. Diese »Weltlichkeit« und »Öffentlichkeit« der christlichen Botschaft bedeutet nicht nur, daß sie jedermann zugänglich gemacht sein will, sondern daß sie auch für jeden verständlich und einsichtig sein muß. Ihre Annahme läßt sich nur mit Überzeugungskraft, nicht mit Überredungskunst erreichen.

Da wir heute nicht mehr in einer geschlossenen christlichen, sondern in einer weltanschaulich pluralistischen Gesellschaft leben, kann sich das Christentum in ihr nur so bewahrheiten und mitwirken, daß es an die Vernunft und Menschlichkeit appelliert. In seinem programmatischen Vortrag auf der Fünften Vollversammlung des Lutherischen Weltbundes in Evian (1970) hat Heinz Eduard Tödt die Situation des Christentums und seine ihm daraus erwachsende Aufgabe folgendermaßen formuliert: »Christlicher Glaube ist in der säkularisierten Welt, auch in Europa, Minderheitenüberzeugung. Will er öffentlich wirksam werden, so muß er mit seiner Wahrheit die humane Vernunft treffen.«[51]

Für die Wahrnehmung seiner gesellschaftspolitischen Aufgabe ergeben sich für den christlichen Glauben demgemäß folgende vier Leitsätze:[52]

1. Christlicher Glaube muß das »Humanum«, wie er es aus der Botschaft Jesu entnimmt, in »säkulare Humanität« umsetzen.

2. Christlicher Glaube kann keine »Maximen«, sondern nur »Kriterien« für ein zugleich menschen- und sachgerechtes gesellschaftliches Handeln liefern.

3. Christlicher Glaube scheut sich nicht, alles aufzu-

nehmen, was seinen Kriterien des Humanum in der Welt entspricht – gemäß dem Wort des Apostels Paulus: »Was wahrhaftig ist, was ehrbar, was gerecht, was rein, was lieblich, was wohllautet, ist etwa eine Tugend, ist etwa ein Lob, dem denket nach!« (Philipper, 4, 8)

4. Christlicher Glaube stellt auf Grund der Übereinstimmungen zwischen dem »Humanum aus Glauben« und der »sekularen Humanität« eine Art von »principia media«, von »Middle Axioms« (J. H. Oldham) fest und steckt so ein möglichst breites Feld gemeinsamen sozialethischen Handelns ab.

Als Fazit dieser vier Leitsätze gebietet sich für die Theologie jene Bescheidenheit, in der sie immer nur »von Fall zu Fall« reden, in der sie immer nur »zum Beispiel« sagen kann.

2. »Zum Beispiel«

(1) Strafvollzugsreform

Zu den dringlichsten Aufgaben »säkularer Humanität« gehört gegenwärtig die Reform des Strafvollzugs. Worum es dabei geht, läßt sich in folgendem Bilde ausdrükken: Bislang wurde der Straftäter wie ein Schräubchen aus der Maschine herausgenommen und für eine Zeitlang – wortwörtlich – in den »Kasten« getan; künftig soll das Schräubchen herausgenommen, repariert, gereinigt und wieder eingesetzt werden. Als Begründung dafür kann man bisweilen hören: Der straffällig Gewordene soll als ein nützliches Glied wieder in die Gesellschaft eingefügt werden. Diese Begründung ist sicher gut gemeint; dennoch klingt sie verdächtig. Als Motiv verrät sie ein heimliches Nützlichkeitsdenken. Aber eben das reicht nicht aus! Wo der Mensch – und sei es auch nur verborgen und unbewußt – an seinem Nutzen gemessen wird, dort kann die Argumentation auch genau wieder ins Gegenteil umschlagen und es also heißen: Wer nichts nützt, wird »abgetan«.

Hier hat das »Humanum aus Glauben« sich als Kriterium für die »säkulare Humanität« zu bewähren und so seine aktuelle gesellschaftskritische Kraft zu erweisen. Am Anfang des Weges zur Strafvollzugsreform muß als Motiv die Sorge um den Wert des Menschen stehen: daß er endlich zu sich selbst finde und sein Leben doch noch einen Sinn erhalte – der Nutzen wird sich dann von selbst einstellen. Und auch wenn die Resozialisierung mißlingt, der Nutzeffekt für die Gesellschaft mithin ausbleibt, muß der Mensch dennoch unangefochten seinen Wert behalten. Dafür steht das Christentum mit seinem Wissen um die Absicht Gottes mit den Menschen wider alles andere »bessere Wissen« ein: Weil der Mensch als Geschöpf von Gott her seinen Wert hat, darum darf er von keinem Menschen »verwertet« werden.

(2) Das Defizit in der rationalen Leistungsgesellschaft

Nach christlicher Tradition gibt es die sogenannten »sieben Barmherzigkeiten«: Hungrige speisen, Durstige tränken, Nackte kleiden, Kranke besuchen, Fremdlinge beherbergen, Gefangene besuchen, Tote begraben. Diese Aufzählung hört sich reichlich altertümlich an, und doch betrifft sie eine höchst aktuelle Problematik unserer gegenwärtigen gesellschaftlichen Situation: Wir entziehen uns immer mehr den hier aufgezählten Verpflichtungen und reichen sie an die dafür zuständigen Institutionen oder an das »Dienstleistungsgewerbe« weiter – diesen aber fehlen die nötigen Menschen dafür. In dieser Verlegenheit verrät sich ein empfindliches Defizit unserer rationalen Leistungsgesellschaft: »Die Menschen wollen nicht mehr dienen« – die Klage hierüber ist allgemein.

Woran liegt das? Die erste Antwort darauf muß ehrlicherweise lauten, daß man diejenigen, die zu solchem Dienst von Berufs wegen bereit und verpflichtet waren, sozial zu schlecht gestellt und allzu lange in überlebten Organisations- und Anschauungsformen festgehalten hat. Inzwischen aber hat es hier eine Reihe vernünftiger Reformen gegeben: höhere Bezahlung, geregelte Arbeitszeit, mehr Freiheit und Freizeit, individuellere Unterbringung, modernere Kleidung, stärkere Mitverantwortung des Einzelnen, rationalere Begründung des barmherzigen Tuns. In dieser Hinsicht ist vieles besser geworden, wenn auch sicher längst noch nicht alles gut. Trotzdem reichen die Kräfte nach wie vor nicht aus; das Defizit klafft weiterhin. Es handelt sich hier augenscheinlich um eine Verlegenheit, die die rationale Leistungsgesellschaft mit den ihr eigenen Kräften nicht zu beheben vermag. Hier kommt etwas ins Spiel, das jenseits ihres Gesetzes von Rationalität und Rentabilität liegt. Was ist das?

Früher sagte man, einer diene »um Gottes Lohn« oder »um Gottes willen«, und der also Bediente antwortete darauf entsprechend mit einem »Vergelt's Gott«. Das hört sich für uns nicht nur altertümlich an wie die eben zitierten sieben Barmherzigkeiten; das erscheint uns auch in der Motivation fatal. Anderen dienen, um selbst in den Himmel zu kommen, ist in der Tat zwar ein partiell biblischer, aber kein insgesamt christlicher Beweggrund. Hier muß sich vielmehr wieder in der gesellschaftlichen Praxis bewähren, was wir über den Theozentrismus und die ihm entsprechende Absichtslosigkeit des Gottesglaubens gesagt haben. Hier muß sich unser Satz bewahrheiten, daß Gott das ganz und gar Nicht-Notwendige im Leben des Menschen sei und gerade darum das, was allein nottue. An Gott um Gottes willen glauben zieht nach sich, dem Menschen um des Menschen willen dienen. Damit kommt in unsere notwendigerweise durch Zweckmäßigkeit, Rationalität und Rentabilität bestimmte Gesellschaft etwas Zweckfreies, Transrationales, Unrentables hinein. Aber eben davon lebt diese Gesellschaft, auch wenn sie es nicht weiß und wahrhaben will. Denn allein durch diesen Bezug bleibt der Mensch vor sich selbst bewahrt und auch das sogenannte »lebensunwerte Leben« geheiligt.

(3) Projektwissenschaft

Eine Naturfrömmigkeit alten Stils ist uns nicht mehr erschwinglich. Statt dessen tritt die Bedeutung der Natur für den christlichen Glauben heute an anderer Stelle hervor: in der Verantwortung dafür, daß die Natur nicht vom Menschen vernichtet wird und der Mensch mit ihr. »Theologie der Natur« heißt daher heute nicht, daß der Weg vom Erleben der Natur zum Glauben an Gott führt, sondern umgekehrt vom Glauben an Gott zur Verantwortung für die Natur. Dies aber schließt sogleich wieder einen gesellschaftlichen Bezug der Theologie ein. Denn die in der naturwissenschaftlichen Forschung begründete technische Nutzung der Natur hat schwerwiegende gesellschaftsverändernde Wirkungen, die den Menschen und seine Geschichte betreffen.

Zum Austrag gelangt diese komplexe Problematik in der Großforschung, der sogenannten »Projektwissenschaft« (»big science«). An dieser Stelle – im Dreieck von Naturwissenschaft, Technik und Gesellschaft, in dessen Mitte die Verantwortung für das zukünftige Schicksal des Menschen steht – liegt gegenwärtig der Schwerpunkt des Gespräches zwischen Naturwissenschaft und Theologie. Für die Einführung in die Problematik der Projektwissenschaft halten wir uns an ein Referat des Karlsruher Physikers *Wolf Häfele*, eines der Wortführer in jenem Dialog.[53]

Wolf Häfele trifft die paradoxe Feststellung: »Die utilitaristische Dimension wird um so größer, je mehr sich die Natur einem entzieht.« Das macht: »Je kleiner die Dimensionen werden, desto größer ist der Energieinhalt.« So kann man zum Beispiel denselben Energieinhalt wie aus einer Tonne Kohle aus einem Gramm Uran gewinnen, das heißt den gleichen Energieinhalt bei einer Gesamtmenge, die millionenfach kleiner ist. Damit tut sich eine unerhörte Reichweite, ja – nach Häfele – eine »neue Dimension« naturwissenschaftlichen Forschens und technischen Handelns auf. Das hat zu der bekannten Frage nach der Verantwortung der Physiker für die Folgen ihres Tuns geführt. Diese ethische Frage traf die Naturwissenschaftler unvorbereitet. Denn bis dahin hatte die moderne Wissenschaft, insbesondere die Naturwissenschaft, immer nur nach dem Grund der Dinge gefragt: »Warum ist etwas? Was ist der Grund für etwas?« Das hatte zum Postulat der Wertfreiheit der Wissenschaft geführt – bis hin zu dem extremen Standpunkt: »Ich mache Wissenschaft – sonst nichts.« Entsprechend arbeitet die »Grundlagenwissenschaft« mit dem Verfahren der »Abblendung«, das heißt sie konzentriert sich bei der Forschung – zu Recht – auf ein bestimmtes einzelnes Phänomen und scheidet andere Fragen und Faktoren aus, um zu einem möglichst reinen und damit allgemeingültigen Ergebnis zu gelangen.

In der »Projektwissenschaft« dagegen, wo es darum geht, Großforschung zu betreiben und Unternehmungen durchzuführen, die das bisher normale Maß naturwissenschaftlicher Tätigkeit weit übersteigen, kommt es gerade darauf an, möglichst viele Phänomene zu berücksichtigen und die verschiedenen wissenschaftlichen Disziplinen zusammenzufassen. Während die Grundlagenwissenschaft von einem Grund ausgeht, muß die Projektwissenschaft auf ein Ziel zugehen, und statt einen Abblendungsakt zu vollziehen, muß sie sich gerade in den allgemeineren Lebenszusammenhang hineinstellen – »damit das, was daraus folgt, nicht unvernünftig wird«. Damit kommt – an Stelle der zeitlosen Wahrheit, des Ideals der Grundlagenwissenschaft – die Dimension der Geschichtlichkeit, überhaupt die Dimension menschlichen Erfahrens und Handelns mit ins Spiel. Wo es aber um die Reichweite und das Ziel gemeinsamen Handelns geht, dort läßt sich nicht im vorhinein feststellen, was falsch oder richtig ist; dort wird vielmehr der Satz entscheidend, »daß erst im Handeln die Bedingungen des Handelns überhaupt sichtbar werden«. Zielsetzung kann nur im Dialog gefunden werden. Damit aber erhält der interdisziplinäre Dialog für die Projektwissenschaft konstitutive Bedeutung – und somit auch das Gespräch zwischen Naturwissenschaft und Theologie. Hier muß der christliche Glaube wieder seine »Gesellschaftsfähigkeit« erweisen: welchen Beitrag er zur Lösung der gegenwärtigen gesellschaftlichen Probleme zu leisten fähig ist. Häfele bekennt von sich: »Für mich hat das auch etwas mit dem Glauben zu tun.« Was aber hat der Glaube damit zu tun?

Die Projektwissenschaft erhellt, wie sehr der Mensch

den Folgen seines eigenen weltverändernden Tuns ausgesetzt ist, wie leicht die von ihm ausgelösten Vorgänge und Kräfte in einer Art Rückkoppelung auf ihn selbst zurückschlagen. Zur Deutung dieser Situation kann uns wieder das Wort Jesu dienen: »Was hülfe es dem Menschen, wenn er die ganze Welt gewönne und nähme doch Schaden an seiner Seele?« Die Menschen müssen »die Welt gewinnen«, das heißt in unserem konkreten Fall, sie müssen z. B. die durch Quantentheorie und Kernspaltung eröffneten Möglichkeiten der Energiegewinnung unbedingt wahrnehmen und ausnutzen, wenn die Menschheit auf die Dauer weiterexistieren soll. Aber eben dieselben Tätigkeiten und Kräfte, die den Menschen das Weiterleben ermöglichen, drohen ihr Leben auch zu beschädigen und zu verderben. Und darum die Warnung, »keinen Schaden an der Seele zu nehmen«. Das zeigt, wie diesseitsbezogen dieses Wort Jesu gedeutet werden kann: Hier wird nichts »nach oben« abgeschoben und nicht nur auf ein besseres Leben im Jenseits verwiesen, hier wird zur »Rücksichtnahme« auch schon auf das Leben im Diesseits aufgefordert. Zu solcher Rücksichtnahme auf das Leben der Menschen anzuhalten – darin besteht der Beitrag des christlichen Glaubens zum Leben der Gesellschaft. Was dies für seinen speziellen Beitrag zum interdisziplinären Dialog der Projektwissenschaft bedeutet, machen die folgenden drei Punkte deutlich.

Erstens: Indem der christliche Glaube die Sinnfrage gegenüber einem einseitigen Nutzverlangen durchhält, steht er für die Menschlichkeit des Menschen ein. – Wenn die »utilitaristische Dimension« um so größer wird, je mehr sich die Natur entzieht, dann steigt damit in gleichem Maße die Gefahr, daß nicht nur Naturwissenschaft und Technik, sondern alles menschliche Leben und Handeln unter den Gesichtspunkt des Nutzeffekts und der Zweckrationalität rücken. Gegen diese Verführung hat der christliche Glaube Widerstand leisten zu helfen. Er muß bei der gemeinsamen Zielfindung dafür eintreten, daß nicht alle technischen Möglichkeiten auch zu realen Zielen erklärt werden, kurzum, daß der Mensch nicht alles tut, was er kann – »damit das, was daraus folgt, nicht unvernünftig wird«, was ja nichts anderes als »unmenschlich« bedeuten würde. Das aber verlangt, daß die Prioritäten in der Wissenschaft richtig gesetzt werden – dem Menschen zugut und nicht zum Schaden. Doch um die Prioritäten richtig zu setzen, reichen die hauseigenen Mittel des positivistischen Wissenschaftsbegriffs nicht aus; dazu bedarf es eines anderen Maßes.

Hier hat das Christentum sein »Humanum aus Glauben« einzubringen und es in »säkulare Humanität« umzusetzen. Indem es an Gott als an das ganz und gar Nicht-Notwendige erinnert, erhält es einen Vorbehalt für den Menschen aufrecht und bewahrt ihn davor, unter dem Gesichtspunkt des Nutzens und der Notwendigkeit verrechnet zu werden. Auf diese Weise tritt das Christentum mit dafür ein, daß trotz der Ausweitung der »utilitaristischen Dimension« infolge der zunehmenden Reichweite des naturwissenschaftlich-technischen Handelns die Verhältnisse menschlich bleiben, das heißt so, daß der Mensch in ihnen nicht nur seine vorhandene Menschlichkeit bewahren, sondern auch seine noch ausstehende erreichen kann.

Zweitens: Indem der christliche Glaube inmitten aller unübersehbaren Beziehungen und Möglichkeiten an den unsichtbaren einheitlichen Bezugspunkt erinnert, gibt er den Menschen eine Möglichkeit zur Orientierung. – Am Schluß seines Referates stellt Häfele die Frage: »Wenn alles von allem abhängt, wenn bei jeder kleinen Tat die Konsequenzen bedacht werden müssen, wenn Ziele nicht mehr Möglichkeiten sind, wie kann ich dann denn leben ohne Unendlichkeit?« Und er gibt selbst auf diese Frage die Antwort: »Ich glaube, daß die Unendlichkeit sich heute in dem Menschen selber wiederfinden muß.« »Unendlichkeit im Menschen selber« – das bedeutet nicht ein Versinken oder Aufgehen des Menschen in einem mystischen Seelengrund und damit in seinem eigenen Abgrund, sondern das weist auf die Tatsache hin, daß er, der Endliche, seinen wahren Ursprung und bleibenden Bezugspunkt im Unendlichen hat und darin seinen »Halt« findet. Aber gerade seine Reklamation für Gott, die Erinnerung an sein Geschöpfsein, gemahnt den Menschen daran, daß er »gefallen«, »bedroht«, »vorläufig«, »noch nicht fertig« ist, kurzum, daß sein wahres Menschsein noch aussteht. Darum kann man von der Unendlichkeit als menschlicher Dimension nicht ohne die Dimension der Hoffnung sprechen.

Drittens: Indem der christliche Glaube dem Menschen die Erfüllung seiner wahren Bestimmung verheißt, gewährt er ihm Hoffnung und bewahrt ihn vor der Resignation. – Der Ausdruck »Projektwissenschaft« kann ebenso optimistisch wie pessimistisch stimmen: optimistisch, indem er den Menschen vor Augen hält, wie großartig ihre Verhältnisse und wie aussichtsreich ihre Möglichkeiten sind; pessimistisch, indem er sie gerade vor solchen Größenordnungen erschrecken läßt. Das Empfinden, angesichts dieser Weite und Größe doch nicht »hinzureichen«, erzeugt in dem Einzelnen ein Gefühl der Lähmung. Resigniert fragt er: »Was können wir tun? Können wir überhaupt etwas tun?« und gibt sich selbst die Antwort: »Wir können nichts tun.« Gegen dieses Gefühl der Vergeblichkeit stellt der christliche

Glaube die Hoffnung. Christliche Hoffnung bedeutet nicht, wie Ernst Bloch argwöhnt, daß sich alles schon schicken werde und der Mensch sich darum nur dreinzuschicken brauche. Vielmehr ergeht hier an den Menschen die Aufforderung, Gottes Mitarbeiter zu werden bei seiner Absicht, seine Schöpfung zu vollenden und die Geschichte zum Ziel zu führen. Von der Hoffnung gilt das Gleiche, was wir vom Vertrauen gesagt haben: sie hat ihren Grund außerhalb des Menschen und wird in ihm »erweckt«. Sie stammt nicht aus menschlicher Vision, sondern aus göttlicher Verheißung. Aber gerade darum setzt sie den Menschen in Bewegung, wider den scheinbar unüberwindlichen Status quo und trotz scheinbar unerreichbarer Größenordnungen noch heute an seinem Ort konkret mit seinem Handeln zu beginnen.

Nehmen wir alles zusammen, was wir über den Beitrag des christlichen Glaubens zur Zielfindung der Projektwissenschaft gesagt haben, so haben wir mit dem allen gewiß nicht eine Art soziologischen Gottesbeweises erbracht. Aber es hat sich mit alldem gezeigt, daß die Theologie nur dann, wenn sie mit der Existenz Gottes rechnet und nicht selbst seinen Tod verkündet, hier überhaupt einen Beitrag zu leisten hat. In dem Augenblick, in dem Gott der Theologie aus dem Zentrum rückt, hört sie auf, im interdisziplinären Dialog noch ein interessanter Partner zu sein; im gleichen Augenblick aber wäre ihr mit Gott auch der Mensch aus dem Zentrum geraten.

(4) Natürlicher Tod

»Natürlicher Tod« meint das friedliche, gewaltlose Verlöschen des Menschen am Ende seiner biologischen Kräfte. Der Soziologe Werner Fuchs hält ihn für den »modernsten« und »fortgeschrittensten Todesbegriff« und möchte ihn daher als allgemeingültiges Verhaltensmuster in der modernen Gesellschaft durchsetzen.[54]

Was Werner Fuchs – nicht nur als Soziologe, sondern zugleich als überzeugter Atheist – im Hinblick auf den natürlichen Tod behauptet und fordert, dem kann christlicher Glaube, wenn auch mit anderer Begründung, nur zustimmen. Zwar spricht die Bibel vom Tod vornehmlich als vom Elend, Fluch und Feind des Menschen und konstatiert damit seine »Unnatürlichkeit«. Doch es brauchte nicht so zu sein. Daß der Tod vom Menschen als Bedrängnis, Abbruch und Ende, mithin als »unnatürlich« erfahren und deshalb gefürchtet wird, hängt mit der von ihm selbst verschuldeten Störung seines Gottesverhältnisses zusammen. Drängte der Mensch nicht selbst-süchtig aus diesem für ihn als Gottes Geschöpf »natürlichen« Verhältnis heraus, bliebe er vertrauensvoll in ihm, dann brauchte er den Tod nicht als die totale »Verhältnislosigkeit« (Eberhard Jüngel) zu fürchten und ihn als »unnatürlich« zu empfinden. Dann würde der Tod für ihn nicht Anfeindung, sondern Befriedung, nicht Abbruch, sondern Erfüllung, nicht Ende, sondern Vollendung bedeuten; kurzum, dann wäre der Tod für ihn »natürlich«. Dafür zeugt das Sterben der Patriarchen im Alten Testament, wie das Abrahams, von dem es, wie auch von Hiob, heißt, daß er »starb und verschied in einem guten Alter, als er alt und lebenssatt war« (I. Mose, 25,8; Hiob 42,17).

Bislang hat die christliche Theologie, wenn es sich um den Tod handelte, meist nur nach vorwärts, an das, was danach kommt, in Richtung auf das ewige Leben im Jenseits gedacht. Heute muß christliche Theologie, wenn sie den Glauben an Gott als die alles bestimmende

Wirklichkeit bewahrheiten will, beim Tod auch nach rückwärts denken, an das, was davor kommt, in Richtung auf das irdische Leben im Diesseits. Der von Gott gewollte natürliche Tod des Menschen hat gesellschaftspolitische Konsequenzen. Wenn es heißt: »Du wirst im Alter zu Grabe kommen, wie Garben eingebracht werden zur rechten Zeit« (Hiob 5,26), dann ist dies nicht nur ein erbaulicher Bibelspruch, laut Agende bei Bestattung von »Hochbetagten« geeignet, sondern dann bedeutet dies zugleich ein humanes Kriterium und verlangt eine entsprechende gesellschaftliche Praxis. Langes Leben und natürlicher Tod gehören nach Gottes Willen zum vollen Menschsein des Menschen. Darum muß das Christentum die *Fürsorge für einen natürlichen Tod* zum gesellschaftlichen Postulat erheben und sein »Humanum aus Glauben« hier entsprechend wieder in »säkulare Humanität« umsetzen.

Fürsorge für einen natürlichen Tod verlangt eine entsprechende *Vorsorge im Leben.* Wenn das Verhältnis zu Gott dem Leben des Menschen sein rechtes »Maß« gibt, dann bedingt dies auch »gemäße« gesellschaftliche Verhältnisse, das heißt solche, in denen der Mensch wirklich leben, nicht nur vegetieren kann, und zwar so lange, bis seine biologischen Kräfte aufgezehrt sind.

Fürsorge für einen natürlichen Tod durch Vorsorge im Leben bedeutet in der gesellschaftlichen Praxis: daß alle Menschen ohne Ansehen der Person die bestmögliche ärztliche Versorgung erhalten – daß alle gewalttätigen Eingriffe in das Leben der Menschen wie Mord, Hinrichtung und Krieg gesetzlich ausgeschlossen und politisch abgewendet werden – daß der Verkehrstod auf ein Mindestmaß beschränkt und für Unfälle ein rasch funktionierendes Rettungssystem organisiert wird – daß Lebensmüde durch eine rechtzeitige Betreuung vor dem Selbstmord bewahrt bleiben – daß die Alten nicht aus der Gesellschaft verbannt und in Altersheimen isoliert werden, ähnlich der einstmals geübten Tötung durch Aussetzung – daß die Menschen schließlich Sterbehilfe erhalten, damit sie würdig sterben können, nicht in einsamer Qual sich selbst überlassen, sondern umgeben und geleitet von Menschen, so gut und so lange Menschen Mitmenschen auf dem Weg in die totale Verhältnislosigkeit ein Geleit geben können.

Alles in allem: Fürsorge für einen natürlichen Tod durch Vorsorge im Leben bedeutet in der gesellschaftlichen Praxis – medizinisch, sozial und politisch – die Schaffung von Verhältnissen, in denen der Tod zu dem werden kann, was er nach Gottes Willen sein soll: »die Begrenzung des Menschen allein durch Gott«[55]. Die Aufhebung der totalen Verhältnislosigkeit ist allein Gottes Sache. Sache des Menschen aber ist es, durch eine Veränderung der gesellschaftlichen Verhältnisse dafür zu sorgen, daß die Menschen »im Alter zu Grabe kommen, wie Garben eingebracht werden zur rechten Zeit«.

3. Wider den a-politischen Theismus und den politischen A-theismus

Die angeführten »Beispiele« sollten – gemäß der von uns angewandten Methode der Bewahrheitung christlicher Glaubensaussagen in der Erfahrung von Weltwirklichkeit – den »Theozentrismus« in den Erfahrungen der gegenwärtigen gesellschaftspolitischen Wirklichkeit bewähren, genauer, ihn an einzelnen »Fällen« unserer gesellschaftlichen Situation konkretisieren und durch solche Konkretionen verifizieren.

Wenn uns dies gelungen ist, dann haben wir damit

zugleich den christlichen »Theismus« von dem Verdacht gereinigt, daß er zu politischer Passivität und Apathie verführe. Daß er dies oft genug tut und dafür heftige politische Kritik verdient, ist zweifellos richtig, und das haben wir von vornherein eingeräumt. Aber man kann nicht einfach einen Regelmechanismus zwischen theologischem Theismus und politischer Resignation herstellen. Der Irrtum der politischen A-theisten besteht darin, daß sie aus dem Mißbrauch oder der Verkehrung bestimmter Glaubensinhalte ihre Unbrauchbarkeit und Verkehrtheit folgern. Aber auch hier gilt: Abusus non tollit usum! An die Stelle des Mißbrauchs sollte nicht die Aufhebung, sondern der rechte Gebrauch treten; mithin sollte auch der Theismus nicht abgeschafft, sondern gereinigt werden. Eben dies ist unsere Tendenz, und diese haben wir an Hand unserer »Beispiele« zu bestätigen gesucht.

Damit haben wir zugleich die grundsätzliche Frage beantwortet, um die heute der theologische Streit geht und die zur Polarisierung in den Kirchen zu führen droht: *ob das Evangelium mittelbare oder unmittelbare politische Relevanz besitze.* Unsere eindeutige Antwort darauf lautet: nur *mittelbare.* In den angeführten Beispielen haben wir jeweils die – bislang weithin vergessenen – gesellschaftspolitischen Konsequenzen aus dem Evangelium zu ziehen versucht. Auf diese Weise haben wir den christlichen Glauben politisch verifiziert, aber nicht politisch motiviert; wir haben die Wahrheit des Glaubens nicht politisch begründet, sondern seinen Grund politisch bewahrheitet.

Zugleich hat das politische Engagement des christlichen Glaubens damit sein rechtmäßiges Motiv und seinen richtigen Stellenwert erhalten: Nicht indem es *unmittelbar politisch* agiert und agitiert, sondern indem es

mittelbar die *religiöse* Dimension aller politischen Verhältnisse aufdeckt und sie in das Spiel der politischen
Kräfte einbringt, wirkt das Christentum am Bestand
der Gesellschaft durch Veränderung mit – ohne primäre
Absicht, aber nicht ohne sekundäre Wirkungen und hoffentlich in seinem Anspruch gedeckt durch die eigene
Diakonie der Kirche und durch die politische Aktivität
möglichst vieler Christen.

An dieser *»Mittelbarkeit«* der politischen Wirkung
des Evangeliums hängt die Zukunft des Christentums:
ob das Evangelium Evangelium bleibt oder sich in ein
politisches Gesetz verkehrt, ob der Glaube Glaube bleibt
oder sich in politische Aktion auflöst, ob der Theozentrismus durchgehalten wird und damit den wahren Anthropozentrismus im Gefolge behält, ob an Gott um
Gottes willen geglaubt und darum dem Menschen um
des Menschen willen gedient wird – mit einem Satz:
ob das Christentum auch künftig noch zu etwas gut sein
soll. Auch auf das Christentum trifft zu, was John Cogley im Hinblick auf die Zukunft der Religion als ganzer
feststellt: »Es geht mehr darum, daß die Religion eine
Atmosphäre schafft, innerhalb derer gesellschaftliche
und politische Entscheidungen getroffen werden, als daß
sie unmittelbar die Grundlage für solche Entscheidungen liefern oder den institutionellen Apparat stellen
könnte, um sie auszuführen . . . Je indirekter der Beitrag ist, den die Religion der Gesellschaft leistet, desto
bedeutsamer wird er wahrscheinlich sein.«[56]

Die theologische Richtung, die neuerdings den Eigenna-
men »politische Theologie« für sich usurpiert hat, behauptet, daß das Evangelium *unmittelbare* politische
Bedeutung besitze. Für sie bildet die politische Situation

den *universalen* Horizont und das politische Handeln den *zentralen* Inhalt der christlichen Botschaft. Das erweckt den Verdacht, daß der christliche Glaube an seinem *politischen Leistungseffekt* gemessen wird und auf diese Weise bewahrheitet werden soll. Ja, man wird das Mißtrauen nicht los, daß hier nur noch eine christliche Restexistenz festgehalten wird, und auch dies nur so lange, als man etwas noch christlich chiffriert sagen muß, weil es wissenschaftlich im Klartext noch nicht aussagbar ist.

Mit dieser Verabsolutierung des Politischen stellt die politische Theologie in ihrer radikalen Richtung den überall im Neuen Testament durchscheinenden Prioritätenkatalog auf den Kopf. In der Bergpredigt heißt es: »Trachtet am ersten nach dem Reich Gottes und nach seiner Gerechtigkeit, so wird euch solches alles dazugegeben werden« (Matthäus 6,33). Diese Rangfolge entspricht dem theologischen Sachverhalt, den wir als »Theozentrismus« bezeichnet haben: Das Neue Testament kennt allein Gott als die einzige »Hauptsache« und sonst nur lauter »Nebensachen«, und es rechnet Politik, Gesellschaft, Wirtschaft und selbst Humanität unter die Nebensachen, das heißt unter diejenigen Dinge, die wahrlich nicht »nebensächlich« sind, die sich aber dann von selbst als Folge und Wirkung einstellen, wenn die Herrschaft Gottes »hauptsächlich« in den Blick genommen ist. Es ist hier wie überall: Das Vorletzte bestimmt sich vom Letzten her und nicht umgekehrt das Letzte vom Vorletzten. Wir müssen erst das Letzte erkannt haben, um zu wissen, was das Vorletzte ist.

Dieselbe theologische Rangfolge scheint auch durch das Vaterunser hindurch. Nur in einer einzigen seiner sieben Bitten, in der vierten um das »tägliche Brot«, kommen jene Güter ausdrücklich vor, an denen der radikalen politischen Theologie ausschließlich gelegen ist. Dabei wird überdies zu beachten sein, daß auf die Bitte um das tägliche Brot unmittelbar die um die Vergebung der Schuld folgt, als sei hier ein heimlicher Zusammenhang erkannt: daß der Kampf um das tägliche Brot mit dem Kampf um Macht verbunden ist und daher in Schuld verstrickt.

Diese sachliche Rangfolge der Bibel braucht nicht in jedem Fall auch eine zeitliche Reihenfolge zu bedeuten. Es wird zum Beispiel wenig Sinn und gar keine Wirkung haben, wenn ich einem jungen Menschen, der keine elterliche Liebe erfahren hat und auch sonst im Leben nur herumgestoßen worden ist, erkläre, daß Gott ihn liebe, oder wenn ich einem Proletarier, der von den bestehenden gesellschaftlichen Verhältnissen total abhängig ist und für den in Anbetracht der Festigkeit des herrschenden Gesellschaftssystems auch keinerlei Aussicht auf eine Änderung besteht, versichere, daß er zur Freiheit berufen sei. In der Situation, in der sich jene beiden befinden, *können* sie einfach nicht die ihnen mitgeteilte Wahrheit glauben, der junge Mensch nicht an die göttliche Liebe, der Proletarier nicht an die christliche Freiheit. Sie müssen zunächst in eine Lage versetzt werden, in der sie überhaupt die Möglichkeit haben, Liebe und Freiheit konkret, am eigenen Leibe, zu erfahren. Das aber verlangt eine Veränderung der gesellschaftlichen Verhältnisse, in denen sie leben, mithin ein politisches Tun. Woher aber kommt den Christen der Impuls zu solchem politischen Tun anders als aus ihrem Glauben an das Evangelium? Damit ist – trotz umgekehrter zeitlicher Reihenfolge – die sachliche Rangfolge nicht aufgehoben, sondern bestätigt.

Es bleibt also dabei, daß sich aus der Bibel der Primat des Politischen in der Theologie nicht erheben läßt. Im Reden der Bibel von Gott ist die Politik nicht Satzaussage, das heißt nicht Verbum, sondern adverbiale Bestimmung der Zeit, des Ortes und der Art und Weise. Das verlangt, daß die politische Situation wohl den *begleitenden Kontext*, aber nicht den beherrschenden Horizont der christlichen Botschaft und das politische Handeln entsprechend wohl die *mittelbare Konsequenz*, aber nicht den unmittelbaren Inhalt des christlichen Glaubens bilden.

Es ist eine Monomanie zu behaupten, daß alles in der Welt Politik sei. Auch das Politische bildet nur einen Sektor, richtiger, einen Aspekt des menschlichen Lebens und hat daher partiell zu bleiben. Wo der politische Aspekt total wird, dort wird nicht nur die Wirklichkeit verkannt und verkehrt, dort droht die Gefahr des *politischen Totalitarismus*. Der politische Totalitarismus aber ist doppelt gefährlich, wenn er auch noch religiös aufgeladen wird. Und das geschieht dort, wo man dem Evangelium nicht nur mittelbare, sondern unmittelbare politische Relevanz zuschreibt. Damit wird immerhin »Gott« unmittelbar in das politische Spiel eingebracht. Wo immer aber Gott unmittelbar politisch ins Spiel gebracht wird, dort wird ein »übermäßiger« Anspruch erhoben und eine entsprechende »Maßlosigkeit« erzeugt. Dort wird unsere ohnehin schon reichlich heiße Geschichte vollends »überhitzt«. Dort sind die Folgen Rechthaberei bis zur Verabsolutierung und Überanstrengung bis zum Leistungswahn.

Dies alles aber bedeutet die Verkehrung dessen, was der christliche Glaube will und was im Grunde auch die politische Theologie meint, in sein Gegenteil. Die politische Theologie ist ausgezogen, um den Menschen zu retten. Ihr Ziel ist ein »realer Humanismus«, und kein gerechter Kritiker wird bestreiten, daß sie dieses Ziel couragierter angeht und auch konkreter und sachkundiger bedenkt als ihre rechtgläubigen oder gar rechtsgläubigen Gegner. Aber gerade wenn wir das Ziel der politischen Theologie ernstnehmen, müssen wir unsere kritische Frage, ob es auf die Dauer einen realen Humanismus ohne den Bezug des Menschen zu Gott geben könne, auch an sie richten.

Es scheint uns kein Zufall zu sein, daß die Verfechter einer radikalen politischen Theologie meist gleichzeitig einen politischen A-theismus vertreten. Die Erfahrung des »Todes« oder der »Abwesenheit« Gottes ist es, welche sie in Bewegung setzt, sich so leidenschaftlich für den Menschen einzusetzen. Auf diese Weise wird das theologische Vakuum von ihnen gleichzeitig anthropologisch aufgefüllt. Ja, wir müssen sogar noch einen Schritt weitergehen und einigen von ihnen die Frage stellen, ob das anthropologische Material, mit dem sie das theologische Vakuum auffüllen, nicht von Karl Marx vorgefertigt und über Ernst Bloch bezogen ist. Da werden die Verhältnisse nicht als die Bedingungen, sondern als der Grund der Existenz des Menschen und der Mensch wiederum als der Produzent dieser Verhältnisse genommen – Jesus von Nazareth wirft hier prometheische Schatten.

Damit aber wird von der radikalen politischen Theologie jener »falsche Anthropozentrismus« übernommen, nach dem der Mensch für den Menschen das höchste Wesen ist. Darum müssen wir auch ihr gegenüber geltend machen, was wir über den Theozentrismus und seine anthropologischen Konsequenzen gesagt haben: daß Gott einfach da ist und daß die Christen darum von ihm reden müssen; daß Gott das ganz und gar Nicht-Notwendige im Leben des Menschen ist und gerade darum das, was ihm allein nottut; daß allein dort, wo »Gott um Gottes willen« gilt, auch »der Mensch um des Menschen willen« gilt.

Der Schade aller einseitigen politischen Theologie kommt ans Licht, wenn es um *Schuld und Vergebung* geht und diese nur auf die zwischenmenschlichen Beziehungen und überdies fast ausschließlich auf die gesellschaftlich-politischen Verhältnisse beschränkt werden. Als politischen Modellfall dafür wählen wir die Versöhnung zwischen Deutschen und Polen, als theologisches Beispiel einen Text von Dorothee Sölle, die die Dinge engagierter und couragierter angeht und sie auch ungeschützter und unverschlüsselter ausspricht als die Fachtheologen.

Der betreffende Text lautet: »Auch der einzelne Pole kann mir als einer einzelnen Deutschen doch nur vergeben, daß seine Familie von meinen Volksgenossen ermordet worden ist, wenn mein Land die Grenze eines neuen Friedens anerkennt, wenn Angst politisch überwunden wird. Der politische Sachverhalt begründet zwar nicht die Sündenvergebung, weil ich in dieser gänzlich auf den anderen angewiesen bin; aber er ist eine unabdingbare Voraussetzung, ohne die mir weder der Pole noch etwa Gott, der dies ja wohl nicht hinter dem Rücken des Polen inszeniert, vergeben kann oder will.«[57]

Es ist Dorothee Sölle an einem Zwiefachen gelegen: Einmal möchte sie den Vorgang von Schuld und Vergebung nicht nur auf einen Akt zwischen Gott und dem schuldig gewordenen Menschen beschränken, sondern unbedingt auch den betroffenen Mitmenschen einbeziehen – darum begegnet bei ihr immer wieder der Satz:

»Gott vergibt nicht hinter dem Rücken von Menschen.« Zum anderen möchte sie den Vorgang von Schuld und Vergebung nicht nur in der privaten individuellen Sphäre belassen, sondern ihn auch auf die politischen und gesellschaftlichen Verhältnisse und Beziehungen ausdehnen. Mit beiden Absichten hat sie recht; beide entsprechen auch dem Zeugnis der Bibel.

Aber diese richtige doppelte Tendenz wird von Dorothee Sölle nun so radikalisiert, daß sie den von ihr zu Recht so fest geknüpften Zusammenhang zwischen göttlicher und menschlicher Vergebung gerade wieder zerreißt und damit die diesbezüglichen Aussagen der Bibel fast auf den Kopf stellt. Wir formulieren daher unsere Einwände in drei Fragen:

1. Konnte ein Pole einem Deutschen das seinem Volke von den Deutschen angetane Unrecht nicht auch schon vor dem Abschluß des Warschauer Vertrages, also ohne politische Grenzänderungen vergeben? Jeder weiß, daß dies in persönlichen Begegnungen hundertfach geschehen ist – und ist das dann etwa keine wirksame Vergebung gewesen?

2. Wird mancher Pole einem Deutschen nicht auch künftig – nach dem Abschluß des Warschauer Vertrages und der Anerkennung der neuen Grenze – nicht vergeben können? Gerade wer das von den Deutschen dem polnischen Volke zugefügte Unrecht ernstnimmt und sich von der Mitschuld daran nicht ausschließt, wird für eine derartige Weigerung Verständnis haben – aber soll nun ausgerechnet ein solcher Mensch ohne Vergebung bleiben?

3. Darf die Vergebung eines Polen gegenüber einem Deutschen letzten Endes davon abhängig gemacht werden, ob es in Bonn eine sozial-liberale Regierung unter Brandt oder eine christlich-demokratische unter Barzel

beziehungsweise Strauß gibt? Und was wäre geworden, wenn das von den christlichen Parteien zur Verhinderung der Ostverträge eingebrachte Mißtrauensvotum Erfolg gehabt hätte? Wäre durch diese politische Tat respektive Untat die Vergebung bis zu einem neuerlichen Regierungswechsel in Bonn ausgesetzt worden?

Und nun wenden wir unsere kritischen Fragen unsererseits in positive theologische Behauptungen: Die einzige unabdingbare Bedingung dafür, daß mir als Deutschem das von meinen Volksgenossen dem polnischen Volke zugefügte Unrecht vergeben wird, ist das Bekenntnis meiner Schuld und Gottes Vergebung. Freilich wollen Gottes Vergebung und mein Schuldbekenntnis verifiziert, das heißt »wahrgemacht« sein. Solche »Wahrmachung« aber geschieht durch Wiedergutmachung, und zwar nicht allein im privaten, sondern auch im politischen Bereich, in unserem konkreten Fall nun in der Tat durch die Anerkennung der Oder-Neiße-Linie als neuer politischer Grenze – ohne solche politische Wiedergutmachung bliebe die Vergebung auch als religiöser Akt unglaubwürdig. Aber die Wiedergutmachung in Gestalt einer neuen politischen Grenzziehung bildet nicht die unabdingbare Voraussetzung, wohl aber die unerläßliche Folge und Wirkung, besser noch, die unausbleibliche Begleiterscheinung, wenn die Vergebung als ein zwischen Gott und Menschen sich vollziehendes Ereignis ernstgenommen ist. Was die Vergebung als zwischenmenschliche Beziehung, also die Vergebung des einzelnen Polen mir gegenüber, betrifft, so muß ich es darauf ankommen lassen, wenn ich mir meiner Schuld bewußt und der göttlichen Vergebung gewiß bin. Verhielte es sich anders, so würde dies bedeuten, daß ich bis an mein Lebensende mit meiner nichtvergebenen Schuld herumlaufen muß – nicht nur in diesem Fall, sondern auch in allen anderen, in denen Menschen mir trotz meines aufrichtigen Schuldbekenntnisses nicht zu vergeben bereit sind und womöglich sogar darüber gestorben sind.

Die Ursache für die »Einseitigkeit« der radikalen politischen Theologie liegt in ihrem A-theismus. Darum sind auch Schuld und Vergebung für sie nur ein einliniges zwischenmenschliches Geschehen, bei dem Gott im Grunde überflüssig ist. Dorothee Sölle bestätigt dies mit der ihr eigenen Offenheit: »Ich glaube nicht an die Art von Vergebung, die von oben kommt, ich möchte hier unten gern vergeben bekommen, und wenn das nicht geht, dann soll dieser Gott seine Vergebung für sich behalten.«[58] Wo man sich an Gottes Vergebung so brüsk desinteressiert zeigt, dort ist nicht nur das Ende der Theologie, sondern des Evangeliums signalisiert.

Wer den Theozentrismus aus dem Evangelium entfernt, nimmt diesem nicht nur ein einzelnes Organ, sondern sein Leben. Gleichzeitig steigert er nicht die politische Wirkung des christlichen Glaubens, sondern schwächt sie. Denn recht verstanden, lähmt der Theozentrismus nicht die politische Aktivität, sondern hält sie gerade gesund. Wer nicht glaubt, daß in Gottes Schöpfung eine Macht zum Guten wirkt, die außerhalb unser selbst liegt, übernimmt sich mit der Übernahme politischer Verantwortung hoffnungslos. Indem der Theozentrismus uns dieses Vertrauen vermittelt, heilt er uns von dem falschen Leistungswahn, als seien wir es, die in der Geschichte alles allein zu machen hätten. Er erinnert uns daran, daß wir nicht immer nur *handeln* müssen, sondern auch *sein* dürfen, und erlaubt uns damit, uns ab und an einen Urlaub auf Zeit von der Geschichte zu

gönnen. Auf diese Weise trägt der Theozentrismus zur
Abkühlung unserer überhitzten Geschichte und zur
Entkrampfung unseres eigenen gesellschaftspolitischen
Engagements bei.

Daß Theozentrismus nicht zu politischer Passivität
verführen muß, sondern im Gegenteil politisches Engagement begründen kann, und daß die mittelbare politische Wirkung des christlichen Glaubens von nicht geringerer Kraft zu sein braucht als seine unmittelbare, dafür hat Karl Barth mehr als einen Beweis erbracht. Wir
nennen nur ein Beispiel: Im Juni 1933, als die »Deutschen Christen« eine unmittelbare Beziehung zwischen
dem christlichen Glauben und der politischen Situation
– sprich: zwischen Jesus von Nazareth und Adolf
Hitler – herstellen zu können meinten, was dann, wie
stets in solchen Fällen, auf Kosten des Evangeliums und
der Menschen in einem ging, schrieb Barth in seiner
Schrift ›Theologische Existenz heute!‹: »Das Entscheidende, was ich heute zu diesen Sorgen und Problemen
zu sagen versuche, kann ich darum nicht zum Gegenstand einer besonderen Mitteilung machen, weil es sehr
unaktuell und ungreifbar einfach darin besteht, daß ich
mich bemühe, hier in Bonn mit meinen Studenten in
Vorlesungen und Übungen nach wie vor und als wäre
nichts geschehen – vielleicht in leise erhöhtem Ton,
aber ohne direkte Bezugnahmen – Theologie und nur
Theologie zu treiben. Etwa wie der Horengesang der
Benediktiner im nahen Maria Laach auch im Dritten
Reich zweifellos ohne Unterbruch und Ablenkung ord-
nungsgemäß weitergegangen ist. Ich halte dafür, das sei
auch eine Stellungnahme, jedenfalls eine kirchenpoliti-
sche und indirekt sogar eine politische Stellungnahme!«[59]

Wegen dieser Sätze hat man Karl Barth und seine
Theologie als ein Beispiel dafür genommen, wie »Theis-

mus« dazu verleite, sich in die Zeit zu schicken und politisch passiv zu reagieren. Nun ist Barth in der Tat ein Theist par excellence gewesen; er ist der Trinität gleichsam bis in ihre innersten Bewegungen hinein gefolgt. Ihn deshalb aber politischer Passivität zu zeihen, zeugt von Unverstand. Es kommt halt darauf an, was für eine Theologie »in leise erhöhtem Ton, aber ohne direkte Bezugnahmen« getrieben wird! Bei einem Theologen von dem Format Karl Barths genügt der leise erhöhte Ton ohne direkte Bezugnahmen, und die direkten politischen Folgen – samt Amtsenthebung! – stellen sich von selbst ein. Wenn andere Theologen hingegen in leise erhöhtem Ton und mit direkten Bezugnahmen Theologie treiben, dann gibt es nur schrille Klänge und weder direkte noch indirekte politische Wirkungen.

4. Zeitgemäße Unzeitgemäßheit – die Mitverantwortung des Christentums für den Kräftehaushalt der Zeit

An Gott um Gottes willen zu erinnern und damit dem Menschen sein wahres Maß und seine Würde erhalten zu helfen – dazu ist das Christentum gut. Indem es dies tut, trägt es zum Ausgleich des geistigen Haushalts der Zeit bei und leistet damit seinen besonderen, originalen Beitrag zum Leben des Einzelnen und der Gesellschaft.

Jede Gesellschaft verfügt über einen *geistigen Kräftehaushalt,* in dem es, wie in jedem anderen Haushalt oder Etat, Einnahmen und Ausgaben gibt und in dem gleichfalls alles darauf ankommt, daß die Einnahmen und Ausgaben sich decken, kurzum, daß »die Kasse stimmt«. Gefährlich wird es immer, wenn eine der beiden Seiten überzogen wird. **Dann droht der Kräftehaushalt der Gesellschaft in Unordnung zu geraten, und am Ende winkt der Bankrott.**

Dies kann in einer zwiefachen Weise geschehen. Die eine Gefahr besteht darin, daß die ganze Gesellschaft oder eine einzelne Gruppe in ihr sich an ihrem inneren Leben genügen läßt. Dann gleichen ihre Mitglieder Sammlern, die kostbare Kunstwerke betrachten und ihrer Mitwelt dabei den Rücken zukehren. Wo dies geschieht, dort droht eine Gesellschaft an ihrem eigenen inneren Reichtum zu ersticken. Es gibt eine christliche und auch eine deutsche »Innerlichkeit«, die für die Umwelt unerträglich ist.

Die andere Gefahr besteht darin, daß man sich ganz und gar nach außen kehrt, daß man die Verbindung zu den Lebensquellen verliert und alles, was man tut, nur noch Routine und Betrieb ist. Wo dies geschieht, dort gleicht eine Gesellschaft oder soziale Gruppe einem Menschen, der heimlich an der Auszehrung leidet. Mag ein solcher Mensch im Augenblick auch noch so blühend aussehen und sich zutrauen, die Welt zu verwandeln – in seinem Innern ist der Tod bereits im Gange, und lange dauert es nicht mehr, bis auch sein äußerer Zusammenbruch erfolgt.

Welche der beiden Gefahren uns in der gegenwärtigen gesellschaftlichen Situation vor allem droht, brauchen wir kaum auszusprechen. Wir leben in einer expansiven Zeit und stehen daher in der Versuchung, ständig nur auszugeben und uns selbst zu »verausgaben«. Die Folge ist, daß die Ausgaben die Einnahmen übersteigen und daher ein Bankrott unseres gesellschaftlichen Kräftehaushalts droht.

Hier hat das Christentum die Verantwortung dafür mit zu übernehmen, daß der Kräftehaushalt der Gesell-

schaft in Ordnung bleibt beziehungsweise wieder ausge-
glichen wird. Es erfüllt diese Aufgabe, indem es sich als
das »Aufhaltende«, als das »Katechon« bewährt, von
dem einmal im Neuen Testament (2. Thessalonicher 2, 6)
die Rede ist und von dem kein Exeget bis heute mit
Bestimmtheit sagen kann, was damit eigentlich gemeint
ist. Wir scheuen uns nicht, dafür das Wort »Bremsfunktion« zu gebrauchen. Dieses Wort klingt fatal, fast
skandalös: Haben die Christen nicht lange genug im
Bremserhäuschen der Weltgeschichte gesessen und Freiheit, Frieden und Gerechtigkeit in ihrem Laufe aufge-
halten? Haben sie die Welt nicht schon immer schlecht-
gemacht, ständig Wasser in den Wein gegossen und jeden Optimismus durch Pessimismus dementiert, als
bedürfte es solcher Perhorreszierung der Welt zur Be-
glaubigung der christlichen Botschaft, gemäß der Devise:
Nacht muß es sein, wo Gottes Sterne strahlen? Soll
durch die neue ausdrückliche Erinnerung an die »Bremsfunktion« der Christenheit der in ihr ohnehin schon
reichlich vorhandene Konservativismus noch mehr kon-
serviert werden?

Es kommt darauf an, wen man zum Gebrauch der
Bremse auffordert. Ganz gewiß geht dieser Rat nicht an
die Adresse der Bekenntnisbewegung »Kein anderes
Evangelium«, oder der »Notgemeinschaft evangelischer
Deutscher«, auch nicht an die kirchlichen Tutoren der
Vertriebenenverbände, die ohnehin schon alle miteinan-
der mit beiden Füßen ständig auf der Bremse stehen.
Auch soll damit nicht das Mißvergnügen der säkularen
Kulturkritiker bestätigt werden, die eine heimliche
Freude empfinden, wenn Züge sich verspäten oder gar
Flugzeuge abstürzen, weil für sie damit einmal mehr
bewiesen ist, daß mit der modernen Technik die Bewäl-
tigung des Lebens augenscheinlich nicht gelingt.

Etwas anderes ist es dagegen, wenn Walter Jens schreibt: »In einem Augenblick, wo man von unbegrenzten Möglichkeiten spricht, heißt ›Begrenzung‹ das erste Gebot.«[60] Hier erinnert einer, der selber zur Avantgarde in unserer Zeit zählt, die Gesellschaft an ihren Kräftehaushalt. Mit den Kräften haushalten heißt für eine Gesellschaft: daß sie nicht an die Zukunft denkt, ohne den Bezug zur Vergangenheit festzuhalten, daß sie nicht unentwegt zu neuen Grenzen aufbricht, ohne die rückwärtigen Verbindungen zu sichern und für den Nachschub zu sorgen, daß sie nicht ständig nur ausgibt und sich dabei verausgabt, ohne zu fragen, woher das alles kommt, wer das bezahlen soll, und ob am Ende »die Kasse stimmt«.

Allein von hier aus gesehen, also von vorne her, unter dem Gesichtspunkt des gesellschaftlichen Fortschritts betrachtet, erhält das Wort vom »Katechon«, von der »Bremsfunktion« des Christentums seinen erlaubten Sinn. Dann bedeutet es, daß die Christenheit in jede allzu sichere und selbstverständliche geschichtliche Kontinuität ein Stück Diskontinuität hineintragen muß, indem sie der Gesellschaft ihren Gefahrensinn schärft, sie zur nüchternen Einschätzung der Lage anhält, sich ihren Auslassungen und Ausgelassenheiten in den Weg stellt, sie an das drohende Defizit auf der Ausgabenseite erinnert und sich selbst in besonderer Weise für die Seite der Einnahmen verantwortlich fühlt. Durch solche *zeitgemäße Unzeitgemäßheit* hindert die Christenheit die Gesellschaft nicht am Fortschritt; sie bringt ihn nur aus dem Tritt, aber gerade damit auf den Weg.

»Zeitgemäße Unzeitgemäßheit« – knapper läßt sich nicht formulieren, wozu das Christentum gut ist und was die Christenheit der Gesellschaft schuldet. Solche zeitgemäße Unzeitgemäßheit kommt durch die Brechung des Ewigen im Jetzt zustande. Das aber weist auf die gleiche Not-wendigkeit hin, die Abram Terz-Sinjawski mit seiner Mahnung meint: »Es wird Zeit, an Gott zu denken«, und die wir auf den theologischen Begriff des »Theozentrismus« gebracht haben. Nur wo das Christentum von Gott um Gottes willen redet, zwar nicht unter Absehen vom Menschen, aber von der Absicht Gottes mit den Menschen, trägt es zum geistigen Kräftehaushalt der Zeit bei und behält seine geschichtliche Existenzberechtigung. Wo das Christentum hingegen nur noch vom Menschen redet oder auch von Gott nur allein um der Gesellschaft willen, dort leistet es keinen unverzichtbaren Beitrag mehr, weder zum Leben des Einzelnen noch zum Haushalt der Gesellschaft. Dort wird undeutlich und durch anderes ersetzbar, wozu es gut ist.

5. Die Christenheit als Minderheit: Sekte oder Salz?

Die Antwort auf die Frage, wozu das Christentum gut sei, ist nur dort richtig gegeben, wo sie vernommen wird als Antwort auf die Frage, wozu die *Christenheit* gut sei. Die Christenheit aber bildet heute zunehmend eine Minorität in der Gesellschaft. Wenn Dietrich Bonhoeffer 1944 im Gefängnis schrieb, daß die Sache der Christen für lange Zeit eine stille und verborgene sein werde, so hatte er damit zwar eine langfristige, aber immer noch befristete Voraussage gemacht. Für uns gilt diese Voraussage unbefristet: Für alle Zeiten wird die Sache der Christen eine stille und verborgene bleiben. Die Christenheit wird künftig nur noch eine Minderheit in der Welt bilden, und Kirche wird es nur noch in der Diaspora geben.

Angesichts der Tatsache ihrer ständigen Abnahme trösten sich die Christen gern mit den bekannten Worten und Bildern von der »kleinen Herde«, dem »Salz der Erde«, der »schöpferischen Minderheit«, dem »bißchen Zimt«. Alle diese Worte und Bilder haben aber nur dann Recht und Bedeutung, wenn sie weder in Selbstmitleid noch in Überheblichkeit zitiert werden. Mehr als auf den Bestand weisen sie auf die Beständigkeit der Christenheit hin und verheißen ihr dafür Kraft.

Was wir mehr fürchten als den Rückgang der Zahl der Christen, ist der Schwund ihrer Substanz. Durch die Rückläufigkeit ihres äußeren Bestandes wird die Christenheit noch nicht von selbst zu einer »schöpferischen Minderheit«. Im Gegenteil, »kognitiven Minderheiten« droht leicht die Gefahr, zur »Sekte« zu werden. Die Stützung, die sie bislang durch das gesellschaftliche Gefüge von außen empfangen haben, müssen sie sich nach dem Zusammenbruch dieser »Plausibilitätsstrukturen« jetzt selber schaffen durch einen festen Zusammenschluß nach innen und einen ebenso dichten Abschluß nach außen. Durch solche innere und äußere Verschanzung möchte man sich gegenseitig das Bewußtsein der Glaubhaftigkeit bewahren. Die Folge ist, daß der Geist der Sektiererei den »heiligen Rest« ergreift, und das bedeutet Enge, Angst, Intoleranz und falschen Eifer.

Das Christentum droht heute zu einer ungeheuren Anstrengung zu werden – mindestens ebenso anstrengend wie alles übrige Leben in der modernen Leistungsgesellschaft. Freilich hat diese Anstrengung wenig mehr zu tun mit dem Heroismus früherer christlicher Jahrhunderte, mit dem Lebenseinsatz der Märtyrer, Heiligen und Asketen; eher gleicht sie der permanenten Streßsituation des üblichen modernen Topmanagements. Darum sind auch vor allem die kirchlichen Funktionäre davon betroffen. Sie müssen zusehen, wie sie ihren »Laden durchbringen«, nicht anders als andere Manager und Funktionäre auch. Die Aussicht, daß solche »Reich-Gottes-Arbeit« auch noch im Himmel weitergehen könne, läßt sie erschaudern. Ihnen gilt als wichtigster Trost des ewigen Lebens die Verheißung aus dem Hebräerbrief: »Es ist noch eine Ruhe vorhanden dem Volke Gottes« (4,9).

Was wir daher an der Kirche heute am meisten vermissen, sind Leichtigkeit, Liebenswürdigkeit und Charme. Die Kirche befindet sich »immer im Dienst«, sie ist immer ernst, sie hat es stets schwer, sie geht ständig in Schwarz. Sie gleicht einer Frau, der der jahrelange Kampf ums Geschäft harte und strenge Linien ins Gesicht gezeichnet hat.

Wenn aber Gott im Zentrum des Glaubens steht und wenn er das ganz und gar Nicht-Notwendige ist, dann wird auch für die Kirche alles leichter. Dann braucht sie keine so große Angst mehr vor der Minderung ihres Bestandes zu haben; dann muß sie nicht mehr so eifersüchtig auf der Absolutheit ihrer Rechte und Richtigkeiten bestehen; dann kann sie es sich leisten, auch ihre eigenen Reformen weniger ernst zu nehmen; dann verliert alles in ihr, von der Kirchensteuer über die Bürokratie bis zum Kultus, das Bleigewicht der Ewigkeit. Und sie selbst erscheint auf einmal liebenswürdig und charmant, wie eine Dame, die es nicht nötig hat, ständig nach Anerkennung zu heischen, weil sie ihrer selbst gewiß ist.

Wenn Gott im Zentrum des Glaubens steht und wenn er das ganz und gar Nicht-Notwendige ist, dann hat dies Konsequenzen auch für die Art, wie wir Theologie treiben. Dann verliert die Theologie ihren strapaziösen Charakter als Hüterin der Rechtgläubigkeit und empfängt etwas vom Wesen des »Spiels«. Dann gibt es nur noch einen einzigen unfehlbaren Lehrsatz für sie, und der lautet, daß allein Gott unfehlbar sei. Dann gewinnt die Theologie jene »Leichtigkeit«, mit der wir zu sagen pflegen: Wir haben über Gott und die Welt geredet – und das war schön.

Erlöst vom Willen zur Macht und aus dem Sog des Erfolgskults befreit, hat die Christenheit heute eine neue Chance, frei und gelassen ihres Glaubens zu leben und auf diese Weise zum »Salz der Erde« zu werden. Die Eigenschaft des Salzes besteht bekanntlich darin, nicht eine Speise zu verwandeln und zu verfremden, sondern den ihr eigenen Geschmack hervorzubringen, indem es sich selbst auflöst. So sollen auch die Christen als das Salz der Erde die Welt nicht verchristlichen oder gar verkirchlichen – die Vorstellung von einer geschlossenen christlichen oder gar kirchlichen Welt ist ein Alptraum: damit wäre die Welt gründlich versalzen. Vielmehr sollen die Christen als das Salz der Erde den Menschen zu dem ihnen eigenen Geschmack verhelfen, zu ihrer göttlichen Bestimmung, daß sie das werden, was sie von ihrem Ursprung her sind: Menschen, Erde, Welt – mit einem Wort: Gottes gute Schöpfung.

ANMERKUNGEN

1 Peter L. Berger, Auf den Spuren der Engel. Die moderne Gesellschaft und die Wiederentdeckung der Transzendenz, Frankfurt a. M. 1970, 19 f., 56 ff.
2 Die Sehnsucht nach dem ganz Anderen. Ein Interview mit Kommentar von Hellmut Gumnior. Stundenbücher, Bd. 97, Hamburg 1970, 66, 69 f.
3 Biblische Fragen, Einsichten und Ausblicke; in: Anfänge der dialektischen Theologie I, hrsg. von J. Moltmann, München 1962, 55
4 Wien/Hamburg 1968, 48
5 Freiburg 1971, 17, 28 f.
6 Zur Kritik der instrumentellen Vernunft, Frankfurt 1967, 104
7 Standort-Bestimmung gegenwärtiger evangelischer Theologie; in: Theologische Literaturzeitung, 94. Jg., 1969, 724
8 Wolfhart Pannenberg, Gottesgedanke und menschliche Freiheit, Göttingen 1972, 42 f.
9 Zitiert nach Schubert M. Ogden, Die Realität Gottes, Zürich 1970, 9
10 A. a. O., 71
11 Hrsg. von Rudolf Otto, Göttingen [6]1967, 19
12 Ebendort, 48
13 Zum folgenden: Ebendort, 37 ff.
14 Ebendort, 60
15 Die ersten Freigelassenen der Schöpfung, München 1971, 68 f.
16 Christlicher Glaube nach dem Tode Gottes, München 1971, 92
17 Sämtliche Werke, Weimarer Ausgabe, Bd. 30, I, 133

18 Dorothee Sölle, Das Recht ein anderer zu werden, Neu-
   wied/Berlin 1971, 57

19 Die Studententrommel, Wiesbaden 1956, 85, 88 ff., 92 f.,
   175 f., 225, 238

20 Tod, Stuttgart/Berlin 1971, 131, 136 ff.

21 Zum folgenden: Ernst Bloch, Atheismus im Christentum.
   Zur Religion des Exodus und des Reichs, Frankfurt a. M.
   1968, passim

22 A. a. O., 84 f.

23 Carl Heinz Ratschow, Atheismus im Christentum? Eine
   Auseinandersetzung mit Ernst Bloch, Gütersloh 1970, 107

24 Jesus und der Gottesglaube. Ein christologischer Entwurf,
   Tübingen 1970, 112

25 Zum folgenden: Wolfhart Pannenberg, Wie wahr ist das
   Reden von Gott? Die wissenschaftstheoretische Problematik theologischer Aussagen; in: Ev. Kommentare 11/
   1971, 629 ff.; dazu ein Bericht von Sigurd M. Daecke
   über eine Vorlesung Pannenbergs über ›Theologie als
   Wissenschaft‹ in seinem Aufsatz: Soll die Theologie an
   der Universität bleiben? Die Auseinandersetzung um
   eine Begründung der Theologie als Wissenschaft; in: Ev.
   Kommentare 4/1972, 196 ff.

26 Zum folgenden: E. Bloch, a. a. O., 53 f.

27 Was ist christliche Botschaft?; in: Das Unverzichtbare am
   Christentum, hrsg. von Volker Hochgrebe und Norbert
   Kutschki, Mainz/München 1971, 32

28 A. a. O., 197, 191

29 Arthur Rich, Das »Humanum« als Leitbegriff der Sozial-
   ethik; in: Gesellschaft ohne Humanität? Hrsg. von Klaus
   Röhring und Hans Schulze, Forum-Reihe 15, Göttingen
   1971, 38

30 Zur Kritik der Hegelschen Rechtsphilosophie; in: Die
   Frühschriften, hrsg. von Siegfried Landshut. Kröners
   Taschenausgaben, Stuttgart 1953, 207 ff., 216 f.

31 Milan Machovec, a. a. O., 167

32 A. a. O., 157 f.

33 Zum folgenden: Die Sehnsucht nach dem ganz Anderen, 60 ff.; vgl. 69 ff.

34 Christus oder Prometheus? Stundenbücher 106, Hamburg 1972, 73, 76

35 Die Sehnsucht nach dem ganz Anderen, 61

36 Werke, hrsg. von W. Weischedel, Darmstadt 1959, 3. Bd., 245

37 Schriften (Tagebücher 1914–1916), Frankfurt a. M. 1960, 167

38 Die Aufgabe der Kirche in der kommenden Weltgesellschaft; in: Ev. Kommentare 11/1970, 638 ff.

39 Stuttgart/Berlin 1969, 25 f.

40 Hochzeitsvorbereitungen auf dem Lande und andere Prosa aus dem Nachlaß, 1966, 54; zit. nach Helmut Gollwitzer, Krummes Holz – aufrechter Gang, München 1970, 175, Anm. 157

41 Schubert M. Ogden, Die Realität Gottes, Zürich 1970, 53; vgl. 47 ff., 54 ff.

42 Zum folgenden: Erik H. Erikson, Der junge Mann Luther. Eine psychoanalytische und historische Studie, München 1958, 128 f.; vgl. dsb., Kindheit und Gesellschaft, Stuttgart 1961, 61 ff.; 228 ff.

43 Wie Gertrud ihre Kinder lehrt; in: Sämtl. Werke, Bd. 13, Berlin/Leipzig 1932, 341

44 A. a. O., 80 ff.

45 Sämtl. Werke, hrsg. von G. Fricke und Herbert G. Göpfert, 5. Bd., München 1959, 618

46 Weimarer Ausgabe, Bd. 18, 754

47 Nationalökonomie und Philosophie; in: Die Frühschriften, 247 f.

48 Gottesgedanke und menschliche Freiheit, 46 f.

49 Genesisvorlesung, Weimarer Ausgabe, Bd. 43, 481

50 Dorothee Sölle, Gibt es ein atheistisches Christentum?; in: Merkur, 23. Jg. 1969, 39

51 Schöpferische Nachfolge in der Krise der gegenwärtigen Welt; in: Evian 1970, epd dokumentation 3, Witten/Frankfurt/Berlin 1970, 59

52 Zum folgenden: Arthur Rich, a. a. O., 53 ff.

53 Naturwissenschaft und Glaube. Referat auf der West-
fälischen Synode (1970), bes. 11 ff.

54 Todesbilder der modernen Gesellschaft, Frankfurt a. M.
1969, 22 ff., 61 ff., 80 f.

55 Eberhard Jüngel, a. a. O., 171

56 Arnold Toynbee/John Cogley, Religion ohne Zukunft?
Gütersloh/Wien o. J., 173

57 Politische Theologie, Auseinandersetzung mit Rudolf
Bultmann, Stuttgart/Berlin 1971, 57 f.

58 Das Recht ein anderer zu werden, 143

59 Abgedruckt in: »Dialektische Theologie« in Scheidung
und Bewährung 1933–1936, hrsg. von Walter Fürst,
München 1966, 43

60 Zitiert nach Christoph Bartels, Aus erster Hand, Stuttgart 1972, 19

212 ff., 216, 218, 237, 239, 246 ff., 249 ff.

Christenheit 22, 32, 111, 217, 247 f., 249 ff.
– als Minderheit 15 f., 249 f.
– als Sekte 16, 250

Christentum 12f., 16ff., 19f., 24f., 27, 34, 38, 42f., 48ff., 67 f., 81, 99 ff., 106, 111, 115, 127, 136 f., 141 ff., 145 ff., 151, 160, 204, 208 ff., 220 ff., 228, 232, 235, 245 ff., 249

Christologie 83 ff., 90 f., 111

»Christologische Konzentration« 83 f.

»Christologischer Minimalismus« 85, 101

Christozentrismus 83, 100 f.

Christusbild 89 ff.

Cobb, John B. 72, 102

Cogley, John 235

Comenius, Jan Amos 155

Dank(barkeit) 72 f., 181 ff.

Diesseits – Jenseits 22 ff., 45, 141, 218, 227, 231 f.

Dürer, Albrecht 197

Dürrenmatt, Friedrich 43, 150

Dutschke, Rudi 41

Emanzipation des Menschen 28, 68, 97 f., 140, 145 f., 207

Empfangen 133, 157, 170, 179, 181, 185, 195, 198, 201, 203, 211, 214 f.

Entlastungsfunktion
– der Religion 207, 209 f.
– des Spiels 198

Entmythologisierung 97, 218

Erikson, Erik H. 13, 173, 188 ff., 204

Erlösung 15, 46 f., 205 ff.

Evangelium 16, 18 f., 25 f., 30, 82, 88, 104, 151, 201, 217 f., 234 ff., 243 f.

Ewig(keit) 22, 63, 73, 214, 249, 251

Existenz
– Gottes s. Gott
– des Menschen 86, 119 ff., 134, 136, 151, 177, 195, 197, 205 ff., 210, 217, 239

Feuerbach, Ludwig 22, 75, 138 f.

Fortschritt 41, 164, 212, 248

Freiheit 28, 44, 61, 68, 79, 92 f., 95, 133, 144, 172 175f., 177f., 180ff., 183ff., 192, 199, 201, 203f., 205ff., 210, 237, 247

Freud, Sigmund 188, 191

Fuchs, Werner 231

Garaudy, Roger 142

Gardavský, Vitězslav 142

Geheimnis 128, 143, 167 ff.
– und Rätsel 167 ff.

Gelassenheit 199, 215

Gerechtigkeit 14, 44, 60, 67, 70, 165, 236, 247

Geschichte 32, 40 f., 70, 85, 97 f., 100, 105, 111, 113, 128, 136, 142, 145 ff., 152, 156, 170, 199, 206 ff., 210 f., 219, 224, 226, 230, 238, 243 f., 247

Geschöpf s. Mensch

Gesellschaft 12 f., 16, 25 f.,

Vahanian, Gabriel 27

Verantwortung 158, 160, 162, 171, 199, 224 f., 243

verdanktes Dasein 180 ff., 201

Vergebung 237, 240 ff.

Verhältnisse 103, 138 ff., 175, 206 ff., 216 f., 228 f., 233, 235, 237, 239 ff.

Vernunft 79, 162, 220

Vertrauen 75 f., 112, 165, 181, 186 ff., 198, 201, 203, 214, 230, 243
»Grundvertrauen« (Ur-vertrauen) 187 ff.

Wahrheit 15, 17, 118 ff., 148, 160, 163 f., 220, 225, 237
christliche Wahrheit 15, 17 f., 38, 49, 145
göttliche Wahrheit 18 f., 26, 76 f.

Weizsäcker, Carl Friedrich von 170 f.

Welt (s. a. Gott und Welt, Mensch und Welt) 16, 25, 35 f., 38 ff., 47, 63 f., 71 ff., 92, 106, 118 f., 128, 137, 139 ff., 145 ff., 154, 156 f., 160 ff., 166 ff., 170 f.,

182 f., 194 f., 199, 212, 216, 218, 221, 252

Weltgeschichte s. Geschichte

Weltlichkeit (s. a. Säkulari-sierung) 24 ff., 54 f., 165

Werkgerechtigkeit 45, 182

Whitehead, Alfred North 58

Wirklichkeit
– Gottes 121 ff., 205, 210, 232
– der Welt 82, 107, 121 ff., 130, 137 f., 141, 165 f., 187, 193 f., 197, 201, 233, 238

Wissenschaft 43, 60, 63, 86, 120 ff., 129 ff., 144 f., 151, 153, 162 ff., 168, 212, 225 ff.

Wittgenstein, Ludwig 162

Zinzendorf, Nikolaus Lud-wig Graf von 24

Zukunft 12, 41, 144, 146, 171, 225, 235, 248

Zweck (s. a. Nutzen) 182, 224, 228

Zweckfreiheit
– des Glaubens 59 ff., 72 f.
– der Religion 62 ff., 67
– der Wahrheit 17 f.

Heinz Zahrnt

Gott kann nicht sterben

Wider die falschen Alternativen in Theologie und Gesellschaft. 3. Aufl., 50. Tsd. 328 Seiten. Leinen

»Dieses großartige Buch – ich kann nur bekennen, daß es mich bestärkt und weitergebracht hat – bringt inhaltlich wie sprachlich Gewinn und Genuß. Es trifft den Kern unserer heutigen Existenz.«

E. Kogon/Deutsches Allg. Sonntagsblatt

»Das Gottesbuch unserer Tage«

Prof. A. Brandenburg/Publik

Die Sache mit Gott

Die protestantische Theologie im 20. Jahrhundert. 61. Tsd. 512 Seiten. Leinen

»Wenn man sich Zahrnts Führung anvertraut, schrecken und verwirren die Wandlungen und Sprünge der Theologie nicht. Denn darüber lassen Buch und Autor keinen Zweifel – die Sache mit Gott ist niemals ausgestanden.«

H. Hamm-Brücher/Süddt. Zeitung

Gespräch über Gott

Die protestantische Theologie im 20. Jahrhundert. Ein Textbuch. Herausgegeben von Heinz Zahrnt. 30. Tsd. 492 Seiten. Leinen

Jesus und Freud

Ein Symposion von Psychoanalytikern und Theologen. Herausgegeben von Heinz Zahrnt. Serie Piper Band 29. 200 Seiten. Kartoniert

Willem A. Visser' t Hooft

Die Welt war meine Gemeinde

Autobiographie. Aus dem Englischen von Heidi von
Alten. 454 Seiten mit 35 Abbildungen. Register. Leinen

»Visser' t Hooft gehört ohne Zweifel zu den herausra-
genden Gestalten unserer kirchlichen Situation. Wenn
er nun einen umfangreichen Bericht über die vier
Jahrzehnte seiner ökumenischen Tätigkeit vorlegt,
kann dieser Band mit unmittelbarem lebhaften Interesse
rechnen, nicht nur wegen des reichen, sorgfältig ver-
arbeiteten Quellenmaterials und des glänzenden,
flüssigen Stils, sondern vor allem wegen der Persön-
lichkeit des Verfassers selbst. Denn auf weite Strecken
ist seine Biographie mit der Geschichte der ökumenischen Bewegung identisch. Eindrucksvoll ist die chrono-
logische Vollständigkeit.

Die Vielfalt der verschiedenen Vorformen der ökumenischen Bewegung ist hier in einer Durchsichtigkeit
dargestellt, die sehr souverän Wichtiges und weniger
Wichtiges auseinanderhält. Besonders attraktiv ist hier
das unverkennbare Kolorit persönlicher Erfahrungen.
Es ist Visser ' t Hooft gelungen, in der Schilderung der
Persönlichkeiten und des Kräftespiels jener Jahre
deutlich zu machen, welche einzigartige Konstellation
dies Zusammentreffen gewesen ist. Die Aufzeichnungen
Visser' t Hoofts sind ein Standardwerk der ökumenischen
Bewegung.«

Landesbischof D. Hanns Lilje

Das Buch der Bücher
Altes Testament

Einführungen, Texte, Kommentare. Herausgegeben
von Hanns-Martin Lutz — Hermann Timm — Eike
Ch. Hirsch. Mit einer Einleitung von Gerhard von Rad.
574 Seiten, 17 Abbildungen und 5 Karten. Leinen

»Einem Buch wie diesem, das die wesentlichen Texte
der Bibel in moderner Übersetzung mit zeitgeschichtli-
chen Einführungen und theologischen Kommentaren für
den Leser von heute in übersichtlicher Zuordnung
vereint, kommt exemplarische Bedeutung zu.«   SFB

»Die Kühnheit der hier vorliegenden Präsentation verbindet, im besten Sinne »modern«, einen nüchternen
kritischen, wissenschaftlichen Sinn mit einer Frömmigkeit des Denkens . . . Das Buch der Bücher gegenwarts-
mächtig zu präsentieren, das ist ein Wagnis! ist eine
Einladung, ist eine Herausforderung.«   F. Heer/NDR

Das Buch der Bücher
Neues Testament

Einführungen, Texte, Kommentare. Herausgegeben
von Gerhard Iber unter Mitarbeit von Hermann Timm.
Mit einem Vorwort von Günther Bornkamm. 496 Seiten.
Leinen

Diese kommentierte Ausgabe soll dem modernen Leser
einen unbefangenen Zugang zum Neuen Testament
als der wichtigsten Quelle des Christentums geben.
Mit Hilfe neuester Forschungsergebnisse werden die
historischen, kulturgeschichtlichen, literarischen und
theologischen Zusammenhänge deutlich.